质疑思想
与
语文表达

中国批判精神侧记

陈军 著

上海三联书店

从质疑心理认识语文

我虽较陈军年长，对他在语文教育方面所做出的努力却一直很钦佩。陈军多年在上海的名校市北中学担任校长，近年又主持着一个市级的语文教学工作室，带动许多老师一起辛勤耕耘。他其实有很多在别人看来或许是更好的机会，但在教学第一线的工作显然更符合他的喜好。陈军又喜欢与人作思想上的交流，因此也写过几本书，专门讨论中学语文教学和教育思想方面的问题，给人很多启发。

现在放在读者面前的这部《中国质疑思想与语文表达》，跟陈军以前的著作还是有所不同。他在思考一个更有深度和更有系统性的问题，他在展开一种具有创造性的尝试。

我曾经和陈军一起谈论中学语文教育的话题。这方面表示不满的人很多，大学老师也在批评，中学老师也在批评，但就是很难拿出一个真正有效的解决办法。我觉得，其实不能简单地一味否定应试教育。我们从事任何一种教育的人，都应该明白，学生要进步，需要通过考试来应对社会的甄选，教育就担负着一种甄选功能。而这种功能要求一种相对统一、容易衡量的模式。从这个角度来看，科举考八股文也不是一无是处。你要是说科举把不循常规的天才淘汰掉了，那谁叫你是天才呢？当然，现代社会能够给优秀人才拔萃而出以更多的机会，天才没有那么悲伤。

总之，大多数家长看重分数，你没有办法去指责它。这是个现实，无论说多少伟大的漂亮的话，改变不了教育自古以来承担的这样一种甄选功能。语文老师应该在教学生应试方面具备很强的能力，这是可为的。

但是，如果我们对语文教育功能的理解仅止于此，那就非常可悲了。在各个学科中，语文教育是具有特殊性的。我们可以这样来说吧，世界上本来只有自然的秩序与规则，人类通过为万物命名和阐释名的方式，建立了属于人的、包含了非自然性价值认定［譬如是与非，善与恶，美与丑］的秩序与规则，这就是人类的文明世界。学习、运用"语"和"文"，从社会的立场来看，是用社会所确认的知识与价值去培养它的教育对象；从个人来说，是一个人在其生长过程中，确认自我、认识世界、理解自我与世界之关系的途经；而在此过程中，也逐渐建立了生命个体与其所从属之文化系统的血脉联系。语文教育的目的，归根结蒂是鲁迅所说的"立人"；而人得以立，得以发挥其创造的力量，社会才能进步，才能发展。

这使我们想起古人常说的"文以载道"的问题。以前我编写《中国文学史》时，对"文以载道"这个说法很不满意，认为这是把统治阶级的意识形态强加给文学，认为"载道"的文章难免扼杀人的个性与灵性。但近年的看法有些改变。就是说，如果我们对"道"的理解不那么褊狭，把追求"道"视为对真理、对历史本质与人性本质的追求，那么，文需要体现这种追求，也是理所当然的。

我和陈军老师讨论过"文以载道"。

我们觉得，问题在于："道"不是不变的东西。"绝对真理"

只是一个形而上的假设，而在人类的社会实践中，"道"总是处在变化过程中，变化就是"道"的永恒性。比如在历史的某个阶段，三纲五常是一种理想；而在另外一个历史阶段，反三纲五常也成为一种理想。任何现存的秩序都不是不变的。在漫长的历史过程里，崇高的信念，强大的权威，以及像神一样出现在历史舞台上的伟大人物，都会在某个时刻受到质疑，乃至发生动摇。因为人不能一次性把握真理，也不能预设未来，当历史被人类发展的要求推进时，质疑就是第一个动力。

而语文作为思想的呈现，它必然闪耀着质疑的光芒；在历代经典构成的系列中，它是宛转流动的辉煌。正如陈军在一篇文章中所说：

一部民族发展史，未尝不可以说是一部民族质疑史，因为这个民族是进取着的；一部记录民族质疑心理活动的发展史，未尝不可以看作是一部民族语文表达史，因为这个民族的代表性语言表达，实质就是这个民族最强健的历史心跳。就中华民族而言，质疑心理的历史发展与语文表达的跨越过程委实是一部不断追求革新、完善自我、勇敢表达的动人交响。

在单纯的学术研究中，推崇"质疑"心理和批判精神，这也很常见。而陈军所做的事情，却是以前没有人做过的。他边学习边思考，清理了中国古代质疑心理的基本脉络，并找出与之相应的文章名篇，来组织教学。他开设的课程称为《疑思问国文点读》，而这本《中国质疑思想与语文表达》则是准备和改进上述课程的过程中，反复思考与探索的总结。

陈军选择了一个高难度的挑战，但这样做是值得的。我和他在一起谈论中学语文教育的时候，一致认为：如果说"立人"是语文教育的根本目的，培养学生的独立思考能力与批判精神，则是达成这一目标的最重要的途径。梁启超在《清代学术概论》中提出，学问的价值"在善疑，在求真，在创获"，陈军用中国质疑心理来组织他的课程设计，用典范的质疑名作作为学习材料，给学生以直接的感染和滋养，就是在学生的青春生命中，埋下了学问的种子。他们会尝试从经典当中去追寻道，理解这个道是怎么变化的，如何能够更清醒地意识到它，如何能够逼近它。

我以前有一种错误的认识，以为中学教育就是把现成的知识和价值系统灌输给学生，至于这一系统如何形成和可能包含什么问题，不在教师的关注范围；在教学过程中，学生基本上是被动的一方，所以，除了个别的例外，中学生不具有独立思考的习惯。我甚至在课堂上对学生说，进入大学以后，首先要做的事情，是打破你们已有的知识与价值系统。因为中学教给你"正确"的东西，大学则要求追问：一个正确的东西凭什么是正确的？现在陈军老师纠正了我。所以我说我对他很钦佩。

那么，开始说的那个问题，就是教育也需要培养学生应试的本领，并且，教育实质上具有甄选的功能，这个怎么办？

假如我们把语文教育分成技术性的和理想性的两个层面来看，一个优秀的语文老师，能够在后一个维度上解决前一个维度的需求。陈军没有在这本书里谈论上面的问题，但我知道，他和我认识的其他几位老师一样，对此并不担心。因为他们知道，一个思维清晰、具有批判精神的学生，在常规性的考试中，自当拔萃而出。

骆玉明

复旦大学中文系教授

人文经典教学的中国化范例

　　为陈军兄这部重量级新著作序，于我来说，实在是一桩鸭子被赶上架的事。我自知人微言轻又才疏学浅，曾让他另请高明，他却步步紧逼，丝毫不容我逃遁。

　　我和陈军兄结缘于 1987 年。那年 3 月，我们各自带着新婚妻子，在忽而阳光灿烂、忽而烟雨迷蒙的独秀峰下，参加了一场"桂林之春"全国语文教育研讨会，从此，我们的友情，便有如漓江彩练般连绵不绝。他本是安徽蔡澄清老师的首席传人，后来去了上海，又得到于漪老师、方仁工老师等大力提携。这些语文教育界德高望重的耆宿，都是语文报社的精神后盾，作为晚辈的我和陈军兄同气连枝，也就更为心性相投。

　　然而，陈军兄这次对我委以重任，并非仅仅出于君子之交，或许更多的考量，是因为我算得上他这部新著出版的推手之一。2018 年秋天起，集名师与名校长于一身的他，在校内开设了全新的校本课程《疑思问国文点读》；2019 年 12 月，又在《语文学习》杂志发表《一个人的变革——"疑思问国文点读"课程实验简述》专稿，对该课程进行了初步阐说。一读之下，我激奋不已，果断与他约定，2020 年度在我社《语文教学通讯》A 刊（高中刊）以专栏的形式，对该课程予以系统介绍，所连载的内容即本书的蓝本。

上世纪末，我国教育界、文学界、媒体界、出版界等有识之士，曾就语文学科的工具性和人文性，掀起过一场波澜壮阔的大讨论，其结果，"工具性与人文性的统一，是语文课程的基本特点"被写入语文课程标准，加强中小学人文教育也成为各方的共识。自此之后，许多老师都尝试着在课堂教学中渗透人文教育，不少学校也开设了人文讲座、编写了人文读本，校本课程建设则缺乏卓有成效的探索。窃以为，陈军兄的《疑思问国文点读》课程，是他站在人文教育制高点上，创生的一个语文教学范例，理应大力推广，专栏问世后果然好评如潮。

如今，陈军兄的课程实验成果即将结集出版，借此机会，我再具体谈谈自己的一些粗浅认识。

1990 年代开始，我便一直关注着全球视野下的人文教育。据我考察，汉语里的"人文"一词，最早见于《易传》"贲卦象传"："刚柔交错，天文也；文明以止，人文也。观乎天文，以察时变；观乎人文，以化成天下。"所谓"人文"，就是做人的道理，与它对应的"天文"，则是大自然的规则。我国的儒家传统，一向以"人文"为中心，"文化"就是由"人文"出发的"教化"。而西方语言中的"人文"一词，来自拉丁语"Humanities"，既有"文化""教化""教养""文雅"的意思，又有"人性""人格""人情""仁爱"的意思。西方后世所谓的人文教育，把这两种意思合而为一，特别注重人作为"宇宙的精华，万物的灵长"的本质特点和内在需求，注重对人的自我完善和全面发展的终极关怀，注重独立思考、批判意识和价值判断，其目的就是要通过"教化"，引领人走向博雅、卓越和完美的境界。21 世纪以来，一种新型的人文主义教育观开始在世界各地盛行，倡导理解与和平、人的尊严、自由与责任、敬重自然等伦理价值，同时主张：加强文学、艺术、伦理、社会、历史、地理等人文学科的教学；把价值教育放在整个教育的首要地位；将人性教育贯穿于教育的全部过程中，使整个教育人性化；加强自由与责任的教育，将自由与责任视为现代伦理生活的核心价值。2016年公布的中国学生发展核心素养体系，从新时代强国战略出发，也把人文底蕴定位为首要的核心素养，其内涵被概括为"主要是学生在学习、理解、运用人文领域知识和技能等方面所形成的基本能力、情感态度和价值取向"，基本要点则被提炼为"人文积淀、人文情怀和审美情趣等"。

把握了人文教育的来龙去脉，接下来，我们需要思忖的，便是采取什么样的策略，经由什么样的路径，在教学中实施人文教育。初识陈军兄课程实验的那段日子，我正好在研读美籍华人学者徐贲教授《阅读经典：美国大学的人文教育》一书。按照徐先生的介绍，美国高校指向人的心智解放和成长的人文教育，以经典阅读和写作为核心课程，无论什么专业的学生，起始学段都必须修习。他所在的加州圣玛丽学院经典阅读课程包括4门课：一、希腊思想经典；二、罗马、早期基督教和中世纪思想经典；三、文艺复兴和17—18世纪思想经典；四、19—20世纪思想经典。其主要特点是：第一，它强调的是以思考、理智、判断能力为主要特征的智识，不是某种领域知识；第二，它要求学生进行以"常识"和"普通知识"为本，以亲近智慧为目标的知识活动，不以积累和提高专门知识为目的；第三，它的"知识"产生于"对话"，而不是"传授"，在运用知识时重在说服的过程，而不是最后的真理，因此特别与公共说理有关。以此对照陈军兄的

"疑思问国文点读"课程,我们可以发现,二者的教学内容、教学目标、教学手法,何其相似乃尔!显而易见,这种以经典阅读为硬核和引擎的人文教育,同样适合中学语文课程建设。

首先,从教学内容来看。陈军兄的《疑思问国文点读》课程所萃取的教学内容,均为古代中国人文经典中富于质疑精神的代表性作品,堪称先圣先贤的最高智慧结晶,而且在千百年时间长河的冲刷下,已经释放出颠扑不灭的思想光芒。更为可贵的是,他以非同寻常的勇气和毅力,从追溯先秦"疑思问"的源头,到重温两汉"批判的'绝唱'",再到探寻魏晋南北朝"异彩:'人'的自觉",继而观照唐朝"平庸盛世下的文化开放",发掘宋朝"挣出'彀中'的深沉思索",透视明朝"天崩地解"的悲情,剖析清朝"用'信仰'抗拒绝望"的努力,居然熔中国哲学史、思想史、文学史、心理学史、语文教育史于一炉,前所未有地建构了一部中国质疑思想与语文表达发展史,成为课程实验坚实的学术支撑,十分有利于照彻学生的生命,让他们的心灵,有了走向丰饶、博大、睿智和高贵的可能性。

其次,从教学目标来看。关于语文课程的教学目标,于漪老师早就指出:"母语教育绝不是识多少字,背多少词,做多少练习,写几篇文章,而是使学生在理解祖国语言文字的同时,受到民族文化的教育、民族精神的熏陶和民族情结的感染。"因此,语文教育应为"培养有中国心的现代文明人"奠基。陈军兄也曾主张,语文课程的教学目标,要锁定于"学中文,传国魂,做真人"。"疑思问国文点读"课程是他的这种主张的具体化,在实验中,他是以"质疑"二字为抓手,确立自己的教学目标的。他说:"为什么在名称上冠以'疑思问'三字呢?我的构思就是想突出质疑的特点。我对质疑的认识比较简单，就是'提出疑问'，涉及独立思考，自主判断，对话思辨，反省批判等方面。"这就是说，他所关注的重点，并非语文学科的专业"知识"，而是功在千秋的精神启蒙"智识"，也就是以"亲近智慧"为课程目标，致力于"青少年疑思问人格与心智的养成与引发"，这是完全符合人文教育要旨的。

第三，从教学手法来看。陈军兄在《疑思问国文点读》课程教学中，根据所萃取的文本在时代背景、作者生平、文体类型、内容指向、表现特点等方面的差异，大致采用了以下6种教学手法：一是用"情境"活化常识"概念"，二是借"疑问"学习独立"精神"，三是用"哲学"统帅"整体"思辨，四是遵"理念"揣摩反思"意图"，五是理"史脉"探寻批判"新意"，六是比"群文"鉴别自省"境界"。这些教学手法角度有别，维度各异，但都摒弃了满堂灌的"传授"模式，代之以与文本的"对话"，与伟大心灵的"对话"，以及师生之间、生生之间的"对话"，真正做到了授人以渔而非授人以鱼。整个教学活动是活泼的、开放的，有高度、有深度，充满弹性也充满张力，处处体现了人文教育的根本要求。在这种序列化、立体化、多极化的思想操练中，学生的启迪和收益也就最大化了。

最后，我想斗胆说，陈军兄的《疑思问国文点读》课程的创造性贡献，就在于以人文教育之光，重铸了经典阅读之魂，而且充分彰显出中国特色和中国气派。在时下应试教育依然阴魂不散，功利化、技术化教学大行其道的现实困境中，作为语文新课程改革的先行者，他曾深感孤独，把自己的实验称作"一个人的变革"。惟其如此，他的这种以文化传承为天职、以立德树人为使命的人文精神，更值得我们抱持礼敬之心，其价值和意义，也有待同道者进一步探究和评估。

任彦钧
《语文报》社总编辑，中国教育学会中学语文
教学专业委员会语文名师中心主任

自序

　　《语文学习》2019年第12期刊发了我写的《一个人的变革》一文，之后，不少朋友问我构建《疑思问国文点读》课程的思想基础和理论依据。其实，我学识肤浅，还谈不上什么思想与理论的建设。

　　我仅仅是对我国古代质疑思想有一些学习，专门写了《中国质疑思想发展史略》这样的读书笔记；与此同时，我又通读了一些中国文学史和中国思想史著作，从中寻找以质疑和批判思想见长同时又是语文名作的篇章一百余篇。经过这样的准备，我在两年前斗胆开设了《疑思问国文点读》课程。我的基本想法是：用中国质疑思想来指导我的课程设计；同时，用典范的质疑名作作为学习材料，给学生以直接的感染和滋养。

　　我不是搞文学史或思想史研究的学者，我只是一个中学语文教师。长期以来，我心里一直深埋着一个问题：中学生语文学习的内容太单一了，即便是古文，也多是儒家道统的一脉。我们总是说要弘扬优秀中华文化，像"质疑"与"批判"的思想精神正是中华文化的卓异优秀者，而我们偏偏遗忘。作为一个教师，没有教给学生最好的东西，心中的惭愧十分深重！

　　于是，我从中学生学习实际出发，紧扣国家课程框架和要求，为学生开发了这一融化在必修课过程中的"点读"课程。我的学生非常棒，他们是那样的好学，那样的深思，那样的质疑，那样的敢言！我的教学生命在他们的青春激荡中也焕发了光彩。

　　我总是想，一部民族发展史，未尝不可以说是一部民族质疑史，因为这个民族是进取着的；一部记录民族质疑思想活动的发展史，未尝不可以看作是一部民族语文表达史，因为这个民族的代表性语言表达，实质上就是这个民族最强健的思想心跳。就中华民族而言，质疑思想的历史发展与语文表达的跨越过程，委实是一部不断抗争压迫、追求革新；独立思考、勇敢表达的动人交响曲。

　　当然，笔者斗胆从语文教学和思想史、文学史、教育史、心理学史等学科的交叉点上来勾勒中国古代语文作品中所呈现的质疑特色，同时也试图揭示质疑思想的中国式表达路线，这，仅仅是一个尝试。我坚信：中华民族是有质疑品质的民族，相伴随的中华民族的语文表达也完全有着质疑与叛逆、批判与反省的优秀个性。这些基因，理应成为中小学语文教学的内容核心，从而哺育一代又一代中华后人。

"疑思问"之源（上）

（一）孔子"疑思问"说

从心理学上看，说到先秦的质疑思想，首先要从孔子的认知观和育人观上寻绎源头。

1. 孔子第一次提出了学思一体思想。

孔子提出了"九思"说，其中非常明确地提到了"疑思问"的命题。语见《论语·季氏》[1]：

> 孔子曰："君子有九思：视思明，听思聪，色思温，貌思恭，言思忠，事思敬，疑思问，忿思难，见得思义。"

在原有的语境中，疑，就是疑惑；一旦在学习中产生疑惑，就要想到"问"，虽然本节中的"思"还没有心理学意义，但是，这里有两个心理活动值得注意：一是"疑"，即对存在的询问，说明"存在"与"我"之间有了冲突；二是"思"，即"想到问"，这是对"疑"的进一步探询方式。这两个心理活动的指向，就是一种"半表达"，即未成书面"言语"的内部心理言语表达，这也称作是思考时的自言自语。孔子是乐意让这种指向性心理上升为具有心理学意义的"思"的，他说"学而不思则罔，思而不学则殆"。孔子第一次提出了学思一体的心理学思想。

由此再来看"疑思问"的命题，其复杂而又明确的心理学意义就无法回避了。正如高觉敷主编的《中国心理学史》[2]所指出的："问和疑是嫡亲姐妹。要多问，就要多疑；要好问，就要好疑。"思在哪里呢？我认为就深植在"疑"与"问"之中，正是因为有"思"，所以才有"疑问"的"多"与"好"。疑，是对认识对象的短时迷茫和疑惑；只有上升到"思"的阶段从而对认识对象产生稳定持续的研究和考察并且有了一些收获的时候，疑和问才会交替反复，推动思考螺旋发展。所谓的"多"和"好"，实际上就是思考发展的动态表征。

这样说来，我认为"疑思问"，构成了一个认知心理与语文表达的基本模型：

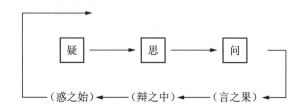

疑是在认识中产生的，这里的认识主要是"学"；"疑"的材料与问题上升到"思"的阶段，就是一个由感性进入理性的以"思维"为主要活动方式的分析、整理、归纳状态；这个状态的基本特点就是"明辨"。真正经过思维过程的学习与明辨，往往要产生两种结果：一是已知部分，一是又产生新疑部分。到了这个时候，"问"就不可遏止，必以"言"而出之。这个"言"，或者是结论，或者是疑问。如此，"疑思问"的又一循环必然开始，进入到更高一级的境界。

2. 珍视"疑"与"思"的同时，要特别重视这个"言"。

"言"是疑问的载体，其言词的差异直接反映了疑问的差异；"言"又是创造的成果，其言词的内涵体现了思想创造的边界。心理内容与言语表达总是在对冲中互相选择与定型。《论语》中，记录了大量的弟子之"问"，对于这些"问"，孔子往往情不自禁地加以夸赞。其因就在于弟子选择了恰当的语词表达了独立思考的见识。试举下例：

《论语·八佾》[(3)]——

> 子夏问曰："巧笑倩兮，美目盼兮，素以为绚兮。何谓也？子曰：绘事后素。曰：礼后乎？子曰：起予者商也！始可与言诗已矣。

孔子盛赞子夏什么呢？在于子夏明确用了"后"这个词揭示了"底子"与"礼"的二者关系。在孔子看来，只有认识到二者关系才真正把握"礼"的价值。不仅如此，"后"这个语词还表达了"举一反三"的思维特点，提出了一个读"诗"的总体原则，所以孔子又说起予者商也！始可与言《诗》矣。"起"是一个分量极重的词，孙楷第先生说："病愈谓之起"，这里指把"我"从认知的困顿、迷惑、无力中解放出来了，醍醐灌顶而豁然开窍。要知道，这可是孔子赞赏弟子的话呀！孔子之所以如此大加赞赏，就在于子夏点明了读《诗》用《诗》的基本的联系和类比方式。

3. 与"疑思问"照应，《学记》表达了教学洞见。

《学记》论学，总是与"教"联系在一起，把"疑问""质疑"的心理动态放在"教"与"学"的辩证统一中加以说明。如

"学然后知不足，教然后知困。知不足，然后能自反也；知困，然后能自强也。故曰'教学相长也'。""知不足"是"学"之后的新疑问使然；"知困"是"教"后思考师生所学的现实后发现了新的障碍使然。"自反"与"自强"是新产生的疑问激发学习者小疑小进或大疑大进的再加工行为。这个再加工学习，实质上是攀登疑思问阶梯探索新的学习境界的过程。疑思问虽不明言，但其思想潜流则在"教"与"学"的碰撞中淙淙作响。

（二）墨子与老庄的认识超越

其实，不单单是孔子以及儒家的质疑心理思想是如此的发达。高觉敷《中国心理学史》在概括我国先秦时期的总体心理学思想特点时指出："先秦时期的'百家争鸣'，必然会带来学术上的繁荣。这可以从当时形成的有影响的六大学派即儒家、墨家、道家、法家、名家、阴阳家看出来。儒家……是创立最早、影响最大的一个学派。在先秦时期，这个学派的各种思想既有其保守的一面，也有其变革的一面。墨家的创始人是墨翟，他是一个出身于庶民的士人，一贯代表'农与工肆之人'说话。道家一向分为四派，影响最大的是老聃和庄周，这个学派的辩证思想以及对儒家和当时社会生活中黑暗现象的批判，其影响是积极的；法家……学说的唯物论的宇宙观、进化论的历史观和革新的政治思想是值得批判继承的精华……名家的代表人物为惠施和公孙龙，二者所争论的是事物的共性、个性问题，而都歪曲了共性和个性的统一。……原始的阴阳五行说本来具有朴素唯物论和辩证法的因素，但一到阴阳家手里，却把它弄得神秘了……"[4]由此可见，"多元化"是先秦心理学思想的基本特点，与政治思想、文化思想、经济思想以及教育思想相表里的心理学思想一旦反映到教育活动中，都或多或少地聚焦于"疑思问"思想。

1. 墨子的"言""疑""思"。

高觉敷《中国心理学史》对墨家在《经上》《经说上》中的观点十分赞赏。墨子对"虑"的产生及其特点提出了两条值得珍视的见解："虑，求也"；"恕，明也"。"虑"，就是很费思索的"知"，这是一种对人的思维认识的颇为深刻的心理学见解；"恕"属于思维的一种认识形式，"心能推度曰恕"[5]。所谓"推度"即孔子所言"举一反三"是也。

在质疑心理与语文表达的认识上，墨子的更大贡献是认为在"言"与"思"关系中可以见"疑"。曾立格认为墨家不仅研究了思维问题，同时也研究了言语问题，其代表性观点如下：

① 言，出故也。
② 言，口之利也。
③ 信，言合于意也。

所谓"出故"，一般说来就是指思维结果通过言语而表达，但，不仅如此，这个"故"，必须是"口能之出名者也"，也就是说，能够有能力用言语合理表达。"能力"又体现在哪里呢？所谓"口之利"是也。"能言者口也，所言者辞也。执辞而意得见，以心之辩。辩亦明察之义，心能明察，故口利也"[6]。"明察"即心中疑问化解之状，它是"口之利"的表达基础。墨子所指的信，实际上就是指思维与言语的有机统一，而这个"统一"的深刻性在于：言语的表达与思维的推论一致，这样的思维推论才是确实可靠的。反过来说，如果表达没有推断性，则也说明思维没有逻辑性,这样的缺失都会造成思维或表达的不"信"。而一旦"不信",即不一致,不统一,疑问也就接踵而至了。墨子这里讲的"信",超越了孔子所倡导的"信"。孔子讲"信",重在"诚""真""直",主要是人格与道德的要求;而墨子讲"信",重在对心理与事实的差异,思维与事物的错位以及思想与认识的不对称的客观存在的揭示。应该看到,这是先秦时期有关心理与语文、思维与言语的最具心理科学的思想光芒。

2. 老子、庄子在如何"释疑"上提出了三阶段过程论。

老子的认识三阶段说,一是"观",二是"明",三是"玄览"。

① 关于"观"。

《老子》:"故以身观身,以家观家,以乡观乡,以邦观邦,以天下观天下。吾奚以知天下之然哉?以此。"(7)

这个"观",就是直观,近于现代心理学感知或观察。观,就是强调对事物的直接了解和认识,但"以……观……"的言说方式深刻地告诉我们,这个"观"绝对不是随意看看而已,而是以认识的对象为"全物"而加以完整的对应的审视。仅以"以身观身"而论,这里边有一个"身→身"对应关系。前一个"身"是已知的条件;后一个"身"是新认识的对象,"以身观身"就是对应着"前身"这一同类而对新认识中的"身"进行联系比较的思考;而这样的类比就会使"新发现"凸现出来;而这个凸现的新发现恰恰就是新的"疑问"之处。因而必然要进入到下一阶段的认识。

② "观"之后就是"明"。

所谓"明"就是"明白四达,能无知乎?"(8)(《老子》十章),相关的"明"《老子》中还有如下言说——

知常曰明，不知常，妄作凶。

知和曰常，知常曰明。

见小曰明。

是谓微明。

　　"明"，就是明白事物的本质。这里要特别指出的是，明白事物的本质是有具体标准的，这就是"见小""微明"，也就是能区分鉴别事物细微之处的差异，由此而见微能知著，以小而见大。这里的"著"和"大"恰恰是认识的这个事物的本质和要领，而不是引申开来所知的别的宏大事物。达到"明"，似乎已消解了疑问了；其实不然，还有更高的境界，这就是"玄览"。

　　③"玄览"就是用开放的视野去统观。

　　《老子》十章中说："涤除玄览，能无疵乎？""涤除玄览"就是"涤除而玄览"，指清除掉那些表象的芜杂的东西而深观远照。"玄览"的"深远"既是对认识对象进行深广认识的认识要求，更是对与所认识对象相关的事物及认识进行更广阔的观照，目的全在于"无疵"，也就是没有私见、成见也。这，正是老子关于认识中真正达到无疑之境的最高标准。私见，难免不是偏见；成见，也许正是陋见。就一人而言，这样的认识局限是在所难免的。既如此，那么所谓的个人"释疑"也就不过是有局限性的释解而已，从某种意义上讲，局限性也就是疑问的永恒性。由此可见，在老子看来，孤立地认识事物而得到的"明"，还不是彻底的"明"，只有把这个事物放在自然的大系统中去观察，放在认识这个事物的所有"认识"中去"认识"，"疑"才能真正释解。

　　综上所述，老子的三阶段认识论，实质上就是由浅入深，由偏至全的"释疑论"。同老子一样，庄子也揭示了去掉疑惑、不知的三段论：

> 知者，接也；知者，谟也。知者之所不知，犹睨也。[9]

第一层的"知"，感知也；接，即直接接触；第二层的"知"，思维也；谟，即谋虑思考；第三层中的"不知"是绝对存在的，因为人们的"知"不过是有斜视毛病的人那样认识事物而已，免不了片面和偏见。虽然这里有不可知论的悲观，但从另一方面说，正与老子"玄览"相通。就一个人有限认识而言难免偏见，如果放在整体的大系统中去观察，放在所有的"认识"中去比较，那么不就可以突破认识的局限了吗？

（三）先秦"疑思问"语文成就管窥

从思想史上讲，先秦是一个百家争鸣的时代；从心理学史上讲，先秦是一个疑思问思想高度发达的时代；这样的思想背景和社会现实，自然决定了先秦语文作品思想的多元性。诸子百家作品的个性自不待言，仅就直接表达质疑和批判的作品来看，也铸就了先秦时代的语文高峰。这里，仅就我开设《疑思问国文点读》课程所选的例文来谈一谈这些作品在培养当代中学生质疑思维品质的价值与意义。

我无意于论证先秦疑思问心理学思想与这些语文作品有必然联系。我的看法是，疑思问心理学思想是一条线，这条线是启迪我们教学的教学心理学理论指导；而诸子散文中的集中体现疑思问精神的作品是另一条线，这条线是我们培养学生质疑思维的典型语言表达范例。只有让学生沉浸在这样的语言情境中，才能对"百家争鸣"的"争鸣"有切实的感知。

两条线交互作用的价值在哪里呢？全在于课程设计与结构。《疑思问国文点读》课程，就是由疑思问心理思想和疑思问语文作品所共同缩结而成的语言研读平台和思维训练支架。

事实上，诸子百家在表达其质疑心理学思想的同时，也在表达其对社会的尖锐批判思想和鲜明的质疑意识，多维思想交织同构于一体，呈现方式都是依据着他们创造的语文作品，以下举例介绍我的教学重点。

1. 孔子形成了广阔的批判视野，也"口头"创作了完整的批驳文章雏形。

孔子处在春秋末期的大裂变时代。这个时代的特征是：①文化大动荡，"礼崩乐怀"就是这个时期意识形态剧变的特点；②价值大裂变，孔子倡导的"仁"这一价值观不是主流，不被人接受。整个统治阶层都在僭礼、兼并、杀戮，全都是以"利"为价值根本。③政治大争夺，土地、财产、劳动力成为政治势力争夺的要素(10)。面对这样的社会，孔子"用怀古的方式憧憬未来"(11)，用批判的方式来针砭现实。孔子的批判主要是抓住这个的时代的命脉，以彻底否定的态度，旗帜鲜明地发表批判言论从而警醒弟子和社会。我选取了三篇材料来引导学生比较思考。一是《八佾舞于庭》；二是《季氏将伐颛臾》；三是《侍坐章》。

《八佾舞于庭》是批判季氏僭礼的宣言。季氏僭礼，彻底暴露了政治野心，也反映了他们破坏社会秩序的真正意图，就是扩展权势范围，实现对土地与劳动力的占有。但这个"言论"完全是观点直陈与态度宣泄，这是《论语》中对话与言说的一般形态。

《季氏将伐颛臾》同样是批判季氏扩张，但在言论中更突出逻辑层次的推断与展开，尤其是对子路特别是冉求的质询，充满了义愤，语言形式产生了强大的逻辑推断力。从文章学角度看，不再是一词一句的观点呈现，作为《论语》中罕见的批驳长篇，完成了完整的对话式批驳文的模型。

小《侍坐章》就几句话对答，完全是陈述内容。而大《侍坐章》则迥然不同了。先是描述氛围，注意用"侍坐"来表达宽松的对话环境，叙述用词都有鲜明选择性和目的性，继之是对话记述，"哂"的形态刻画描写在对话之中，既体现记录者对表情的敏感，更反映了记录者不单是记言，更注意到了与对话相关的其他综合因素的表达，从而以引起读者的思考与会意。特别是对"点"舍瑟而作的动作、声音的描写，使气氛递进、转折，从而强化"点"之所言的独立卓越，更加体现出行文的节奏与推进，章法艺术十分鲜明。最后在"点"的追问下，孔子交待了否定与肯定的原因，既回扣了"哂"，又留有余味，引人拓展思索，在文章作法上，这是一个妙趣横生的结尾。

这三件语文作品，从句子上看，反问句揭示思想疑问有集中体现；从章法上看，有句子独立表达，更有积句成章的完篇表达；从内容上看，都是直指社会的现实批判。

2. 庄子实现了批判思想的深刻性与文笔创制的艺术性的巧妙融合。

老庄都是直接批孔的，对于仁的思想与礼的规制全盘否定。《老子》多是语段式直陈观点，有很强的句间逻辑，但从篇章上看远不如庄子之文。这里以《马蹄》为例：

　　吾意善治天下者不然。彼民有常性，织而衣，耕而食，是谓同德；一而不党，命曰天放，故至德之世，其行填填，其视颠颠。当是时也，山无蹊隧，泽无舟梁，万物群生，连属其乡，禽兽成群，草木遂长。是故禽兽可系羁而游，鸟鹊之巢可攀援而闚。夫至德之世，同与禽兽居，族与万物并，恶乎知君子小人哉？同乎无知，其德不离；同乎无欲，是谓素朴。素朴而民性得矣。及至圣人，蹩躠为仁，踶跂为义，而天下始疑矣，澶漫为乐，摘僻为礼，而天下始分矣。故纯朴不残，孰为牺尊？白玉不毁，孰为珪璋？道德不废，安取仁义？性情不离，安用礼乐？五色不乱，孰为文采？五声不乱，孰应六律？[12]

庄子的观点十分明确，"毁道德以为仁义，圣人之过也"。教学中，我引导学生就庄子的质疑加以讨论：完整的树木不被雕刻，怎么会有酒器呢？洁白的玉不被毁坏，怎么会有珪璋呢？道德不被人废弃，何必要有仁义？人的真性情不被离弃，哪里还用得着礼乐？五色不被散乱，哪里还要用文采？五声不被错乱，哪里还要去合六律呢？这样的讨论进一步明确了两方面内容，一是观点；二是文笔与创制的艺术趣味。尤其要强调的是，观点与章法高度统一，互为呼吸；文笔处处生彩，行文丝丝入扣；修辞句句有变，用词象中寓理……这些文章"创制"都体现了庄子的语文贡献，特别是说理设喻，理在喻中的形象性在庄子散文中的高度体现，使学生对庄子语文有了深刻认识。

3. 孟子的批判在语文创制上体现在句子的逻辑建构，强化了质疑表达的语言力量。

这里以《夫子好辩章》[13]为例。

> 公都子曰："外人皆称夫子好辩，敢问何也？"
>
> 孟子曰："予岂好辩哉？予不得已也。天下之生久矣，

一治一乱。当尧之时，水逆行，泛滥于中国，蛇龙居之，民无所定；下者为巢，上者为营窟。《书》曰：'洚水警余。'洚水者，洪水也。使禹治之。禹掘地而注之海，驱蛇龙而放之菹；水由地中行，江、淮、河、汉是也。险阻既远，鸟兽之害人者消，然后人得平土而居之。

"尧舜既没，圣人之道衰，暴君代作，坏宫室以为污池，民无所安息；弃田以为园囿，使民不得衣食。邪说暴行又作，园囿、污池、沛泽多而禽兽至。及纣之身，天下又大乱。周公相武王诛纣，伐奄三年讨其君，驱飞廉于海隅而戮之，灭国者五十，驱虎、豹、犀、象而远之，天下大悦。《书》曰：'丕显哉，文王谟！丕承者，武王烈！佑启我后人，咸以正无缺。'

"世衰道微，邪说暴行有作，臣弑其君者有之，子弑其父者有之。孔子惧，作《春秋》。《春秋》，天子之事也；是故孔子曰：'知我者其惟《春秋》乎！罪我者其惟《春秋》乎！'

"圣王不作，诸侯放恣，处士横议，杨朱、墨翟之言盈天下。天下之言不归杨，则归墨。杨氏为我，是无君也；墨氏兼爱，是无父也。无父无君，是禽兽也。公明仪曰：'庖有肥肉，厩有肥马；民有饥色，野有饿莩。此率兽而食人也。'杨墨之道不息，孔子之道不著，是邪说诬民，充塞仁义也。仁义充塞，则率兽食人，人将相食。吾为此惧，闲先圣之道，距杨墨，放淫辞，邪说者不得作。作于其心，害于其事；作于其事，害于其政。圣人复起，不易吾言矣。

"昔者禹抑洪水而天下平，周公兼夷狄，驱猛兽而百姓宁，孔子成《春秋》而乱臣贼子惧。《诗》云：'戎狄是膺，荆舒是惩，则莫我敢承。'无父无君是周公所膺也。我亦欲正人心，息邪说，距诐行，放淫辞，以承三圣者。岂好辩哉？予不得已也。能言距杨墨者，圣人之徒也。"

选文自成议论完整架构不必多说，单句子的形式特征上就充分显示了质疑意识。如开篇说"予岂好辩哉？予不得已也"，反问起笔，文气贯注，不得不辩之气扑面而来。又如，"杨墨之道不息，孔子之道不著，是邪说诬民，充塞仁义也"一句，其中构成双逻辑关系使行文之气势充足而严正。"不息"是"不著"的原因；"不息""不著"既是"充塞仁义"的原因，又是"仁义"不行的结果。而这个因果复句又与紧承的下一句"仁义充塞，则率兽食人，人将相食"互为表里，使表达的丰富性与逻辑性再登上一个新的境界。王力有言："后代文人的喜欢学习《孟子》《庄子》的文章，其原因之一就是这两部书的文气很盛。所谓气盛，就是句子的结构非常紧凑，非把全句念完就没法子停顿下来"(14)。这是从诵读感觉上来讲的，而这种感觉来源于句子内部构造，即一方面要把说的话尽可能概括，成为一个完整的结构，一方面化零为整，使许多小句成一个大句，强化了有机联系。这，正是逻辑思维在语言结构尤其是句子结构形式上的具体体现。

4. 屈原把火山爆发般的质疑熔铸于《天问》这一先秦奇篇，突破了《诗经》诗体。

《天问》这首长诗的突破性，我以为有三点：第一，从诗体而言，它突破了楚辞的一般表达，更突破了《诗经》的常规表达，这是诗体形式的突破。第二，《天问》也完成了用诗歌的语言方式突破了先秦议论散文表达质疑思想的文体格局；第三，就思想质疑而言，屈原的《天问》实现了对人事、宇宙、历史、文化、自然等综合化的思考与哲学认识。郭沫若的评价极为恰当，他说——

> 全篇以一"曰"字领头，通体用问语，一口气提出了一百七十二个问题。以那种主于以四字为句、四句为节的板滞的格调，而问得参差历落，奇矫活突，毫无板滞的神气，简直可以惊为神工。而那提出的问题，从天地开辟以来一直问到他自己，把他对于宗教信仰上的、神话传说上的、历史记载上的、人生道德上的各种各样的怀疑，都痛痛快快地表示了一个淋漓尽致。那种怀疑的精神，文学的手腕，简直是前无古人而后无来者。[15]

郭沫若如此高评《天问》，认定它"在研究中国古代史上可以说是极重要的一项资料"，不是情绪化的表达，而是一位史家的洞见。在文学上，林庚先生对包括《天问》在内的《楚辞》的评价也别具只眼，他说——

> 《楚辞》是我们常读的一部书，它没有像《诗经》一样被后人视为经典，也幸而没有被后人视为经典，它始终保持着最纯净的文艺面目。钟嵘《诗品》分诗为两个源流，一源于《诗经》，一源于《楚辞》。源于《诗经》的仅十四人，源于《楚辞》的二十二人，《楚辞》对于后来诗坛的影响之大可以想见。[16]

至于在对《天问》的解读上，林庚先生用浓郁的诗人情感读出屈原内心的疑问与忧愤，更为动人。我在与学生学习《天问》

时，重在选择了鲧禹治水的一段：

> 不任汩鸿，师何以尚之。佥曰何忧，何不课而行之。鸱
> 龟曳衔，鲧何听焉。顺欲成功，帝何刑焉。永遏在羽山，夫
> 何三年不施。伯禹腹鲧，夫何以变化。纂就前绪，遂成考功；
> 何续初继业，而厥谋不同。洪泉极深，何以填之。地方九则，
> 何以坟之。应龙何画，河海何历。鲧何所营，禹何所成。[17]

关于《天问》，正如鲁迅所言"怀疑自邃古之初，直至百物之琐末，放言无惮，为前人所不敢言"[18]。本节即为一例。鲧治水不力，禹治水有功，这是一个历史定论。众口一词，本无所疑。然而，屈原偏偏就这个无疑处生疑，而且以沉郁的心情为鲧鸣不平，卓越之思，令人感佩！鲧治水，本是有观察，依前绪的，"鸱龟"所成的痕迹，就是鲧的参照，怎么能说鲧虚妄刚愎呢？再说，禹治水而成，恰恰也是吸取了鲧的经验和教训啊，没有鲧的"前因"，恐怕也难求得禹的"后果"。特别是质询"帝何刑焉"，问得有力，疑得合理。鲧本来就想着治水成功，但适失败，要归责也当归责于龟，不当加刑于鲧。这一节叩问，既是为鲧鸣不平，也是对所谓的"世所公认"而加以揭露与嘲讽！同时也揭示了真理生成的必然路径：鲧用龟的预兆而治水（低级经验）→禹改鲧的失败而治水（拾级探索），这种相因，本是必然啊！经过讨论，学生心中终于"立"起屈原作为一个疑者的伟大形象！

总之，我与学生学先秦之文，悟先秦之疑，总是二者兼备，互为表里的。立足于文而识其疑，更见疑之鲜明伟大；洞识其疑而读其文，更见文之焕彩多姿。

【注】

（1）（3）杨伯峻：《论语译注》，中华书局 1980 年 12 月第 2 版。

（2）（4）高觉敷：《中国心理学史》，人民教育出版社，1985 年 12 月第 1 版。

（5）（6）谭戒甫：《墨辩发微》，科学出版社 1958 年 3 月第 1 版。

（7）（8）陈剑：《老子译注》，上海古籍出版社 2016 年 7 月第 1 版。

（9）陈彭应：《庄子今注今译》，中华书局，2013 年 4 月第 1 版。

（10）陈军：《〈论语〉教育思想今绎》，上海教育出版社，2015 年 12 月第 1 版。

（11）匡亚明：《孔子评传》，南京大学出版社，1990 年 12 月版。

（12）蒋绍愚：《古代文史哲名篇比较阅读》，北京大学出版社，2002 年 8 月第 1 版。

（13）朱熹：《四书章句集注》，中华书局；1983 年 10 月第 1 版。

（14）王力：《汉语史稿》，中华书局；2013 年 8 月第 1 版。

（15）郭沫若：《历史人物》，人民文学出版社 1979 年 9 月北京第 1 版。

（16）林庚：《诗人屈原及其作品研究》，上海古籍出版社，1981 年 7 月第 1 版。

（17）周予同主编：《中国历史文选》（上册），上海古籍出版社，1979 年 12 月第 1 版。

（18）鲁迅：《鲁迅全集》，人民文学出版社，2005 年 6 月第 1 版。

"疑思问"之源（下）

（一）孟子的"辩"

孟子（大约公元前385—304），驺国人（今山东邹县），孔子"私淑弟子"，继承了孔子的主要思想。但是，因为时代变化了，孔孟相隔百年，孟子对孔子学说不但有所继承，更有所发展，有所质疑和改变。

1. 孟子的"辩"。

孟子所处的时代，正是杨朱学派和墨家学派思想影响最为广泛的时候。"杨朱墨翟之言盈天下，天下之言不归杨则归墨"（《孟子·滕文公下》）。杨朱、墨翟思想与孔子的儒家学说尖锐对立，他们反对儒家所倡导的"亲亲""仁爱"的原则，因此，孟子奋起抗辩，旗帜鲜明地反对杨墨，他说"杨墨之道不息，孔子之道不著，是邪说诬民，充塞仁义也"（《孟子·滕文公下》）。孟子好辩的思想出发点很清楚：

> 仁义充塞，则率兽食人，人将相食。吾为此惧，闲先圣之道，距杨墨，放淫辞，邪说不得作。作于其心，害于其事；作于其事，害于其政。圣人复起，不易吾言矣。

昔者禹抑洪水而天下平，周公兼夷狄驱猛兽而百姓宁，孔子成《春秋》而乱臣贼子惧。我亦欲正人心，息邪说，距诐行，放淫辞，以承三圣者；岂好辩哉？予不得已也！能言距杨墨者，圣人之徒也。[1]

孟子发展和改造了孔子的"礼治"和"德政"的理论，提出了"仁政"学说。孟子的这些发展与改造，都体现了他的质疑精神在现实中的思想表达。比如，关于"民"，他比孔子更加进步。孔子没有看到人民的力量，而孟子看到了，他说"民为贵，社稷次之，君为轻"（孟子·尽心下）。孟子的"贵——次——轻"的排序，显然是对孔子礼序的突破。当然，孟子的"民为贵"，仍然是把"民"看作是统治的条件，而不是把"民"看作是"主人"，正如他自己所言"无野人，莫养君子"。尽管如此，他要求统治者重视人民的"仁政"思想，在当时乃至在中国思想史上都是具有很重要的进步意义的。

2. 孟子的"疑"。

没有对现实的洞察，没有强烈的质疑精神，就不可能有思想上的突破。孟子可以说是先秦质疑第一人。说孟子的"第一"就是指他敢于对自己所信的人、所信的思想的独立思考与重新认识，甚至是反对和拒绝。比如，孔子重视祭祀，孟子就不多讲。《论语》12700多字，讲"祭"14次；《孟子》有35700多字，讲"祭"9次，讲"祭祀2次，总共不过11次，而且都未作主要论题（参见杨伯峻《孟子译注·导言》第11页。）孟子最鲜明的关于质疑的观点是下面一句话——

尽信《书》，则不如无《书》。

《书》，指《尚书》，是孔子编定的重要的儒家典籍，孟子当然是"信"的，但是"信"中又有不信。如果"尽信"，危害比无《书》更大。这个观点意味深长。没有《书》的依从，最大的危害不过是漫无目的地去寻找；而"尽信"，则完全盲从；盲从，则失去独立性、失去探索力而不自知，这，危害就更大了。孟子这样说，显然是强调确立独立思考思想的重要性。

关于思考，他也比孔子想得更加深入。他的突破，在于明确了积极思维的功能与价值。他说：

> 心之官则思，思则得之，不思则不得也。

"心官"，人人皆有的物质条件；其功能就在"思考"。只要思考了，就有所得，强调思考的价值。"不思则不得"，显然是指"不思"的危害，与"尽信《书》"是一回事，不得，既指知识上的缺失，更指独立性人格的缺失。燕国材指出："思与疑是密切联系的；不疑就不思，有疑才有思；思维常常是从有疑问处开始的，思维的过程就是不断地从疑到不疑的过程"[2]。

3. 孟子的质疑之"本"。

孟子的"疑"，不单是一种好奇心和探索欲的表现，而在于建立一个具有"浩然之气"的自我。这个"气"，就是"疑"的根本。同样，由于这个"气""浩然"而有力，因而"疑"之对象，"疑"之深度以及"疑"之目的也就与众不同了。什么是"浩然之气"，孟子自己有一个解释，他说：

> 其为气也，至大至刚，以直养而无害，则塞于天地之间。
> 其为气也，配义与道，无是，馁也。是集义所生者，非义袭

而取之也。行有不慊于心，则馁矣。(《孟子·公孙丑上》)

"最伟大""最刚强"，这说的是"气"的总特征。为什么会这样呢?"义与道"是其内容。没有"义"，没有"道"，"气"就"馁"了，也就是没有张力了。尤其要强调的是，这种"义"与"道"，需要长期积累，持之以恒，重在一个"集"字。只要做了一件于心有愧的事，"气"也就疲软了。

这种"浩然之气"，在孟子身上体现得十分充分，是其质疑前贤的力量之源。比如，孔子重视人的生命，孟子并不完全接受，而是更重视人民生存的权利。孔子因为周武王以讨伐商纣而得到天下，谈到音乐时，认为周武王的乐舞《武》"尽美矣，未尽善也。"对此，孟子不以为然，当齐宣王说武王伐纣是臣弑其君时，孟子回答说:"贼仁者谓之贼，贼义者谓之残。残贼之人谓之一夫。闻诛一夫纣矣，未闻弑君也"(参见杨伯峻《孟子译注·导言》)。这是否定齐宣王，也是否定孔子。孟子的这个质疑之"气"，来自他的以民为贵的"仁政"之"义"，我们知道，为了"仁政"之"义"，孟子甚至提出"贵戚之卿"可以废掉坏君，改立好君。杨伯峻指出:"这种思想，是孔子仁的学说的大发展，在先秦诸子中是绝无仅有的"(《孟子译注·导言》)。

尤其宝贵的是，为了在教育教学中养成"浩然之气"，孟子强调了"五教":即"有如时雨化之者，有成德者，有达才者，有答问者，有私淑艾者。此五者，君子之所以教也"(《孟子·尽心上》)，这"五教"即今日所倡导的自由宽松的教育环境，一是平等融洽，如同春风化雨;二是成德为主，培养正直人格;三是发展才干，注重能力;四是质疑问难，相互切磋;五是树立榜样，感召学生。有了这样的学习情境，质疑与批判才能通行，浩然之气也才能养成。

4. 批判逻辑：孟子的篇章论说。

王力认为，先秦汉语表达的转变可以从孟子和荀子的表达上看到语言标志，比如，句子的长度增加，词句的逻辑力量更见气势等等。其实，在篇章论说上，逻辑之"气"也同样沛然成章。

以《孟子》开篇与梁惠王的对话为例——

> 孟子见梁惠王。王曰："叟！不远千里而来，亦将有以利吾国乎？"
>
> 孟子对曰："王！何必曰利？亦有仁义而已矣。王曰'何以利吾国？'大夫曰'何以利吾家'？士庶人曰'何以利吾身'？上下交征利而国危矣。万乘之国，弒其君者，必千乘之家；千乘之国，弒其君者，必百乘之家。万取千焉，千取百焉，不为不多矣。苟为后义而先利，不夺不厌。未有仁而遗其亲者也，未有义而后其君者也。王亦曰仁义而已矣，何必曰利？"

孟子"对曰"的这段话，形成了总分总式结构，开门见山地说"王！何必曰利？亦有仁义而已矣"，这是提出观点，毫不含糊地表达了不同的看法。接着又建构一个由"利吾国"导致"利吾家"再导致"利吾身"的因果关系，来说明取利而国危的必然性。不仅如此，孟子又建构了一个由"万乘"争利导致千乘弒君再导致百乘弒君的不可避免的因果关系，把"王"的惨烈命运揭示出来加以警示。这其中的"必"字用得十分果决，不容置疑地说明了争利导致弒君的"规律"。这两个建构表面上看有些重复，实质上相联系又有区别。前者是说争利必然导致上行而下效，后者是说争利必然导致弑命弑君，绾结点就是一个"利"字。意义的叠加，使内容更丰厚更有说服力。最后，自然推导出结论"曰仁义而已矣，何必曰利？"由于章法上注重层次叠加，论证上注重事实推导，因此，最后的结论也暗含了一个"必"字，不可不信。

《孟子》中的对话所以成为完整的"篇章"结构，除了内容层次的安排和整体结构设计外，还有独特的"省略"修辞，以表示语气的紧促和语势的连贯，而这样的表达，自然也增强了对话内容的整体感。如下例——

> 梁惠王曰："寡人愿安承教。"
> 孟子对曰："杀人以梃与刃，有以异乎？"
> 曰："无以异也。"
> "以刃与政，有以异乎？"
> 曰："无以异也。"
> 曰："庖有肥肉，厩有肥马，民有饥色，野有饿莩，此率兽而食人也。兽相食，且人恶之；为民父母，行政，不免于率兽而食人，恶在其为民父母也？仲尼曰'始作俑者，其无后乎？'为其象人而用之也。如之何其斯民饥而死也？"
> （《孟子·梁惠王上》）

这段对话旨在说明恶政之害，恶政即杀人之刃。值得注意的是，前两个"曰"（一问一答）完成后，第三句"问"前无"曰"，杨伯峻认为，这里省去了"曰"字，"表示孟子的话是紧接着梁惠王的话而说的。这是古人修辞体例，孟子尤其用得很多"⑶。孟子这样说，紧追而问，表达的急切可以想见。如果是记录者这样记，则也说明记录者很关注这里追问的无停顿。本来是有停顿，而记录者独具匠心，用省记法来强调无停顿的特殊效果。不论是哪种情况，目的是一样的：省略，产生了修辞别趣。

章培恒先生有一段话很值得体味，他说：

　　在孔子讲学的年代，这种论争大概还不多，所以在其门生追记其言论的《论语》中，大抵是片断的语录。而《孟子》则已经是以善辩著称的了。但不同学说之间的论辩在口头上进行总是不能够十分严密和透彻，需要发展成为文字的表达。孟子晚年和门生在一起把从前他同人争辩的经过以及其他言辞加工整理出来，成为《孟子》一书，实际是一种介于言辞记录和书面论述之间的东西——所以书里面他的论辩对手，好像不过是拳击的靶子似的；有些恐怕只是虚设的论敌。《墨子》《庄子》也有类似情况，但也有更进一步的，就是单纯围绕一个问题作书面的论述，这样就有了脱离言辞记录的文章。⑷

　　在言辞记录走向专题文章的转化过程中，《孟子》中的论说"篇章"很值得关注，既有句子的变化，又有篇章的设计，还有一些修辞技巧的趣味，这些都极为丰富地彰显了孟子论说的逻辑力和艺术性。古人所讲的"气"也好，今人所讲的"逻辑"也好，最终都要表现在言语的组织上与文章的表达上，都有鲜明的标志供我们鉴赏和品味。

（二）荀子的思想与表达

荀子，名况，字卿，战国末期赵国人。生卒年不详，学术活动时间约在公元前298—238年间，曾到齐国稷下讲学，晚年在楚国兰陵著书，卒于兰陵，著述合为《荀子》。他是我国先秦时期的一位集各家思想之大成的思想家，他的思想特点就是对之前各家学说都有所取舍、批判、继承与创新；就其思想体系而言，仍属于儒家学派。不过，也有学者认为"其书专明礼，而精神颇近法家"，"荀子之书，狭隘酷烈之处颇多"⁽⁵⁾。

就质疑与批判的思想特点而言，荀子的思想理论与表达实践有四方面值得学习。

1. 哲学思想上，荀子的"性恶论"观点启迪我们要注重教育的"学习性"。

荀子最为后人所诋訾者，正是他的"性恶论"。荀子认为，"人性恶，其善者伪"。

人们以为"伪"为"虚伪"、"虚假"，其实，这是一种误读。吕思勉说："乃谓人之性，不能生而自善，而必有待于修为耳"。"譬之足，可以遍行天下，然而未有能遍行天下者。夫孟子谓性善，亦不过谓涂之人可以为禹耳"，而"能为然"，"则未必然也"。要"能然""必然"，就得"伪"⁽⁶⁾。伪者，人为也；修为也。荀子强调了对于善的后天修为之功，应该说是对孟子性善论的补充和落实。

荀子对于"善"的后天修为思想，直接决定了学习的价值。在"学"的认识上，荀子超越了孟子，也深化了孔子。这个"学"，也正是我们注重的质疑与批判的基础条件。

冯友兰指出"孟子以后，儒者无杰出之士。至荀卿而儒家壁垒，始又一新。"这个"新"，也就是指荀子"最善于批评哲学"，"盖其用力甚勤，学问极博"[7]。

荀子所主张的"学"是怎样的呢？他举孔子为例，在《解蔽篇》中说——

> 夫道者，体常而尽变，一隅不足以举之。曲知之人，观于道之一隅，而未之能识也，故以为足而饰之，内心自乱，外以惑人，上以蔽下，下以蔽上，此蔽塞之祸也。孔子仁智且不蔽……故德与周公齐，名与三王并，此不蔽之福也。（《荀子》卷十五页五至六）

改正"一隅"之见的是认识上的"全""尽""粹"。荀子说"全之尽之，然后学者也。君子知夫不全不粹之不足以为美也，故诵数以贯之，思索以通之，为其人以处之"（《荀子·劝学》）。要达到"全""尽""粹"这样的学习境界，荀子提出了"贯之""通之""处之"这三方面学习策略和路径，这是十分宝贵的为学建议。质疑与批判，既是"贯之""通之""处之"的方法与过程，也是其结果和目标。

2. 认识心理上，荀子的"错觉论"观点揭示了认识上的局限性，更加证明了质疑的价值和学习的必要。

荀子说——

> 凡观物有疑，中心不定，则外物不清；吾虑不清，则未可定然否也。冥冥而行者，见寝石以为伏虎也，则植林以为（后）人也，冥冥蔽其明也。醉者越百步之沟，以为跬步之浍也；俯而出城门，以为小之闺也，酒乱其神也。厌目而视

者，视一以为两；掩耳而听者，听漠漠而以为㲋㲋，埶乱其官也。故从山上望牛者若羊，而求羊者不下牵也，远蔽其大也。从山下望木者，十仞之木若箸，而求箸者不上折也，高蔽其长也。水动而景摇，人不以定美恶，水埶玄也。瞽者仰视而不见星，人不以定有无，用精惑也"。（《荀子·解蔽》）

燕国材将这段话中所揭示的五种"错觉"归纳为：①因光线影响而产生的错觉，如"见寝石以为伏虎"；②因药物影响而产生的错觉，如酒醉误大沟为小浍；③因受外界干扰而产生的错觉，如厌目而视，视一为两；④因距离远近的影响而产生的错觉，如山下望木，十仞之木若箸；⑤因客体受干扰而产生的错觉，如水动影摇之类。燕国材指出："在我国古代的心理学思想上，荀子的错觉论可以说是独一无二的，因为没有发现任何思想家对错觉问题发表过如此深刻的见解。特别是他关于'厌目而视，视一为两'的错觉发现，带有心理实验性质，尤为难得。可仿亚里士多德错觉例，称之为荀氏错觉"[8]。

与"错觉"相联系的是人的"幻觉"，荀子说——

凡人之有鬼也，必以其感忽之间、疑玄之时正之。此人之所以无有而有无之时也，而己以正事。（《解蔽》）

幻觉是见鬼的原因。荀子的这一论断后来在王充的《订鬼》一文中得到更为周密的论述。荀子敏锐的发现与判断对于后人质疑与批判起到了引发作用。

错觉与幻觉，无疑是人的认识局限。这个局限，往往是己不自知；如果自以为是，则局限就演变为错误、专制、以是为非等等由认识之局限而产生的行为灾难。因此，荀子虽没有直接提出"质疑"的观点，但通过"学"而克服"错觉"的建议，同样说明了"疑思问"的特别意义。

3. 逻辑思维上，荀子对"诡辩术"的批判揭示了争论的边界，与现代质疑与批判的思维范畴相一致。

荀子认为，必须根据事实使概念含义明确。不仅如此，他还研究了概念、判断、推理等思维形式。

首先，荀子认为，"名"是用来说明"实"的，也就是指名词或概念是用来指称和说明客观事物的。他说"名闻而实喻，名之用也"（《正名》）。人们一听到你称呼的"名"，就能知道你这个"名"所指称的事物及现象。这是讨论和批判的一个极为重要的条件，否则名实不符，你我各有分歧，就没有办法共同分清是非，就没有条件表达思想，认识上也就必然混乱。荀子还认为——

> "凡同类同情者，其天官之意物也同，故比方之疑似而通。是所以共其约名以相期也。"（《正名》）

比如，人与人是性质相同的事物，因此"天官"（感觉器官）对外物的感觉也一样。通过沟通，人们就以这个大致相似的感觉为共约对象，从而约定给予一个名称而表达事物。约定俗成，即大家所共认的，也就是大家所确定的一个"名"，如此指"名"而议就有了表达思想的基础。

与此同时，荀子对"概念"也作了大致分类。他说——

> "形体色理以目异，声音清浊、调竽奇声，以耳异。……

此所缘而以同异也。然后随而命之，同则同之，异则异之。单足以喻则单，单不足以喻则兼。单与兼无所相避则共，虽共不为害矣。知异实者之异名也，故使异实者莫不异名也，不可乱也。犹使异实者莫不同名也。故万物虽众，有时而欲遍举之，故谓之物。物也者，大共名也，推而共之，共则有共，至于无共，然后止。有时而欲偏举之，故谓之鸟兽。鸟兽也者，大别名也，推而别之，别则有别，至于无别，然后止。名无固宜，约之以命。约定俗成谓之宜，异于约则谓之不宜。名无固实，约之以命实。约定俗成，谓之实名。名有固善，径易而不拂，谓之善名。"（《荀子》）

为了说明这一段的概念分类以及"类"与"种"之关系，冯友兰专门引用了"朴尔斐利之树"——

对照荀子所论，"则此中本体就是最大之'共名'，其上'至于无共'。'人类'为最小之别名，其下'至于无别'。至于'物质'、'生物'、'动物'等，则对于在其上者为别名，对于在其下者为共名也"[9]。

基于这样的思维形式，荀子对于流行的诡辩说一一予以批判和驳斥。比如墨家认为"圣人不爱己，杀盗非杀人"，荀子认为，"盗"之名之内涵，亦包有其是"人"之义，"杀盗非杀人"实质上是"以名乱名"；又如，惠施认为"山与泽平"，就个体而言，山有时低于泽，如高原之湖高于平原之山也。但如果用这一个体现象来说明全部的山泽情形，就犯了以偏概全，以实乱名之错。再如，《墨经》中说"牛马非马"，牛马包括牛与马，说牛马非牛非马可以，但说牛马非马，则以名乱实，因为牛马中毕竟有"马"。

4. 语文表达上，荀子的文体创制以及论述艺术的强化在中国文章学与修辞学上都占有重要地位。

章培恒指出："到了战国末年的《荀子》《韩非子》中，则可以看到篇幅宏大，结构严整，逻辑性很强的论文了"[10]。虽然这些"文"与诗歌不同，都是治国理政实用性表达，但是，这些实用文一开始都洋溢着鲜明的艺术性，无论是章法上、语言上，还是表达手法上，都体现了艺术匠心。荀子之文的特色尤其显著。谭家健认为，在中国散文史上，《荀子》与《韩非子》中的主要篇章都是专题论文，而且在体制上更为复杂成熟，是先秦论说文体成熟的标志。[11]

这里着重介绍荀子散文的论说结构。

刘宁指出，《荀子》专论"述说"和"辨析"相结合，在内容组织上，体现了"集义"的特色，形成了"辐辏"式结构：

> 往往是围绕篇题的论点，汇集众多立身规范，所罗列的规范之间，并无鲜明的递进推衍关系，而是表现为一种平行、综合的结构，形成一种"集义"的格局。后世读者期待于议论文的纵横起伏、层层深入，在荀子这些专论中是难以看到的。[12]

我们一方面要注意荀子之文的逻辑性，另一方面又揣摩荀子之文的"散化"特点，这二者的聚焦处在哪里呢？我们试把中学

所选《劝学》一段回归到完整的原文中来讨论:

《劝学》各节论纲

① 君子曰:学不可以已。

② 君子性非异也,善假于物也。　　　　　　　中学选读

③ 君子居必择乡,游必有土,所以防邪僻而近中正。

④ 君子慎其所立。

⑤ 君子结于一。

⑥ 君子如响。

⑦ 君子不傲、不隐、不瞽,谨顺其身。

⑧ 君子贵其全。

用刘宁的辐辏比喻图示如下:

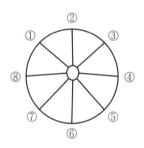

　　第一,这个图首先表示:作者箍定了论述范围,这就是"学"。从①到⑧各节都是从不同方面论述"学",这些"方面"不是内容"层进"关系,而是相对独立的散论布列,①到⑧都可以互换位置。每一条"散论"都是一支"辐",聚于"毂",支撑"轮",形成辐辏关系。

　　第二,辐辏的"毂",就是"学"这个论述范围中的内容主

旨（或中心）。《劝学》一文论述范围极广，强调了"学"的方方面面，充分体现了荀子的思维追求——"全"——的特点。内容广泛，但思想又极为集中。这个"思想"就是劝学之旨：君子要注重立身的规范与修炼。"规范"是"目标"，"修炼"是过程，荀子就是这样在论学的过程中表达了如何修身的思想：

> 见善，修然必以自存也；见不善，愀然必以自省也；善在身，介然必以自好也；不善在身，菑然必以自恶也。故非我而当者，吾师也；是我而当者，吾友也；谄谀我者，吾贼也。故君子隆师而亲友，以致恶其贼。[13]

荀子这里讲"师""友"，其实就是讲"学"，换言之，也就是《性恶篇》"人之性恶，其善者伪也"中的"伪"。伪者，人为也，人的自我修为。一切的"学"都是身心修为。

第三，这里就有一个问题：《劝学》的中心论点与论证结构与我们所认识的现代论述结构是不一样的。我们通常所讲论述（证明），总是强调围绕中心论点层层深入地论证，每一层都是环环相扣，不可移位。而荀子没有"层层深入"，只有方方面面的"罗列"。有人曾指出中学所选《劝学》的逻辑混乱，认为第一句讲"君子曰：学不可以已"。这是中心观点；接下来讲"青于蓝""寒于水"，都不是讲"不停止"，而是讲超越和强化；讲"糅"，讲"受绳""就砺"等等，也就是讲外部干预……也未紧扣"不可以已"这一论点。至于第二段讲"假舆马者""假舟楫者"，也都是说明"善假于物"的作用与意义，与"不可以已"之题旨更远。后边讲"积土成山"等等，似乎与"不可以已"相关联，但说着说着意思又发生转变，转到"用心一也"上了。像这样来认识《劝学》的论证，显然是一种误读，没有深入理解到荀子论述的特点。用"辐辏式"来看荀子所论，就豁然开朗了。

第四，从思维上看"辐辏式"的论述价值，我们应该学习的地方是什么呢？

第一，是思维的开放。荀子劝学论述分列为八方面，这八点，充分说明了荀子认识的"全"；虽然这个"全"是相对的，但就荀子一人所体认而言，已是穷尽了他的所思所想。这种开放式思维创造了一个条件，就是论题范围之内，你可以继续补充更多的思想。荀子论述的八点，后人可以改制并完善。由此可见，荀子思维的价值就是为我们搭建一个参与思考的平台。有趣的是，这一思维特性在《论语》中也最为常见。比如"仁"，《论语》全书有109次论及，内涵不一；单是讲道德标准，也有105次，存在很大差别，因人而异，因事而变，充分反映了孔子回答问题的灵活性。孔子确实没有用一句话在一个地方对"仁"下一个定义，这或许给人以难以把握的认识困难，但是，109次的答问涉及生活的方方面面，体现了认识视野的广阔，从而显示了开放性思维，则是值得我们体认学习的。必须指出的是，荀子毕竟不同于孔子的"言说"，荀子不是用对话而是用文章来表现这一开放性思维，因而在思维组织上比《论语》言说要缜密得多，系统得多，具备了论说文的成熟标志。

第二，我们要深入认识到"点"的内部严密性。一方面我们看到《劝说》八点，点点独立，呈现的是散化式开放特点；另一方面我们要也注意到，每一点的论述又是层次井然、十分严密的。我们看下边一段：

　　吾尝终日而思矣，不如须臾之所学也；吾尝跂而望矣，不如登高之博见也。登高而招，臂非加长也，而见者远；顺风而呼，声非加疾也，而闻者彰。假舆马者，非利足也，而致千里；假舟楫者，非能水也，而绝江河。君子生非异也，善假于物也。

　　这一段的内部可以分作三层，第一层是开头两句，写两个"不如"。由不如"学"到"不如""登高"，语势侧重于后者，主要讲"登高"。第二层是"登高""顺风"与"假舆马""假舟楫"四句，一见一闻，一陆一水，客观条件基本尽列了。第三层是下结论，讲君子"善假于物"。这三层可以说是组织严密，分析透辟，善于取譬，气势畅达，语言精练，有极强的说服力和感染力。功能上，第一层旨在引出观点；第二层列述事实，旨在说明各种现象中的同一事理；有了这个"理"，于是也就有了第三层的结论；这个结论也就是对各种现象所寓之理的高度概括，"善假于物"，善，指君子之技能；假，指君子之行为；物，指凭借之对象；这三者，形成了君子之"学"的修为标志。

　　综上所述，我们可以认识到，荀子的论述总体上呈现的是宽博大度的气象。其内容广博丰富；其思想包容开阔；其思维开放灵活；其表达生动严谨。

【注】

（1）杨伯峻：《孟子译注·滕文公下》，中华书局 1960 年 1 月版，第 155 页。

（2）燕国材：《中国心理学史》，浙江教育出版社 1998 年 5 月第 1 版，第 140 页。

（3）《孟子译注》中华书局 1960 年 1 月版第 9 页。

（4）《古文鉴赏辞典·序》，上海辞书出版社，2014年7月第1版，第1—2页。

（5）吕思勉：《先秦学术概论》，云南人民出版社，2005年12月版，第89页。

（6）吕思勉：《先秦学术概论》，第90页。

（7）冯友兰：《中国哲学史》（上），华东师范大学出版社出版，第163页。

（8）燕国材：《中国心理学史》，浙江教育出版社1998年5月版，第154页。

（9）冯友兰：《中国哲学史》（上），华东师大出版社，第175—176页。

（10）《古文鉴赏词典》，上海辞书出版社2014年7月第1版，第2页。

（11）《先秦散文艺术新探》，齐鲁书社2007年版，第129—161页。

（12）刘宁：《汉语思想的文体形式》，华东师范大学出版社2012年1月版，第5—6页。

（13）《诸子百家名篇鉴赏辞典》，上海辞书出版社2013年12月版，第257页。

批判的"绝唱"（上）

（一）两汉的"地火"

公元 221 年，秦灭，中国历史上第一个强大的中央集权的专制王朝政体被汉王朝继承下来。西汉、东汉，四百多年的统治，奠定了中国漫长而深重的封建社会基础。

这四百多年里，激越的思想地火也在熊熊燃烧。

司马迁《史记》的历史批判，贯注"奇气"；王充《论衡》的思想思辨，《四库全书总目提要》直接称之为"攻之者众，好之者终不绝"的"奇书"。另外，在汉赋的发展中，东汉后期也终于出现了具有强烈批判精神的辞赋家赵壹，其《刺世疾邪赋》"对当代社会乃至整个历史都提出了无情的批判"（《中国文学史》，章培恒、骆玉明主编，复旦大学出版社，1995 年出版），堪称"汉赋中所仅见"的"奇篇"。

这些代表性的"奇思异想"，构成了中国批判传统中的最坚硬的火种。

以下试谈两汉质疑心理思想的勇敢突破。

汉王朝建立以后，曾一度盛兴黄老哲学，但由于与中央集权制度相冲突，很快被压制下去，取而代之的是董仲舒提出的"罢黜百家，独尊儒术"建议被汉武帝定为国策，从而建立起完整而又严密的社会统治思想。为了进一步维护这一思想专制，汉武帝又在政治制度上把读经尊儒和士人谋官求禄紧密结合，使专制的文化倡导成为士人生存的必由之路，这样就避免了知识分子游走于专制体制之外的可能，也就极为自然地铲除了先秦时期那样的生存可以独立、百家可以争鸣的政治的、经济的、文化的土壤。

对此，章培恒、骆玉明《中国文学史》写得相当精辟：

> 汉代的儒学，已经截然不同于先秦的儒学。本来意义上的孔孟之道，虽然也是为统治者提供统治方法的政治和伦理学说，但毕竟是在野的、带有相当理想色彩和批评成分的学说。而董仲舒所建立的新儒学，则完全是一套官方统治思想，它吸收了孔孟思想中若干有用的成分，又糅合阴阳家和法家思想，形成一种以维护皇权的绝对性为目的，融政治、宗教、伦理、刑法为一体的实用之学。[1]

也正是在这样的思想拑制和文化禁锢中产生了司马迁、王充、赵壹之"奇"，其难能与可贵，不言而喻。也正是针对这样的正统思想与专制主体，司马迁、王充、赵壹等，分别表现出尖锐的质疑、深刻的洞见和无情的批判。

两汉的质疑思想的主题，始终围绕"天人观"与"形神论"而展开。所谓的"天人观"就是指董仲舒编造出来的"天人感应目的论"。这个"天人感应"，就是认为"天"有意志，人的形体和心理必须与"天"相副。在这一"天人观"指导下，董仲舒又把"人"的"形"与"神"分割开来，提出形神分离的"形神论"，认为形神彼此独立，各有其"存"。这样就在社会文化认识中，构建了效忠于天、臣服君王以及人死为鬼，鬼神不灭的封建迷信的主体心理。对此，有三大对抗，不要不察。

（二）《淮南子》朴素简约的唯物论

如关于人的形体与精神的关系，《淮南子》认为——

> 夫形者，生之舍也；气者，生之充也；神者，生之制也。一失位则三者伤矣。……故夫形者非其所安也而处之则废，气不当其所充而用之则泄，神非其所宜而行之则昧，此三者不可不慎守也（《淮南子·原道训》）

意思是形、气、神，虽然各有其位，各有其用；但是相互制约，统于一体，一者损则三者伤。

人的本体如此，与外界自然事物又有怎样的关系呢?《淮南子》非常明确地强调了人的感官作用及其局限——

> "视而形之，莫明于目；听而精之，莫聪于耳。"
> "目不能见十里之前，耳不能闻百步之外。"

感知上的局限，意味着认识上不能全真；不能全真，也就意味着可疑的可能性是必然的。因此——

> "窥而于盆水则圆，于杯则椭，而形不变。其故有所圆，有所椭者，所自窥之异也"（《齐俗训》）。

错觉，是不可避免的。《淮南子》以生活经验来实证知觉的客观条件会影响并导致错觉，对后来王充的《订鬼》实证有直接影响与启示。

在此基础上,《淮南子》强调思维的意义,强调质疑的考辨就有了相当坚实的认识基础了。例如,对于"类可推"思想(以小见大,以近论远,见始知终等等),《淮南子》有所警觉与怀疑,说——

> 物类相似若然,而不可从外论者,众而难识矣,是故不可不察也。

这里的"察",是对简单类推的超越,是深化思考,将认识活动引向更高水平的体现,更是消除疑问的必由之路。

从对人的本体特点认识到人与外物关系的揭示,再到认识的核心思维的重要价值,《淮南子》都有唯物性质的讨论,尤其是用生活中的"实验"来辩证地揭示"认识→错觉→深察"的深刻化过程,是非常接近心理科学的认识程序的。

(三)司马迁宏大历史视野下的质疑思辨

司马迁不是哲学家,也不是心理学思想家,但是,他把伟大的质疑能量镕铸到伟大的历史作品《史记》之中,用空前绝后的历史批判演绎并实证了他的质疑品质的卓越与超奇,无论如何,在中学语文教学中都是应该在青少年开拓心理世界和人格养成的关键时期,树立起伟岸卓绝的形象从而产生持久的人生导向意义的。

史家认为,"《史记》用力最深的,是秦朝至西汉中叶百年间的历史,也就是作者当时的近代史和现代史,更其重视统治阶级的活动给社会历史造成的影响。这部分记录的史学价值也最高"[2]。而这百年中，尤其是由秦转汉的历史瞬间的描叙，更是反映了司马迁的历史洞见与思辨。他的"究天人之际，通古今之变，成一家之言"思想与追求在这个"瞬间"的波诡云谲的叙述文字中更是闪现着刀片般锋利的光芒。中学语文教材中所选的《项羽本纪》等篇章，就是这些文字中最具特色的华章。教这些作品，倘若只是了解一般故事，那就未免是买椟还珠了。

司马迁所阐述的《史记》写作特点，告诉了我们他在质疑与思辨上的艰苦探求。司马迁《报任安书》说——

> 仆窃不逊，近自托于无能之辞，网罗天下放失旧闻，略考其行事，综其终始，稽其成败兴坏之纪，上计轩辕，下至于兹，为十表，本纪十二，书八章，世家三十，列传七十，凡百三十篇。（中华书局：点校本二十四史修订本《史记》，2014年8月第1版）

"网罗"，博也；求取博，乃有疑，疑其漏失也。要知道司马迁拥有"石室金匮"之书，占有典藏史料非他人所能企及。在这种十分优越条件下，他依然不放过"天下放失旧闻"，可见他对"石室金匮"并非全面依靠；"考"，辩也，所谓辩，就是去伪存真，由表及里。历史学的本质实际上就是对历史现象的苛刻批判。这个"考"，就是批判的白热化状态。它的力量源泉是质疑心理催动使然。这既是司马迁占有广泛资料后的洞察与研究的方法论，也是他的历史批判的求真原则，是《史记》能够"究天人之际，求古今之变"的前提。有人认为，司马迁撰文所体现的"奇气"，是他个人性情所致，其实，这是一个极其肤浅的误解。司马迁之"奇"，是发人所未发，言人所未言，"既注意文献资料，又重视实际见闻，随时以生活阅历所得订补文献的不足"[3]，给《史记》的具体历史认识带来许多不同于董仲舒辈的真知灼见。也正是由于司马迁的"考""稽"功夫，所以"记录面比封建社会中其他'正史'要宽广得多，不仅注意帝王将相的活动，而且还注意到各类特殊人物的活动，对许多历史人物的评价，比较公允"[4]。

鲁迅称《史记》是"史家之绝唱，无韵之离骚。"关键词乃"绝唱"也。何谓"绝唱"？空前绝后之强音。一如《汉书·司马迁传》所云：

> 自刘向、扬雄极群书，皆称迁有良史之材，服其善序事理，辨而不华，质而不俚，其文直，其事核，不虚美，不隐恶，故谓之实录。

"实录"，何等精准的评价！《史记》之后的《汉书》即发生选材转向，"以帝王将相为中心，作者的思想浸透着封建意义"；《后汉书》，旨在以文传意，借历史表达政见；至于《晋书》，开启了帝王主导的众人集体编撰之先河，这些"正史"，几乎都由封建王朝开设史馆，当权者监修，听命者纂修，充分体现了"钦定"特性，所谓"实录"，安可得见？

"绝唱"的另一层意思是"极则"也。正如赵翼《廿二史札记》所云："司马迁参酌古今，发凡起例，创为全史。本纪以序帝王，世家以纪侯国，十表以系时事，八书以详制度，列传以志人物，然后一代君臣政事，贤否得失，总汇于一编之中。自此例一定，历代作史者，遂不能出其范围，信史家之极则也。"[5] 这个"极则"与"实录"相通。"本纪""世家"之类体式固然已全，而所以"全"则在于所记人事的内容"全"也。换言之，司马迁已经广泛地突破了历史禁区，实录已极。后继者在"钦定"控制之下还有什么突破可言？所谓"绝"者，非实录内容绝，而是实录禁区钦定矣。

（四）王充的"感知律"和系统质疑观

高觉敷《中国心理学史》指出："王充在反对天人感应论的斗争中，建立了唯物主义的认知心理思想。从心理学的观点来看，他的认知心理思想是相当出色的。"尤其是"自觉地或不自觉地提出了感知的某些规律，这是他在感知心理方面所作出的较大贡献。"

在实际生活的"效验"中，王充认识到了感知受外物远近距离的影响；远近距离还能影响人对物体运动速度的感知，从而引起运动错觉；另外，感知还受外物大小强弱的影响以及受生活条件的制约。

在感知中，王充尤其重视思维。他说——

> 实者，圣贤不能生知，须任耳目，以定情实。其任耳目也，可知之事，思之辄决；不可知之事，待问乃解。

这里的"思"与"问"，就是质疑过程中的基本环节，赋予"感知"以充实的心理学内涵。王充深刻地指出——

> 夫论不留精澄意，苟以外效立事是非，信闻见于外，不诠订于内，是用耳目论，不以心意议也。夫以耳目论，则以虚象为言；虚象效，则以实事为非，是故是非者不徒耳目，必开心意。墨议不以心而原物，苟信闻见，则虽效验章明，

犹为失实。失实之议难以教，虽得愚民之欲，不合知者之心，丧物索用，无益于世。此盖墨术所以不传也。[(6)]

　　在王充看来，感知必须受思维的指导。认识过程中，"开心意"，"以心意议"，"就是开动脑筋，积极思考，对感知材料进行分析研究"。所谓"诠订于内"，含义极为深刻，用今天话讲，就是感知外物以后，要反复考订，疑之又疑，不可盲目信从。诠者，释也；订者，证也。这两个词都是生疑、问疑、释疑的关键。用今天的哲学话语来讲，就是去伪存真，留精澄意，去粗取精，找出事物的本质（参见高觉敷《中国心理学思想史》），从而真正在"思""问"中彻底释"疑"。

　　王充还有一个极有创见的质疑心理学思想，就是"问"的活化、强化与激化。

　　王充注重"智能"的统一，高觉敷《中国心理学史》勾画了他的"智""能""力"的结构表述：

$$\left.\begin{matrix}智 \\ 才（材） \\ 能\end{matrix}\right[力（效率）$$

　　意思是智是智力，能是能力；智、能由"材"而来，反映在起作用上就是"力"，即效力、效率、力量。最精彩的是，王充揭示了由"才"而生"力"的过程中，"问"的独特功能，即激化、强化与活化。

　　王充《论衡·知实篇》中说——

　　　故智能之士，不学不成，不问不知。

人才有高下，知物由学，学之乃知，不问不识。

我认为，这里有一个以"问"为中心的运动图式：

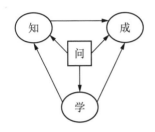

王充认为，"学"生"才"；"才"生"智"与"能"；"智能"生"力"，"力"生"成"。

在这个不断变"生"的过程中，"问"的价值不容忽视。第一，"问"生"学"，使"学"成为有"力"之"学"；第二，"问"生"智"，也生"能"，促进"智"与"能"的相互转化与发展；因为，"问"得越多，越深，智与能的考验就越强，发展也越快。第三，"问"生"成"。"问"激化了"力"，发挥了"力"，由"力"而创造出"成果"。在认识活动中，学→知→成，是一个运动着的过程；这支撑相互运动着的"轴"是什么呢？就是"问"。因此说，"问"是一个内隐的心理驱动力。事实证明，王充面对汉统治者把孔子捧为"为汉制法"乃至"素王"的高度以行专制统治之实这样的思想专制体制，就是因为在思想上产生了巨大质疑，从而用《论衡》的雄辩文字而加以批判与否定。质疑，大胆发问，反复的思辨，激化了矛盾对立，活化了问题思索，强化了思想力量。

【注】

（1）章培恒、骆玉明《中国文学史》（上），复旦大学出版社 1996 年 3 月第 1 版第 166 页。

（2）周予同《中国历史文选》（上），上海古籍出版社 1979 年 12 月第 1 版。

（3）周予同《中国历史文选（上）》，第 95 页。

（4）周予同《中国历史文选》（上）。

（5）引自点校本二十四史修订本《史记》"前言"，中华书局 2014 年 8 月第 1 版。

（6）《论衡·薄葬篇》。

四

批判的"绝唱"(下)

两汉时期以质疑和批判为核心的语文表达成果极为卓越。

无论是司马迁《史记》创制、王充《论衡》抗辩，还是赵壹短赋揭露，都超越了先秦，形成了新的高峰。至于汉乐府与《古诗十九首》等，在批判现实与人生方面也有极为出色的表现。这里，结合我的《疑思问国文点读》课例，作些简单说明。

(一)《鸿门宴》揭示了"古今之变"的核心疑问

周予同《中国历史文选》关于《史记》的"解题"指出："《史记》用力最深的是秦朝至西汉中叶百年间的历史"，这是读《史记》的思想钥匙。《鸿门宴》所记正是这百年间起始时的转折"瞬间"，其中饱含的批判意识不可不察。

但是，通常学习《鸿门宴》，只是当作一个历史故事来理解，甚至在项羽形象分析上出现与司马迁完全相悖的认识偏差，从政治功利的狭隘立场上认为项羽刚愎自用，骄傲自大，心肠太软等等，更是不可不辩。

《鸿门宴》是司马迁用绚烂的文笔所叙述的一个历史重大转折时的"瞬间"。

对于这个历史转折的重大事件，我们首先要想到司马迁的"史识"。司马迁的史识是什么呢？就是他自己所说的"究天人之际，通古今之变，成一家之言"，用周予同的话说就是"他希望揭开人与自然关系的奥秘，希望像认识日月五星运行法则以编制合适的历法那样，找出在人间起作用的'大数'，即有时间序列可寻的隐秘规律"[1]，所谓会通古今者，乃司马迁用心之核，也就是着重探索历史变化的原因。早年，未能把《鸿门宴》的故事与"究天人之际，通古今之变"打通思考，只当作一般小说来读。近年，当我把《秦楚之际月表序》放在《疑思问国文点读》课程中与《鸿门宴》相参读时，才有醍醐灌顶豁然开朗之感。这篇"月表序"不长，抄录如下——

秦楚之际月表序

司马迁

太史公读秦楚之际，曰：初作难，发于陈涉；虐戾灭秦，自项氏；拨乱诛暴，平定海内，卒践帝祚，成于汉家。五年之间，号令三嬗，自生民以来，未始有受命若斯之亟也。

昔虞夏之兴，积善累功数十年，德洽百姓，摄行政事，考之于天，然后在位。汤武之王，乃由契、后稷修仁行义十余世，不期而会孟津八百诸侯，犹以为未可，其后乃放弑。秦起襄公，章于文、缪、献、孝之后，稍以蚕食六国，百有余载，至始皇乃能并冠带之伦。以德若彼，用力如此，盖一统若斯之难也。

秦既称帝，患兵革不休，以有诸侯也，于是无尺土之封，堕坏名城，销锋镝，钮豪杰，维万世之安。然王迹之兴，起于闾巷，合从讨伐，轶于三代，乡秦之禁，适足以资贤者为驱除难耳。故愤发其所为天下雄，安在无土不王。此乃传之所谓大圣乎？岂非天哉，岂非天哉！非大圣孰能当此受命而帝者乎？（选自《古文鉴赏辞典》，上海辞书出版社2014 年 7 月版）

秦灭后，本是刘邦建立的汉朝。因此，由秦而汉应称"秦汉之际"，但史家司马迁偏说是"秦楚之际"。这样特地强调秦末到西楚霸王项羽败亡（含刘邦称帝）这一历史瞬间，微意存焉，寓意深焉！这也正是本文的思想穴位。第一段写秦亡楚败，突出一个"急"。自古以来帝王登位都没有刘邦即位之"亟"；第二段，先写虞、夏、汤、武以德治世，费尽心思；继写秦之兴起一直到始皇称帝，突出一个"难"，即逐渐侵吞，连续用力的过程。无论用"德"还是用"力"，都相当艰难。这样写反衬了"秦楚之际"的特别之"异"。"异"在哪里呢？"异"在秦皇"销锋镝、钮豪杰"的暴政反而帮助了刘邦，"异"在西楚霸王与刘邦一起"合从讨伐"，势如破竹，也强有力地成全了刘邦。刘邦乘势而上，无德，无力，一切以抢夺帝位为要，居然得逞，这是怎样的历史因果？又有多少机缘错位？还有，这样的一个"秦楚之际"，既消解了历史通常称颂的德治，又使人们对所信奉的勇力产生质疑，凡此种种，都激荡着司马迁的胸中波澜！发而为文，语言简括，抑扬吞吐，一笔而写尽有史以来任何一个朝代更迭都难以比拟的秦楚之变！文末反诘更是妙笔：（刘邦）大概就是历史典籍中所指的那个圣人吗？（刘邦）的成功难道不是天意的安排吗？如果（刘邦）不是大圣的话那么还有谁能够这样接受上天的安排而称帝登位呢？这些问句，可放声朗读，以体会复杂的情感韵味。

回过头来再读《鸿门宴》，便对"诙诡"（吕思勉《秦汉史》）之处有所会意。全文一千五百多字，揪心的全是惊涛骇浪，更感诡异者，在化惊涛为涟漪。三起三落，为何而落？这便是思考的枢纽，在疏理情节时不能不与复杂的人物性格相联系。项羽的人格相当复杂，既自尊而自负，又兼具暴戾与仁义；既豪爽而直率，又盲目而愚蠢，这也正是司马迁写人笔法"兼阴阳向背"（刘熙载《艺概》）之处。不过，就《鸿门宴》这个历史瞬间而言，推动故事发展与历史转折的起关键作用的人格要素还是显而易见的。刘邦以伪示德，以奸使阴，以行示弱，项羽以真示义，以诚使阳，以行示强，对比鲜明。所谓的三起三落都与这个人格底色密切相关：曹无伤告密，项羽大怒，范增火上浇油，此谓一起。项伯为沛公说话，义字当头，项王平静下来，此谓一落。项庄舞剑，直逼沛公，矛盾二起；樊哙出，以形象吸引项羽，更以一番道理打动项羽，句句见义，字字明德，高举正义仁德之大旗，项王不能不听这番德义之言，再次平静下来，此谓二落。事态的转折，乃项羽内心转折使然也。第三，沛公逃，巧有周密安排；张良再见项羽时，项王问"沛公安在？"余波又起，然闻听"已至军矣"，受璧，置之坐上，杀刘之意，顿然全消，此谓三落。

是什么力量压制了项羽，使之不杀刘邦而平静待之？明代丘濬《拟古乐府》说得好："霸王百行扫地空，不杀一端差可取。天命由来归有德，不在沛公生与死。"确实，《鸿门宴》前前后后，时时、处处、人人都将项羽推送到一个必须讲义讲德的道德制高点上，而项羽本人也充分地以这个制高点而自居，由此范增的阴谋便彻底崩塌了。殊料，刘邦一方以义以德而外树，而实际上则处处巧设阴计，以奸行事。这样的反差，导致的结果便是阴谋者胜，磊落者败；奸巧者胜，践义者败。项羽乌江自刎，更是推进了这样的悲剧深重性。

需要指出的是，项羽是一个称霸者，在复杂险恶的斗争中未必坚守仁德，以仁义行事；《鸿门宴》前后，他杀人坑卒，十分残暴。但是，鸿门宴这个历史瞬间的微妙在于，一个未必以德行事的项羽在心中决临大事之"瞬间"，义与德偏偏占据了上风，这个升起的"上风"恰恰是当时时势之下使之走向失败的巨大的作用力！尤有甚者，明明阴险奸诈，但时时高举德义之旗的刘邦，则反而转弱为强，转败为胜！司马迁读"秦楚之际"，心中之悲不能不油然而生，悲项羽吗？自然是，但更重要的是对历史发展的极度的悲观。正如《秦楚之际月表序》所写："自生民以来，未始有受命若斯之亟也"。这个"亟"实际暗含三层意义：时间上指快速；行为上指粗暴；规律上指突变。接下来的正文所写都是历史规律的常态：虞夏之兴，积善累功数十年，德洽百姓；汤武之王，更是修仁行义十余世；即使是暴秦废弃仁义，但在策略上也是"稍以蚕食"百有余载……哪里像今天这样的呢？！写历史常态正是与这个"亟"形成强烈对比，说明这样的历史之变是极端反常的。所以司马迁文末连问"岂非天哉？岂非天哉？"所以司马迁认为依例称秦汉之际应称秦楚之际，所以司马迁用"本纪"写项羽……司马迁对"古今之变"的历史洞识，对"天人之际"的感叹与质疑于此可见矣！《鸿门宴》叙事与《月表序》质问，表里同构，完成了史事的实录与史识的表达。我以为，这才是读《史记》中的《鸿门宴》的应有之义。

（二）王充《订鬼》的抗辩

东汉时期，荒谬绝伦的先知说泛滥成灾，尤其是宣扬圣人"前知千岁，后知万世……事来则名，不学自知"（王充《实知篇》）。意识形态领域为了维护和强化专制统治，捏造了很多圣人先知故事愚弄人民。王充勇敢质疑，直指弊端，毫不留情地予以全面否定："此皆虚也！"其中《订鬼》一文，短小精悍，妙趣横生，推理严密，注重实证，是先秦以来推倒神鬼理念的战斗檄文。如下——

订 鬼
王 充

凡天地之间，有鬼，非人死精神为之也，皆人思念存想之所致也。致之何由？由于疾病。人病则忧惧，忧惧见鬼出。凡人不病则不畏惧。故得病寝衽，畏惧鬼至。畏惧则存想，存想则目虚见。

何以效之？传曰："伯乐学相马，顾玩所见，无非马者。宋之庖丁学解牛，三年不见生牛，所见皆死牛也。"二者用精至矣！思念存想，自见异物也。人病见鬼，犹伯乐之见马，庖丁之见牛也。伯乐、庖丁所见非马与牛，则亦知夫病者所见非鬼也。

病者困剧，身体痛，则谓鬼持棰杖殴击之，若见鬼把椎锁绳纆，立守其旁。病痛恐惧，妄见之也。初疾畏惊，见鬼之来；疾困恐死，见鬼之怒；身自疾痛，见鬼之击；皆存想虚致，未必有其实也。

夫精念存想，或泄于目，或泄于口，或泄于耳。泄于目，目见其形；泄于耳，耳闻其声；泄于口，口言其事。昼日则鬼见，暮卧则梦闻。独卧空室之中，若有所畏惧，则梦见夫人据案其身哭矣。觉见卧闻，俱用精神；畏惧存想，同一实也。

王充是东汉唯物主义哲学家，会稽上虞人，好博览，不守章句，注重理性思维，极富批判精神。大家知道，在古代特别是远古时期，由于知识的局限，鬼神始终是人们头脑中的一个神秘的存在。封建统治为了寻找专制理由，便借鬼神而用之，如汉代董仲舒提出"天人感应"的神学观，形成"君权神授"的理论，为封建君王的专制统治制造依据。听从君命、屈服君威就是"听天""合天"。专制统治者总是千方百计地一面给人民戴上沉重的思想镣铐；一面假惺惺地给人民戴上"民本"桂冠，这是典型的口头上以民为本而实际上以民为奴的两面派专制恶政。王充"订鬼"，直指专制迷信；否定鬼的存在，就是破除神秘主义和迷信思想，如此千古第一思想强音，正是我们阅读本文最重要的收获。在公元纪年起始的第一个世纪，在古老的中华大地上，就有王充这样一位思想巨人横空出世，委实是我们的骄傲！

文章在表达上极具逻辑推断力。第一段句句相扣，层层归因，得出"鬼"不过是虚见所致。这种推断合理吗？第二段加以类比"验之"，从而直接证明其正确，一个"效"字，论证境界全出矣！这，正是王充区别于其他思想家而极具理性"证验"的思维个性所在，也是我们民族思维的瑰宝。第三段分析个体心理变化过程，这是他物类比验证基础上的自我心理验证，强化了"虚"的判断。最后一段说明"存想"的表现方式与途径多种多样，再次强调这依然与"虚见""同一实也"。全文语言通俗，说理酣畅，思想卓越，堪称中华民族思想自醒，向着专制牢笼发起冲锋的伟大先声！

（三）赵壹《愤世疾邪赋》的彻底性

东汉末，灵帝政治极端腐败，道德沦丧，奸佞横行，正直之士横遭压制和迫害。赵壹以短赋揭露，言辞犀利，辛辣绝伦，是汉赋中仅见的力作。不仅在语言形式上体现赋体特点，而且在思想上超越其他汉赋，自出卓越气象，尤其是对封建专制的无情揭露极为彻底！

因此，我在《疑思问国文点读》课程中以此篇为代表，引导学生学习它的质疑，认识它的概括，评价它的价值。

刺世疾邪赋

赵 壹

伊五帝之不同礼，三王亦又不同乐；数极自然变化，非是故相反驳。德政不能救世溷乱，赏罚岂足惩时清浊？春秋时祸败之始，战国愈复增其荼毒。秦汉无以相逾越，乃更加其怨酷。宁计生民之命，唯利己而自足。

于兹迄今，情伪万方。佞谄日炽，刚克消亡。舐痔结驷，正色徒行。妪媮名势，抚拍豪强。偃蹇反俗，立致咎殃。捷慑逐物，日富月昌。浑然同惑，孰温孰凉？邪夫显进，直士幽藏。

　　原斯瘼之攸兴，实执政之匪贤。女谒掩其视听兮，近习秉其威权。所好则钻皮出其毛羽，所恶则洗垢求其瘢痕。虽欲竭诚而尽忠，路绝崄而靡缘。九重既不可启，又群吠之狺狺。安危亡于旦夕，肆嗜欲于目前。奚异涉海之失柂，积薪而待燃。荣纳由于闪揄，孰知辨其蚩妍。故法禁屈挠于势族，恩泽不逮于单门。宁饥寒于尧舜之荒岁兮，不饱暖于当今之丰年。乘理虽死而非亡，违义虽生而匪存。（选自学林出版社《两汉文观止》，2015年9月第1版，文末作者假托人物所作的诗和歌删去）

　　文章雄视百代，笔扫千古，一语而击中中国封建专制统治的本质与恶根，这就是开篇"宁计生民之命，唯利己而自足"一句。这句的意思是，封建统治者哪里会考虑到老百姓的生存命运，只不过是一切为了利己，满足自己的欲望罢了！"宁计"表反问语气，看似质询之意，实则强烈肯定，不用质疑。"唯"，只，副词，强调封建专制全是为了"私"。这样用词，这样肯定，不片面吗？一点也不片面；封建专制没有一个好的，作者笔起五帝三皇，纵览春秋战国，直抵秦汉当代，这一代又一代，不仅没有好的，而且是病势愈来愈烈，荼毒愈来愈苦，怨酷愈来愈深。一句点透中国史，何等明快而雄健！难怪文论家赞曰"为汉赋中所仅见"。

　　作者赵壹，东汉汉阳西县（今甘肃天水）人，为人耿直而极有批判精神。

　　他的批判充满理性：用逼真的描写，刻画污秽不堪的世相；又用深入的剖析，推究世相如此的缘由。一表一里，互为衬托，其"相"更生动，其"理"也更坚实。写其"相"传神写照，如

"舐痔结驷";析其"理",一语中的,如"实执政之匪贤"。执政的价值观是恶的,因而招致逢迎拍马,奸佞当道;又因为全社会人人都丧失人格而争夺名利,甚至给君王舐痔疮……所以君王一倍重其"私",加其"恶",专制也就更加稳固持久。读此文,要段段打通,句句联系,既认识其批判的辛辣,又体会其思想的冷峻。

更崇高的理性境界在末句"乘理虽死而非亡,违义虽生而匪存",为坚持真理而死,犹生;因违背正义而生,已死。如此极赞孤愤卓绝的风骨,为中华文化的坚贞品格添加了浓重的一笔!

最后,需要强调的是,我所指出的两汉时期批判名篇的"绝唱",不仅是指单篇批判锋芒尖锐,思想立意高远,而且,更指其三足鼎立,形成了两汉四百年间的思想叛逆聚焦,其思想深度、高度、广度、力度均超越了先秦。如图所示:

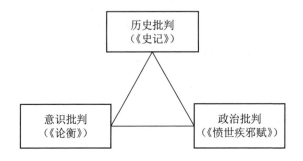

这就是中国历史上崛起的批判峰群。由于这三者所指的现象与事实,内隐成表里关系,因此,三者之批判也就构建了思想立意的坚实维度。这个维度共同建设了两汉批判的深邃的思想时空!

【注】

(1)《中国历史文选》(上)第95页。

五

异彩："人"的自觉（上）

（一）魏晋时期的思想背景与特点

魏晋南北朝是一段近 400 年的历史时期，始于东汉末"建安年代"，终于隋统一。在中国漫长的历史演进过程中，这是一个特别复杂的阶段。

从政治上看，这是一个大分裂时期。下面的历史图表可以说明这一特点：

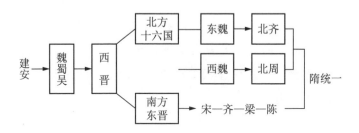

由三国到西晋的时间很短促，不到 30 年。继之是南北大分裂，分裂中又各自演绎着朝代更变。这个分裂局面持续了 361 年，是中国历史上分裂时间最长的时期。分裂、更变导致的是大动乱，各种力量相互较量，战争是夺取统治权的必然方式。

从文化上看，这是一个对立、转化、融合的大互动时期。首先是对立，北部、西部少数民族不断向中原汉文化区域渗透、东迁，形成与汉文化的对立；西晋以后，北方少数民族力量壮大，将汉族政权逼至南方，在北方大部地区生根扩展。同时北方南征、南方北伐彼此起伏而对冲，使得少数民族文化与汉文化相互渗透与化解，最后达到了大融合状态。

从思想上看，由于政治力量多样复杂，文化交流广泛深入，从而使得这个阶段的思想潮流相当自由而多元。章培恒、骆玉明《中国文学史》（上）有极为深刻的分析——

> "从社会思想来说，魏晋南北朝更是中国历史上一个极其重要的时期。相对而言，这一时期的社会思想显得自由活跃，各种学说同时并兴，某些异端思想也得以流行。人们思考了许多新的问题，在哲学本体论、思辨逻辑、社会伦理观、人与自然之关系等诸多方面，提出了重要看法。这是继战国百家争鸣以后，我国历史上又一个思想解放的时代。尤其值得注意的是，在这一时期，出现了一股重视个体价值的社会思潮，而且它本身又是推动社会思想和学术文化多样化的重要动力。"（《中国文学史》（上卷），复旦大学出版社1996年3月出版）

这个"重视个体价值"的历史洞见是史家对于当时文学事实的直接判断。如果从心理学角度来看，我们同样在大量重要的思想论著中捕捉到熠熠闪光的"异彩"。

这个"异彩"，其实是鲁迅先生的判断。他说魏晋是一个文学"自觉时代"，"这时代的文学的确有点异彩"（鲁迅《魏晋风度及文章与药及酒之关系》）。"自觉"就是"异彩"；是怎样的

"自觉"与"异彩"呢？这可以从大量作品中去窥见。笔者最感兴趣的，是"魏晋风度及文章与药及酒之关系"这个陈述句所表达的特色鲜明而又极为复杂的"异彩"机理，试图示如下：

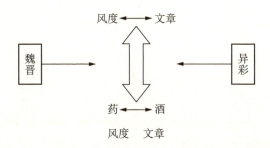

风度　文章

"风度"、"文章"、"药"、"酒"，全都是"人"的表达，是"人"的特别个性的标志。同时，这些要素又动态地运作和冲突，不断演化着个性与人格，从而使得"人"的表达格外复杂而妙趣横生。这，不单单是文学的，也是哲学的，心理学的，是整个历史时期的心灵变奏，相对于自由的先秦，它更加突出了人的主体；相对于专制的秦汉，它更加凸现了人的自由。当我们漫步于这样一个历史原野时，我们才格外感到，中国人的先贤是如此地镌刻了"人"的群像，多么令人崇敬和向往！

（二）人格分析：质疑思想的心理底片

魏晋时期的质疑心理内容广博而多样，这里着重说明以"人格分析"为特点的质疑心理生成根源。

魏晋南北朝时期的心理学思想家刘劭的性格类型分析，是中国心理学思想库中关于"人"的自身研究的先声，而且，最接近于现代人格分析的科学测量与定性。这是十分了不起的思想贡献。

首先，刘劭把"五行说"和人的形体及性格加以分类组合，形成了具体对应的相互关系[1]：

五 行	形 体	性格特征
木	骨	温直而扰毅
金	筋	刚塞而弘毅
火	气	简畅而明砭
土	肌	宽栗而柔立
水	血	愿恭而理敬

同时，刘劭根据人所具有的不同性格特征，又分列出不同的更加细化的类型，见"性格类型表"[2]：

性格类型	性格的基本特征	性格的优缺点
1. 强毅之人	狠刚不和	厉直刚毅，材在矫正，失在激讦
2. 柔顺之人	缓心宽断	柔顺安恕，每在宽容，失在少决
3. 雄悍之人	气奋勇决	雄悍杰健，任在胆烈，失在多忌
4. 惧慎之人	畏犯多忌	精良畏慎，善在恭谨，失在多疑
5. 凌楷之人	秉意劲特	强楷坚劲，用在桢干，失在专固
6. 辩博之人	论理赡给	论辩理绎，能在释结，失在流宕
7. 宏普之人	意爱周洽	普博周给，弘在覆裕，失在混浊
8. 狷介之人	砭清激浊	清介廉洁，节在俭固，失在拘扃
9. 休动之人	志慕超越	休动磊落，业在攀跻，失在疏越
10. 沈静之人	道思回复	沉静机密，精在玄微，失在迟缓
11. 朴露之人	申疑实硌	朴露径尽，质在中诚，失在不微
12. 韬谲之人	原度取容	多智韬情，权在谲略，失在依违

以上性格生成来源与性格类型分析，对于质疑心理的形成有

什么联系与意义呢？

第一，这种分析，揭示了人的认识的有利性和局限性。有利性是质疑的自信所在；而局限性则是质疑生成的根源所在。所谓"质疑"，实质上就是对局限性的发现与挑战。

第二，这种分析，首次实现了"人"的自我分析，从而使"质疑"不仅指向"人"的"认识"结果，而且也指向"人"的认识过程。尤其要看到的是，这种分析更有利于指向"人"的思想观点之外的属于形体层面的"人"的物质原因的分析，从而开拓了质疑辩难的认识视野与范围。

这两点，恰恰就是关于"人"的既客观又自觉的认识。高觉敷《中国心理学史》指出："现代心理学认为，才性鉴定是心理鉴定的核心内容。早在 1600 多年前的刘劭就特别重视才性鉴定，并对鉴定的意义、可能、困难和方法等各个方面，提出了一些颇有价值的见解，确属难能可贵"[3]。

当我们确定了这样的"人"的客观性之后，我们再来看"人"在认识过程中的种种主观失误，就不以为怪了。刘劭认为，人的认识常常"似是而非"，具体表现"七似"：

> "若乃性不精畅，则流有七似。有漫谈陈说，似有流行者。有理少多端，似若博意者。有回说合意，似若赞解者。有处后持长，从众所安，似能听断者。有避难不应，似若有余，而实不知者。有慕通口解，似悦而不怿者。有因胜情失，穷而称妙，跌则掎蹠，实求两解，似理不可屈者。凡此七似，众人之所惑也"。（刘劭《材理》）

当我们确认了质疑是纠正认识失误的常态表现之时，我们对于质疑就必然抱持欢迎而向往的态度，这样一种对于"质疑"本身的认识，越是科学理性就越是能对质疑予以支持和助力，就越能营造成社会心理的质疑主体意识。这样的思想贡献不是魏晋的"异彩"还是什么呢？很可惜的是，这一科学理性的霞光只是焕发一时一片的神采，很快就被思想专制风暴吞没殆尽。

（三）价值多样性与语文批判新文体

　　愈是注重"人"本身，就愈是具有价值多样性；对于价值的判断也更加丰富多彩。与确立"人"自身的心理特性相同步，魏晋时期的表达文体也有新的创造，在中国文学史上呈现了以人为本的风貌，这就是小说的创新发展。我们知道，"小说"作为一种文体，是《汉书·艺文志》提出来的："小说者流，盖出于稗官，街谈巷语，道听途说者之所造也。"而成为小说史上的第一个勃发阶段则是魏晋。

　　魏晋的小说分"志怪"与"志人"两类。"志怪"，《搜神记》是保存最多且具有代表性的一种，其小说内容或"承于前载"，作者有一些加工；或"采访近世之事"，作者个人编创。无论是加工或编创，作者干宝都力图通过神仙、方术、鬼怪、灵异等事迹的描述来反映人们现实关系和思想感情。"志人"，主要代表作品是《西京杂记》和《世说新语》。尤其是《世说新语》叙述与描写上重人情，重性格，重精神，反映了魏晋时代社会风貌。这部小说集由 1130 则故事组成，涉及历史人物 1500 多人，所以鲁迅称之为"一部名士底教科书"（《中国小说史略》）。鲁迅还指出：

"记人间事者已甚古，列御寇、韩非皆有录载，惟其所以录载者，列在用以喻道，韩在储以论政。若为赏心而作，则实萌芽于魏而盛大于晋。虽不免追随俗尚，或供揣摩，然要为远实用而近娱乐矣"（《中国小说史略》）。

鲁迅讲的"近娱乐"就是近人道，近人性，而非"人"之外的意识形态与政治指向。章培恒、骆玉明《中国文学史》也说："就全书来说，并不以宣扬教化、激励事功为目的。对人物的褒贬，也不持狭隘单一的标准，而是以人为本体，对人的行为给予宽泛的认可。"这就告诉我们，《世说新语》在反映"人"的生活面貌与性格特点上，以"多样性"见长。

需要强调的是，这其中不是没有批判。"多样性"地展示"人"本身，就是对前人作品如《左传》《史记》人物传记等的补充与超越；以"人"的性格与生活为主体，就是对寓教于乐、注重教化的常规表达的否定。尤其是思想内容上，兼具儒、道、释等多元哲学思想，折射"人"的多面性，这更是对两汉时期以儒治国，以儒品人的直接批判。

当然，《搜神记》与《世说新语》虽然内容驳杂，但也不是没有基本的思想倾向和评价准则。孝子、贤妻、良母、廉吏方面的人物形象以及崇善惩恶、主张正义等思想意识也十分鲜明、突出、感人。

我在《疑思问国文点读》课程中选读魏晋小说，以批判为主线，确立了以下四方面内容：

1. 强化刚正，对"人"的懦弱性彻底否定。

最有代表性的就是《搜神记》中的《三王墓》。全文如下——

楚干将、莫邪为楚王作剑，三年乃成，王怒，欲杀之。剑有雌雄。其妻重身当产，夫语妻曰："吾为王作剑，三年乃成。王怒，往必杀我。汝若生子，是男，大，告之曰：'出户，望南山，松生石上，剑在其背。'"于是即将雌剑往见楚王。王大怒，使相之："剑有二，一雄一雌。雌来，雄不来。"王怒，即杀之。

莫邪子名赤比，后壮，乃问其母曰："吾父所在？"母曰："汝父为楚王作剑，三年乃成。王怒，杀之。去时嘱我：'语汝子，出户，望南山，松生石上，剑在其背。'"于是子出户，南望，不见有山，但睹堂前松柱下石砥之上，即以斧破其背，得剑，日夜思欲报楚王。

王梦见一儿，眉间广尺，言欲报仇。王即购之千金。儿闻之，亡去，入山，行歌。客有逢者，谓："子年少，何哭之甚悲耶？"曰："吾干将、莫邪子也，楚王杀吾父，吾欲报之。"客曰："闻王购子头千金。将子头与剑来，为子报之。"儿曰："幸甚！"即自刎，两手捧头及剑奉之，立僵。客曰："不负子也。"于是尸乃仆。客持头往见楚王，王大喜。客曰："此乃勇士头也，当于汤镬煮之。"王如其言。煮头三日三夕，不烂。头踔出汤中，瞋目大怒。客曰："此儿头不烂，愿王自往临视之，是必烂也。"王即临之。客以剑拟王，王头随堕汤中。客亦自拟己头，头复堕汤中。三首俱烂，不可识别。乃分其汤肉葬之，故通名"三王墓"。今在汝南北宜春县界。（选自中华书局 2012 年 1 月版《搜神记》）

我与学生讨论的重点有二：

一是这篇小说所写的人物故事异于中国其他小说故事的"异彩"，就是倡导强烈的反抗精神和复仇意识。而这种"反抗"与"复仇"不是作为一种口号而提出，而是寓于注重信义，尊重然诺的人物性格之中。写的是性格，赞的是精神。尤其是《三王墓》所刻画的"壮烈"，真是前无古人，后无来者。干将莫邪之子以双手持头与剑交于"客"，毫不犹豫；头在镬中"出"，"瞋目大怒"，撼人心魄！继之写三头俱烂，在汤中回旋，痛快淋漓而冷峻卓绝。

二是这篇小说所用的语言，丰满而口语化，体现了新语言丰神。所谓"丰满"，是指语言聚焦于人们言行刻画，一改"粗陈梗概"形态，化用了《左传》《史记》语言传统。所谓"口语化"，不单是指其通俗易懂，更指其贴近市井，贴近人物，与《左传》《史记》相比，传神写照相同而少一些古雅，多一些俗朴。口语者，人物之语也。如写对话，就是魏晋时代才有的性格对话。"客"问"何哭之甚悲"？干将莫邪之子即答："楚王杀吾父，吾欲报之！"毫不避讳。客曰："将子头与剑来，为子报之！"儿曰"幸甚"同时"即自刎"，行动与态度何其坚决与果断！客曰："不负子也。"于是尸乃仆。信义与然诺何等鲜明与坦诚！总之这些行动、语言，一扫中国人固有的嗫嚅与隐忍、犹豫与畏惧、多疑与卑微而焕发简捷、迅猛、刚毅、信义之神彩。这一壮烈的绝美人格，后来在鲁迅写的白话小说《眉间尺》中再一次大放异彩，寄托了鲁迅改造国民性的深沉情怀与忧思。

2. 针砭时弊，对"人"的动物性无情揭露。

代表性的作品如《汰侈》诸篇，如下（节选）——

石崇每要客燕集，常令美人行酒；客饮酒不尽者，使黄门交斩美人。王丞相与大将军尝共诣崇，丞相素不能饮，辄自勉强，至于沉醉。每至大将军，固不饮以观其变。已斩三人，颜色如故，尚不肯饮。丞相让之，大将军曰："自杀伊家人，何预卿事！"

石崇厕常有十余婢侍列，皆丽服藻饰，置甲煎粉，沉香汁之属，无不毕备。又与新衣著令出。客多羞不能如厕。王大将军往，脱故衣，着新衣，神色傲然。群婢相谓曰："此客必能作贼！"

石崇与王恺争豪，并穷绮丽以饰舆服。武帝，恺之甥也，每助恺。尝以一珊瑚树高二尺许赐恺，枝柯扶疏，世罕其比。恺以示崇；崇视讫，以铁如意击之，应手而碎。恺既惋惜，又以为疾己之宝，声色甚厉。崇曰："不足恨，今还卿！"乃命左右悉取珊瑚树，有三尺、四尺，条干绝世，光彩溢目者，六七枚。如恺许比，甚众。恺惘然自失。（选自周予同主编《中国历史文选》上海古籍出版社 1979 年 12 月第 1 版，第 310—311 页）

这样的叙事描写夸张吗？在正常生活视野下，石崇之言行确乎夸张；但是，如果放在魏晋时期观之，自有实录之逼真。这种人性堕落腐败之极端，实质上已失去"人"的全部本有，而与动物无异。魏晋人格腐朽如此，不可不知。写"人"的动物性一面，恰恰反映了中国人劣根性的底色，古往今来，如此的暴戾与冷漠、恃势与争豪又何止于石崇一人？这样的白描叙事，无异于杂文批判。鲁迅说《世说新语》"记言则玄远冷隽，记行则高简瑰奇"(《中国小说史略》)；袁行霈先生也说："简约含蓄，隽永传神，透出种种机智与幽默"（袁行霈《中国文学史》第二卷）。所谓"玄远"，内涵空间广大也；所谓"冷隽"，内敛批判讽刺之机也；所谓"机智"与"幽默"，以小见大，以微知著，黑色冷幽默是也。

3. 表彰个性，对"人"的礼教化婉而多讽。

代表性作品就是《王子猷雪夜仿戴》。全文如下——

> 王子猷居山阴，夜大雪，眠觉，开室，命酌酒。四望皎然，因起彷徨，咏左思《招隐诗》，忽忆戴安道。时戴在剡，即便夜乘小船就之。经宿方至，造门不前而返。人问其故，王曰："吾本乘兴而行，兴尽而返，何必见戴?"(《世说新语·任诞》)

讨论的重点就是文中的"兴"。何谓"兴"，心中之意气陡起也。"大雪"触动了睡眠，心中潜"兴"也；"开室"，"兴"起也；酌酒，寄"兴"也；然而，酒不能解兴，"因起彷徨"，"兴"转折而升华一层，"咏"与"忆"一添"兴"之深，不得不"夜乘小船就之"。"兴"又有所寄也。经过一夜，"兴"尽而返。笔笔写"兴"，实则字字写"遣兴"之法。所"遣"者，乃放任心情，不拘矩度，自由畅达之过程。其"自由"，恰如舟行水上，随波逐浪，从流漂荡，不计东西。这样的"自我"，看似源于老庄，实则有着极大的跨越，只有魏晋名士才有这样的生命特征。如此写"兴"，实则是对礼教与仪规的讽刺与否定，不过间接一些而已！"兴"者，浪漫之性情也。先秦至两汉，中国士人的生命中，有这样的微光，常同于死火，只有在魏晋死火活了，光焰起了，"人"的自觉性强了。章培恒、骆玉明指出："《世说新语》本是魏晋南朝士族社会中的产物，有显著的时代特点，历史不可重复，这一种艺术风格也很难重复了。"[4]讲的是作品之末路，其实，《世说新语》中所写的人物之"兴"又何尝不是这样呢？魏晋的文化土壤一旦失去，人物之"兴"也就没有了立根之处了。

4. 潜隐悲怀，对"人"的容忍性"立此存照"。

《世说新语》中写得深隐而哀的，大约是下面一则——

> 嵇康被诛后，山公举康子绍为秘书丞。绍咨公出处，公曰："为君思之久矣。天地四时，犹有消息，而况人乎？"

嵇康原与山涛为友，后作书绝交，有名作《与山巨源绝交书》。正直者嵇康惨遭杀戮，本是人间悲剧；对于嵇康之子嵇绍来说，代魏而立的司马氏是杀父仇人，不共戴天。怎么能听从山涛之劝，去做仇人的忠臣呢？然而，嵇绍不问别人，恰恰问的是山涛，所问恰恰是进（入仕）还是退（出仕）。嵇绍之昏至此，极矣！

难怪明末顾炎武在《日知录》中大加斥责："其败义伤教，至于率天下而无父也。夫绍之于晋，非其君也。忘其父而事其非君，当其未死，三十余年之间，为无父之人亦已久矣。而荡阴之死，何足以赎其罪乎？"然而，事情又远非如此简单！史家陈寅恪说："曹魏西晋之际，此名教与自然相同一问题，实为当时士大夫出处大节所关，如山涛劝嵇康子绍出仕司马氏之语，为顾亭林所痛恨而深鄙者，顾氏据正谊之观点以立论，其苦心固极可钦敬，然于当日士大夫思想蜕变之隐微似犹未达一间。……自然既有变易，则人亦宜仿效其变易，改节易操，出仕父仇矣"[5]（《陈寅恪史学论文选集·陶渊明之思想与清谈之关系》，上海古籍出版社 1992 年 7 月版）。魏晋时代的"自然"观在"改节易操"上竟成自然反应，虽与传统"正谊"不合，但"人"的容忍性的特异之处，不可不思矣！真是好一个"自然"之顺变！其中的隐痛与幽伤，实在难以用语言表达。这一节，只叙不议，语简之至，而悲怀之深，委实难测！我们且当作一帧照片放在眼前，细细体会。山涛之劝，将人与自然相联系，说"天地四时，犹有消息，而况人乎？"这"人"真的就要像自然天地一样吗？果真一样了，那么"人"又该是怎样的一种状态呢？山涛用嵇康的"自然"来说出自己的"自然"，这样的借用该有怎样的一种悲哀呢？

《世说新语》写"人"之言极简，记"人"之性极深，刻画了魏晋的充溢异彩之人格"瞬间"，实在是令人神旺！

【注】

（1）（3）高觉敷主编：《中国心理学史》，人民教育出版社 1985 年 12 月第 1版，第 178、179 页。
（2）燕国材：《中国心理学史》，浙江教育出版社 1998 年 5 月第 1 版，第259 页。
（4）章培恒、骆玉明《中国文学史》，复旦大学出版社 1996 年 3 月版。
（5）陈寅恪：《陈寅恪史学论文选集》，上海古籍出版社 1992 年 7 月第 1 版。

异彩:"人"的自觉(下)

(一)社会批判心理形成多个层面

不同的思想认识,相互作用下,使批判意识更加深刻而广泛,同时也分出层次。

1. 哲学对辩

一是魏晋玄学中关于"名教与自然"的关系争论,促使士人和文学家在表达人生观、世界观和社会历史观等方面发生冲突和裂变。所谓"名教",是指封建社会的伦理道德和政治制度等封建文化的总称;所谓"自然",即老庄道家所主张的自然无为原则,指不加一毫外在的人为力量而任其本然的思想[1]。王弼认为,自然是名教之本,名教是自然的必然表现,二者关系同于"本末""母子"和"体用";他又说"万物以自然为性"。王弼的认识,为名教的存在找到了合理性依据,其实质是坚守名教。嵇康针对"名教本于自然"的矛盾与漏洞,提出了"越名教而任自然"的思想,嵇康的"越",就是反对"名教",就是在"自然"的内涵上更加注重"人的真实本性"。嵇康反对"名教",实质上就是为了揭露当时的司马氏集团的黑暗统治和打着"名教"幌子残杀异己。嵇康的思想充分体现在他的名作《与山巨源绝交书》

中。嵇康旗帜鲜明地对山巨源说："君子百行，殊途而同归，循性而动，各附所安"，意思就是强调：君子的行为可以多种多样，但共同之道就是"循性"，也就是按照"人"的真实本性去做。

二是"形神论"思想的社会讨论。刘昼《新论》首篇提出"清神"，开门见山表达了形、心、神三者关系。他说——

> 形者，生之器也；心者，形之主也；神者，心之宝也。

其实质，讲的还是"形"与"神"。高觉敷《中国心理学史》充分肯定了刘昼在指出形神区别的同时，又特别强调了"神"的主体作用。刘昼突出"神"的意义，就是从心理学层面转化了其哲学主体性。刘昼说——

> 故神静而心和，心和而形全；神躁而心荡，心荡则神伤。将全其形，先在理神。故恬和养神，则自安于内；清虚栖心，则不诱于外。神怡心情，则形无累矣。虚室生白，吉祥至矣。

由此可见，"神"决定"心"；"心"决定"形"。三者关系可图示如下：

这里要指出的是，既然"形、心、神"三者实质上是"形神"二元，那为什么要将"心"单列为一体呢？换言之，刘昼在"形神"二元论中特别提出"心"的维度与功能，其心理意义是什么呢？

从"人"的视角而言，存在"形"与"神"的二元。从"形"的视角而言，"心"是"形"者的主导者，实质上强调了大脑的思维价值。也就是说，"神"不是像"形"那样与生俱来，而是经过"心"（大脑）这个主导枢纽的思考而生成复杂的思想意识，这样说来，我们可以看到，刘昼的"形神论"体现了初步的唯物主义思想。强调了"心（大脑）"的思考意义，在认识上就是肯定了思考力的核心之源——质疑。我们知道，"问题"是思考的酵母与发动机，提出问题的勇气以及辨析问题的洞察力，是思考力的集中体现。从这个意义上讲，刘昼的"形神论"思想为认识中的质疑搭建了一个广阔的平台。

其实，"形神"哲学思想不起于刘昼，而是由西汉司马迁提出来的。司马迁《太史公自序》："凡人所生者，神也；所托者，形也。神者，生之本也；形者，生之具也。"此后，东汉王充多有论述，其《论衡》中的《订鬼》篇有十分具体的说明。汉之后，魏晋思想家纷纷缘此而论，例如僧慧远有名作《形尽神不灭论》，又用"火薪"之喻来说明"神不灭"：火之传于薪，犹神之传于形，火之传异薪，犹神之传异形。……惑者见形朽于一生，便以谓神情俱丧，犹睹火穷于一木，谓终期都尽耳。"意思是说，一薪烧完了，另一薪可以接着烧；一薪尽即形尽，而火接着烧即"神不灭"。这看起来很有道理，但在范缜看来，其惑可见：形神不可以木火喻，因为二者是"质用"关系，即物质的实体与其作用的关系；也就是说，"神"不能离开"形"，人之精神不能离开形体而独立存在，不是具有外在关系的两个东西，而是"名殊而体一"，范缜用刀刃与锋利的关系为喻推倒了慧远的火薪论[2]。与慧远同时的陶渊明也积极参与了"形神论"大讨论，专作《形影神》。他的《形影神·序》说——

> 贵贱贤愚，莫不营营以惜生，斯甚惑焉。故极陈形影之苦言，神辨自然以释之。好事君子，共取其心焉。

袁行霈指出："渊明在《形影神》中不仅言及形神关系，且又增加'影'，遂将形、神两方关系之命题变为形、影、神三方关系之命题，使其哲学涵义更为丰富"[3]。

2. 文学反省

我们知道，魏晋时期的质疑与批判除了面向社会、针对政治以外，还有极为深刻与犀利的一面，就是指向"自我"，指向人的生命本体，同时也指向"人"的质疑过程。"建安诸子"之后，有"正始名士"和"竹林名士"，一个个思想团队用文学的方式表达批判态度，注重人生反省，产生了一定影响。其中，尤以陶渊明为典型代表。

陶渊明的思想与个性是复杂的，富有深度的；他的"性本爱丘山"的"自然本真"，是经过反复对撞和循环反省的，有时不得不在心底席卷起自我辩论的思想波澜。以《形影神》诗为例——

其一：形赠影

天地长不没，山川无改时。草木得常理，霜露荣悴之。谓人最灵智，独复不如兹。适见在世中，奄去靡归期。奚觉无一人，亲识岂相思。但余平生物，举目情凄洏。我无腾化术，必尔不复疑。原君取吾言，得酒莫苟辞。

其二：影答形

存生不可言，卫生每苦拙。诚愿游昆华，邈然兹道绝。与子相遇来，未尝异悲悦。憩荫若暂乖，止日终不别。此同既难常，黯尔俱时灭。身没名亦尽，念之五情热。立善有遗爱，胡可不自竭？酒云能消忧，方此讵不劣！

其三：神释

大钧无私力，万物自森著。人为三才中，岂不以我故？与君虽异物，生而相依附。结托善恶同，安得不相语。三皇大圣人，今复在何处？彭祖寿永年，欲留不得住。老少同一死，贤愚无复数。日醉或能忘，将非促龄具？立善常作欣，谁当为汝誉？甚念伤吾生，正宜委运去。纵浪大化中，不喜亦不惧。应尽便须尽，无复独多虑。

（选自袁行霈《陶渊明集笺注》，中华书局 2018 年 1 月北京第 1 版）

从形、影、神三者对话可知，对于生命，各有各的主张。"形"的主张是"得酒莫苟辞"，即随着肉身之需而满足自我之"欲"。这，说的是形体的现实需要。"影"不认同"形"的这一看法，认为酒虽然能够消忧，但它损伤人的身体，应该还有更好的人生方式，这个方式就是"立善有遗爱"。为社会尽善心做善事，能够遗爱于后人。"立善"究竟好不好呢？"神"出面做了阐释。在"神"看来，"立善常作欣"，但是又有谁来表示赞赏呢？这里，陶渊明本不在于求有人誉，而是"盖有所慨而言耳"（王叔岷《疏证稿》）。看来立善也不是最好选择。"神"崇尚的是什么呢？"纵浪大化中，不喜亦不惧"，意谓放浪于大化之中，生死无所喜惧。大化有四：婴孩，少壮，老耄，死亡也。用现代观念解释，就是人要按照自身的生命规律来完成一生，这，才是真正的自我，不要陷于名利的泥淖而浪费生命。

陶渊明的《形影神》是针对僧慧远《形神论》而作的，不纠缠于形灭神不灭之类的争论，而是注重于"我"的内心对话。一"我"而分三：

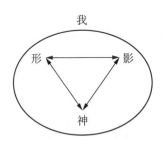

这，恰恰就是陶渊明内心的矛盾所在！我们引导学生读陶渊明作品，千万不要认为，陶的"性本爱丘山"是与生俱来的。陶有肃穆，也有金刚；陶有形之酒，也有影之善；陶有现实性，也有超脱性。当然，陶的主体精神追求是显而易见的，这就是他所热爱的"自然"。在理解上，要认识到陶渊明的内心风暴，要看到陶的人格精神是在反复自我批判中而不断成长、不断深化的。

其实，不仅仅是陶渊明这样。嵇康、阮籍等现实批判人格也都有这样的形成特点。

另外，魏晋时期的社会批判中有思想争鸣的平台和活动，也值得关注。

这一社会舆论现象，就是"清谈"。所谓"清谈"，一作"清言"，又称作"玄言"、"玄谈"或"谈玄"。这可不是一般的与世隔绝的高谈阔论。虽有脱离实际之讥，但内容涉及引领思想、品藻人物、宣扬佛典、讨论儒经等方面，因而在社会上特别是在世家大族范围内产生了广泛影响。

清谈的方式颇有平等争鸣的特点。不问年岁幼长，不问官职高低，不问财富多寡，也不问德望轻重，人人都可以参与。一人开讲，他人诘难，反复论辩析理，直至理胜方休。语言力求清通简要，尤其崇尚机锋破的。如果有评判在场，品评双方优劣，并以当人第九流来定其等第。更为有趣的是，某论题的理胜者，可以用本人族姓来称呼此理。这好像现代以发明或发现者的姓名来命名所发明或发现的事物。⁽⁴⁾

（二）"自省"为主题的语文批判

与两汉"史传"、"政论"批判不同的是，魏晋南北朝时期，文体创新显著，批判形式多样。除前篇所讲的小说外，这个时期值得特别关注的文体还有"文"、"书""赋""记"等等。"特别是'书'（书信），出现了不少富有抒情色彩、语言精美的作品"⁽⁵⁾

我在《疑思问国文点读》课程选文中，重点从以下四方面挑选作品，与学生一道欣赏体味：

1. 读《与山巨源绝交书》，领略书信文体的批判特色。

选文如下——

与山巨源绝交书（嵇康）

阮嗣宗口不论人过，吾每师之而未能及；至性过人，与物无伤，唯饮酒过差耳。至为礼法之士所绳，疾之如仇，幸赖大将军保持之耳。吾不如嗣宗之资，而有慢弛之阙；又不识人情，暗于机宜；无万石之慎，而有好尽之累。久与事接，疵衅日兴，虽欲无患，其可得乎？又人伦有礼，朝廷有法，自惟至熟，有必不堪者七，甚不可者二：卧喜晚起，而当关呼之不置，一不堪也。抱琴行吟，弋钓草野，而吏卒守之，不得妄动，二不堪也。危坐一时，痹不得摇，性复多虱，把搔无已，而当裹以章服，揖拜上官，三不堪也。素不便书，又不喜作书，而人间多事，堆案盈机，不相酬答，则犯教伤义，欲自勉强，则不能久，四不堪也。不喜吊丧，而人道以此为重，已为未见恕者所怨，至欲见中伤者；虽瞿然自责，然性不可化，欲降心顺俗，则诡故不情，亦终不能获无咎无誉，如此，五不堪也。不喜俗人，而当与之共事，或宾客盈坐，鸣声聒耳，嚣尘臭处，千变百伎，在人目前，六不堪也。心不耐烦，而官事鞅掌，机务缠其心，世故烦其虑，七不堪也。又每非汤、武而薄周、孔，在人间不止，此事会显，世教所不容，此甚不可一也。刚肠疾恶，轻肆直言，遇事便发，此甚不可二也。以促中小心之性，统此九患，不有外难，当有内病，宁可久处人间邪？又闻道士遗言，饵术黄精，令人久寿，意甚信之；游山泽，观鱼鸟，心甚乐之；一行作吏，此事便废，安能舍其所乐而从其所惧哉！

　　夫人之相知，贵识其天性，因而济之。禹不逼伯成子高，全其节也；仲尼不假盖于子夏，护其短也；近诸葛孔明不逼元直以入蜀，华子鱼不强幼安以卿相，此可谓能相终始，真相知者也。足下见直木不可以为轮，曲木不可以为桷，盖不欲枉其天才，令得其所也。故四民有业，各以得志为乐，唯达者为能通之，此足下度内耳。不可自见好章甫，强越人以文冕也；已嗜臭腐，养鸳雏以死鼠也。吾顷学养生之术，方外荣华，去滋味，游心于寂寞，以无为为贵。纵无九患，尚不顾足下所好者。又有心闷疾，顷转增笃，私意自试，不能堪其所不乐。自卜已审，若道尽途穷则已耳。足下无事冤之，令转于沟壑也。吾新失母兄之欢，意常悽切。女年十三，男年八岁，未及成人，况复多病。顾此恨恨，如何可言！今但愿守陋巷，教养子孙，时与亲旧叙离阔，陈说平生，浊酒一杯，弹琴一曲，志愿毕矣。足下若嬲之不置，不过欲为官得人，以益时用耳。足下旧知吾潦倒粗疏，不切事情，自惟亦皆不如今日之贤能也。若以俗人皆喜荣华，独能离之，以此为快；此最近之，可得言耳。然使长才广度，无所不淹，而能不营，乃可贵耳。若吾多病困，欲离事自全，以保余年，此真所乏耳，岂可见黄门而称贞哉！若趣欲共登王途，期于相致，时为欢益，一旦迫之，必发狂疾。自非重怨，不至于此也。野人有快炙背而美芹子者，欲献之至尊，虽有区区之意，亦已疏矣。愿足下勿似之。其意如此，既以解足下，并以为别。嵇康白。（选自钱伯城主编《故观止新编》，上海古籍出版社 1988 年 12 月第 1 版，第 380 页）

　　这封信（节选），是嵇康的代表作。既满腔愤慨地揭露了司马父子的凶残，又旗帜鲜明地抒发了自己的人生怀抱，同时也提出了"非汤武而薄周孔"的政治主张，批判沉雄，讽刺辛辣。而这样的内容与情怀，用书信体出之，更显自然而坦诚。

　　节选部分是全文高潮。之前，交代写信的原因，用"偶于足下相知耳"提领，既说明不是真相知，又讽从婉出，给山涛留有情面；继之叙述自我本性，不愿居庙堂为官，谈的是人生旨趣；

接着就提出了为人"不堪""不可"的原则，明确说出自己的政治见解和政治态度；行文至此，已是高潮迭起，锋芒毕现。然而，写到这里，作者意犹未尽，再写一段，更加鲜明地表明了人格与态度，把高官比作"腐鼠"，把自己比作"鹓雏"，尤其是指出自己决不像山涛这样不择木而栖，不择主而事，言语含讥，思想如刃，恣肆淋漓，摇曳有致，形成了这封信的思想高峰与情感激流！一路读来，兴味饱满，不能不感叹魏晋名士竟有这等"风度"！

2. 读《自祭文》，认识陶渊明的人格精神。

选文如下——

自祭文（陶渊明）

岁惟丁卯，律中无射。天寒夜长，风气萧索，鸿雁于征，草木黄落。陶子将辞逆旅之馆，永归于本宅。故人凄其相悲，同祖行于今夕。羞以嘉蔬，荐以清酌。候颜已冥，聆音愈漠。呜呼哀哉！

茫茫大块，悠悠高旻，是生万物，余得为人。自余为人，逢运之贫，箪瓢屡罄，絺绤冬陈。含欢谷汲，行歌负薪，翳翳柴门，事我宵晨，春秋代谢，有务中园，载耘载籽，乃育乃繁。欣以素牍，和以七弦。冬曝其日，夏濯其泉。勤靡余劳，心有常闲。乐天委分，以至百年。

惟此百年，夫人爱之，惧彼无成，愒日惜时。存为世珍，殁亦见思。嗟我独迈，曾是异兹。宠非己荣，涅岂吾缁？捽兀穷庐，酣饮赋诗。识运知命，畴能罔眷。余今斯化，可以无恨。寿涉百龄，身慕肥遁，从老得终，奚所复恋！寒暑愈迈，亡既异存，外姻晨来，良友宵奔，葬之中野，以安其魂。窅窅我行，萧萧墓门，奢耻宋臣，俭笑王孙，廓兮已灭，慨焉已遐，不封不树，日月遂过。匪贵前誉，孰重后歌？人生实难，死如之何？呜呼哀哉！（选自《古文鉴赏辞典》，上海辞书出版社2014年7月第1版第589页）

不读《自祭文》，难懂陶渊明。读过《桃花源记》，知道陶之理想；读过《饮酒》，知道陶之"自然"。由此看起来了解了陶渊明，他安贫乐道，他牧歌田园，多么潇洒从容啊！其实，陶还有他的内心沉重与决绝。陶之沉重与决绝，在于对世俗的彻底否定，在于对自我的凛然自尊。这种"否定"与"自尊"，必然要经过人生的艰难抉择！比如，"嗟我独迈，曾是异兹"，写处境，写性情。一个"嗟"字，选择之难可想而知。这种人格又是怎样炼成的呢？"涅岂吾缁"，这是把自己同污世截然分开；"捽兀穷庐"，这是对自己傲然意气的放怀礼赞。选择什么？放弃什么？看重什么？鄙视什么？这些都需要及时的明辨和断然的处置，否则，陶渊明怎么可能在"箪瓢屡罄"之时而"行歌负薪"？讨论中，我和同学们就"陶渊明是人还是仙？"这一问题展开了讨论。看他"酣饮赋诗"，如同神仙；看他"采菊东篱下，悠然见南山"，更感到他时时处于仙境。然而，这些"仙"，都是陶之心造。陶的真实生活是"人"的生活，"戴月荷锄归"，"人"之劳作；"载耘载籽，乃育乃繁"，"人"之收获；"勤靡馀劳，心有常闲"，"人"之欢欣；"冬曝其日，夏濯其泉"，"人"之日常……至于"逢运之贫，箪瓢屡罄"，则更是平民处境。只有认识到陶渊明"人"的生活，才能理解到陶渊明"人"的高格。

3. 读《思旧赋》，洞悉自醒者在威权下的心灵裂痛。

选文如下——

思旧赋（向秀）

余与嵇康、吕安居止接近，其人并有不羁之才。然嵇志远而疏，吕心旷而放，其后各以事见法。嵇博综技艺，于丝竹特妙。临当就命，顾视日影，索琴而弹之。余逝将西迈，经其旧庐。于时日薄虞渊，寒冰凄然。邻人有吹笛者，发音寥亮。追思曩昔游宴之好，感音而叹，故作赋云：

将命适于远京兮，遂旋反而北徂。济黄河以泛舟兮，经山阳之旧居。瞻旷野之萧条兮，息余驾乎城隅。践二子之遗迹兮，历穷巷之空庐。叹黍离之愍周兮，悲麦秀于殷墟。惟古昔以怀今兮，心徘徊以踌躇。栋宇存而弗毁兮，形神逝其焉如。昔李斯之受罪兮，叹黄犬而长吟。悼嵇生之永辞兮，顾日影而弹琴。托运遇于领会兮，寄余命于寸阴。听鸣笛之慷慨兮，妙声绝而复寻。停驾言其将迈兮，遂援翰而写心。

（选自《古文鉴赏辞典》，上海辞书出版社 2014 年 7 月第 1 版第 500 页）

向秀是嵇康的挚友，他亲眼看到司马昭拉拢山涛，杀了嵇康。依"竹林七贤"之魏晋风度，向秀应该为嵇康仗义执言，虽不必与嵇同赴死以抗议，但也不能跟附司马父子而为官。然而，向秀偏偏慑于司马氏之威权，在嵇康被杀后即赴洛阳应郡举。向秀内心的裂痛可想而知，本文的情感枢纽就在这里。我与学生一起追寻：本文有激扬慷慨的言词吗？没有；本文有呼天抢地的哭诉吗？没有；本文有政治态度的宣泄吗？没有。有的，全是隐晦曲折之词，幽怀深抱之情。而这，正是极为真实的血泪之作！鲁迅先生在《为了忘却的记念》一文中沉痛地写道："要写下去，在中国的现在，还是没有写处的。年青时读向子期《思旧赋》，很怪他为什么只有寥寥的几行，刚开头却又煞了尾。然而，现在我懂了。"鲁迅之评，虽是抒己之情，更是点向秀之心，也是斥时势之凶，还是烛名作之幽。

　　4. 读《答卢谌书》，探知魏晋名士的自我否定。

　　选文如下——

答卢谌书（刘琨）

　　琨顿首：损书及诗，备辛酸之苦言，畅经通之远旨，执玩反覆，不能释手，慨然以悲，欢然以喜。昔在少壮，未尝检括，远慕老庄之齐物，近嘉阮生之放旷，怪厚薄何从而生，哀乐何由而至。自顷辀张，困于逆乱，国破家亡，亲友凋残；负杖行吟，则百忧俱至，快然独坐，则哀愤两集。时复相与举觞对膝，破涕为笑，排终身之积惨，求数刻之暂欢，譬由积痰弥年，而欲一丸销之，其可得乎？

　　夫才生于世，世实须才。和氏之璧，焉得独曜于郢握？夜光之珠，何得专玩于随掌？天下之宝，当与天下共之。但分析之日，不能不怅恨耳。然后知聃周之为虚诞，嗣宗之为妄作也。昔騄骥倚辀于吴坂，长鸣于良、乐，知与不知也。百里奚愚于虞而智于秦，遇与不遇也。今君遇之矣，勖之而已。不复属意于文，二十余年矣。久废则无次，想必欲其一反，故称指送一篇，适足以彰来诗之益美耳。琨顿首顿首。（选自《古文鉴赏辞典》，上海辞书出版社2014年7月第1版第549页）

卢谌是作者刘琨朋友的儿子，在晋室衰亡之际，投奔段匹磾以求维护晋室。对此，刘琨深表赞赏。开篇说"欢然以喜"，就是指此。"慨然以悲"又在哪里呢？这是本文的"内心"，值得体味。焦点就在于刘琨对于自己人生两次选择的反省与确认。第一次选择即"远慕老庄之齐物，近嘉阮生之放旷"，这是指自己对于魏晋当时名士如嵇康、阮籍的敬慕。第二次选择即现在面对晋室危亡而担当任职，为晋室效命，正所谓"当易危之势，处难济之土。"刘琨比较两次选择，不禁悲从中来，既悲当年选择庄、阮，是"未尝检括"；更悲自己耽搁韶华，误了少壮，已是扶晋无力了！需要指出的是，刘琨写家国沦亡之痛，旨在对当年崇尚庄、阮的彻底否定。也正是家国沦亡，促使刘琨从所谓"齐物""放达"之中惊醒过来。这样的惊醒，使我们发现了当时名士对于魏晋风度自我否定的真实心迹。这，也许是魏晋风度的另一内涵吧？

【注】

（1）（2）（4）夏乃儒：《中国哲学三百题》，上海古籍出版社 1988 年 9 月第 1 版。

（3）袁行霈：《陶渊明集笺注》，中华书局 2018 年 1 月北京第 1 版。

（5）章培恒、骆玉明《中国文学史》，复旦大学出版社 1996 年 3 月版。

平庸盛世下的文化开放（上）

（一）唐代的思想文化特点

唐代（公元618—907），在富有广阔思想视野的思想家看来，是一个思想平庸的时代。葛兆光《中国思想史》（第二卷）"第一编"就专门安排了一节内容来说明，标题就是"盛世的平庸：八世纪上半叶的知识与思想状况。""平庸"这个关键词非常冷峻地揭示了这个盛世时代的思想特征。葛兆光先生写的文字让人惊心动魄。

"四方秀区，挟策负素，坌集京师"，知识阶层在海内承平、天下一统的时代，逐渐失去了或放弃了对前程的自由选择空间和思想的自由阐述余地，只能拥挤在这个狭窄的仕途上，而当唐五朝又相对比较地多门径宽松取士时，士人们就更把知识与思想集中在考试所涉及的范围内。……整个知识、思想与信仰的世界，被"考试"这种所谓的智力较量所控制，这种智力较量不是人与人的公平较量，而是在权力的笼罩下，向权力表白自己的臣服。

……整个社会的士人，大多沉湎在浅薄的满足中，他们热情地歌颂时代的安定，生活的富庶，歌颂帝国的威加四海，却很少有人充满了焦虑和恐惧，并看到隐含的危机。……可是，当一个时代失去了诊断和批评目标的时候，知识作为筹码，思想成了装饰，语言则在游戏，思想世界是否也就开始变得越来越平庸了呢？[1]

葛兆光绝不是故作惊人之语，他罗列了学术界的共识。他说，"冯友兰的《中国哲学史》……仅仅叙述了隋唐佛学思想后……则简略地用数百字叙述了隋代王通……一下子就跳到中唐的韩愈，而范寿康的《中国哲学史通论》，也在隋唐哲学一部分中说，儒家'只出了一个韩愈一个李翱'。""侯外庐的《中国思想史》，第四卷中也是吕才和刘知幾之后，就一下子到韩愈，""唐代思想史仍然有着盛唐相当长的空白。""留下空白并非仅仅由于他们的思想立场和政治倾向，因为在海外出版的萧公权的《中国政治思想史》与劳思光的《新编中国哲学史》，与上述各书也完全一致，同样从王通跳到韩愈，除了佛教之外，中国留下了两百年的空白。显然，这种空白的出现是整个中国思想史写作中的普遍问题。"[2]

思想史学家对于"思想"的渴望与严苛由上可见一斑。不过，在文化学者那里，似乎又呈现了另一种活泼的风貌。钱穆《中国文化史导论》指出：

"文学、艺术在中国文化史上，发源甚早，但到唐代，有他发展的两大趋势：一、由贵族阶级转移到平民社会。二、由宗教方面转移到日常人生。……中国文学史上纯粹平民文学之大兴，自然要从唐代开始，那是与政治、社会一应文化大流的趋势符合的。唐代诗人之多，诗学之盛，真可说是超前绝后。清代编集的全唐诗九百卷，凡诗四万八千九百余首，作者二千二百余人，可以想见其一斑。唐诗之最要精神，在其完全以平民风格而出现，以平民的作家，而歌唱着平民日常生活下之种种情调与种种境界。纵涉及政府与宫廷的，亦全以平民意态出之。那五万首的唐诗，便是三百年唐代平民社会全部生活之写照。唐代文学始普及全社会全人生，再不为上层贵族阶级所独有。"（3）

其实，不仅是唐诗。钱穆认为，"平民作家之散文，用来歌咏日常生活的那一种纯文学性的散文……亦和诗歌一样，要到唐代始为极盛。"（4）《全唐文》一千卷，凡文一万八千四百八十八篇，作者三千零四十二人。总之，"诗、文、字、画四项，全要到唐代，才完全成其为平民社会和日常人生的文学和艺术。而唐人对此四项的造诣，亦都登峰造极，使后代人有望尘莫及之想"（5）。

钱穆所指文学的发达，体现了一个时代的特征，这就是"平民性"。这个平民性，是指相对于庙堂、贵族而言的泛漫于社会各阶层（当然主要还是士人阶层）的借助文化艺术形式自由表达的时代思潮。而这，正与思想史学者对唐代"思想"加以新的叙述选择相洽。葛兆光极力追求对于"一般知识、思想与信仰的世界"的思想概括，使思想史描述进入到一个更深层的生活领域；也许，这正是从"平民性"文学认识唐代思想的一个鲜明而又具体的理路。葛兆光说："思想与学术，有时候只是一种少数精英知识分子操练的场地，它常常是悬浮在社会与生活的上面的。真正的思想，也许要说是真正在生活与社会中支配人们对世界进行解释和理解的那些常识，它并不全在精英和经典中"[6]。

基于以上认识，我们在了解和学习唐代社会质疑思想的时候，不妨拓展更加开阔的视野，从语文形式的多种创造上来看，比如"纯文学性散文"（特别是杂文）的创制与唐民间文学传奇的独特表达等等。同时，我们还应更深入地认识到，毕竟语文表达形式多样化和表达内容的多元性，总是与社会意识形态相关联的。唐代语文表达的多样化显然不受制于统治阶级思想上的一元化领导，而与儒释道多种思想交互作用密切相关。

多元思想又是怎样交流与对辩的呢？以下试从两方面加以介绍。

（二）儒释道三教并尊局面下的"质疑三角"

唐代虽然没有产生像孔子、司马迁、范缜等一样的思想巨人，但它仍然是一个伟大的开放时代，其最大的开放就在于文化的融合。一是从文化区域上看，北方少数民族迁居中原后丰富了汉文化，同时江南地区经济文化崛起，走向繁荣，到唐代实现了更为强劲的南北汉文化融合；二是国内各民族文化得到平等的发展条件。李世民作为唐皇帝，能够被西北少数民族称为"天可汗"，其原因就在于李世民能够平等地对待汉族和非汉族人士，国内各民族文化实现了自由融合；三是中外文化的交流汇聚。一方面唐帝国的恢宏强盛广泛地吸引了世界上其他国家的使者、留学生和商人，带来了外国文化；另一方面唐帝国也积极主动地促进商人、高僧出访外国，大量吸收异域文化。爱好外国文化，在唐代已成社会时尚，像胡酒、胡乐、胡服，成为值得炫耀的东西。

唐统治者显得非常的自信，并不刻意追求强有力的单一思想统治。在中国历史上，唐朝，正如它的繁荣显得超常一样，在思想统治上也显得特别。儒学是唐代公认的正统思想，但始终没有获得像汉代那样"独尊"的统治性地位。道教和佛教，在统治阶层和民间社会，丝毫也不弱于儒学，甚至由于统治者的偏爱而列位于儒学之上。张岱年指出："从南北朝到隋唐，逐步形成了佛学兴盛，三教（佛教、儒家、道家）并尊的局面。"[7] 唐代的思想界，虽然在思想学者看来显得"平庸"，没有历史的巨人出现，但是它的另一面似乎比"高峰"更能让后人称赞，这，就是它的"自由活泼"。在中华民族漫长的历史进程中，思想的"自由活泼"是何等的难能可贵啊！

　　这里仅就中学语文教材中涉及的三大文学家——韩愈、柳宗元、刘禹锡为例，通过他们的思想批判与观点对辩来感受一下他们质疑思想的自由表达。

　　韩愈（768—824），他是古文运动的倡导者，散文创制的文章巨擘，同时也是排佛思想的激进派。韩愈的排佛主要是从政治立场出发而不是建立哲学体系。我们知道，唐代佛老盛行，寺院占有大量土地和荫附农民，"十分天下之财而佛有七八"[8]。国家财政收入与中央集权统治发生了尖锐矛盾，韩愈主张排佛，重建"道德"就是为了巩固政治统治。韩愈的"道德"，就是孔孟之道，也就是仁义道德。韩愈用孔孟仁义之政来痛斥佛老之说是"夷狄之法"。在思想立论上，为了强化"道德说"，韩愈采纳并沿袭了汉代董仲舒的"天人合一说"，也提出了性与情的"三品说"，主张是上、中、下三品之性必发动为上、中、下三品之情；而上、中、下三品之情必表现为上、中、下三品之性。韩愈把现实人生中的道德等级差别，归结为天生人性中自然存在。虽然韩愈在人性论上陷入了唯心主义泥淖，但是，他在政治观念上敢于排佛，具有鲜明的批判精神和质疑意识，值得后人学习与弘扬。韩愈之时，唐宪宗极力提倡佛教，公元819年想迎"佛骨"入宫中供奉，韩愈上谏说："历代崇信佛教的帝王，不是国破家亡，就是身死名裂"，"事佛求福，反更得祸"，要求皇帝把"佛骨"烧掉，"断天下之疑，绝后代之惑"[(9)]。为此唐宪宗要杀他，后免于死罪贬官潮州。

柳宗元（772—842），唐代著名的文学家和哲学家，也是一位主张政治改革的社会批评家。他所处的时代正是唐王朝民困国衰之时，各种社会矛盾充分暴露，"贫者愈困饿死亡而莫之省，富者愈恣横侈泰而无所忌"[(10)]。柳宗元在他的大量诗文中对此都加以无情揭露和尖锐批判，《捕蛇者说》就是当时社会的真实写照。柳宗元不仅用其语文工具批判时代之弊，而且还积极参加王叔文领导的政治改革，参与打击藩镇、惩治贪官、改革苛政等政治活动。正是因为对唐王朝有着强烈的批判意识，对社会体制有着深度的质疑思想，所以，柳宗元在他的思想认识中，旗帜鲜明地表达了对于韩愈"天人感应"思想的质疑，建立了"以生人为己任"的哲学观。所谓"生人"，就是满足人民的生存需要；所谓"己任"，就是指统治者的政治责任。"这种满足人民生存意愿的思想，一定程度上承认了人民的生存权利。这在当时来说，应是一种十分进步的思想，是难能可贵的"[(11)]。柳宗元有多篇文章批判韩愈，如其中代表性的《天说》一文，先引用韩愈观点，树立靶子：韩愈认为，天是有意志的，人类如果不侵害自然界则有功于天地，就会得到天的奖赏，否则就会遭到惩罚。这就是典型的"天人感应"说。对这个"靶子"，柳宗元尖锐批驳："天地元气阴阳都属于自然现象，和草木瓜果等自然物没有本质上的区别。既然虫子吃瓜果，瓜果没有什么怨恨，那么人类应用自然而生存，自然也不会对人有什么惩罚。""功者自功，祸者自祸，欲望其赏罚者大谬；呼而怨，欲望其哀且仁者，愈大谬矣"[12]。也正是基于这样的哲学认识，柳宗元从社会政体的政治学角度对"封国土，建诸侯"这样的政体进行了批判，提出了"上果贤乎？下果不肖乎"这样的深刻质疑。赵志伟指出："这不啻是对封建最高统治者的抗议了，也是本文的精华所在。"[13]

在韩、柳争辩之时，刘禹锡参与，将思想交锋推向了高潮，形成了唐代思想质疑与讨论的一道激流。

柳宗元作《天说》批判韩愈；刘禹锡作《天论》以"极辩"柳宗元。刘禹锡写道："余之友河东解人柳子厚，作《天说》以折韩退之之言，文信美矣，盖有激而云，非所以尽天人之际，故余作《天论》以极其辩云。"所谓"极其辩"，就是说柳宗元还没有把道理讲到深透处、高潮处，还需要提升、补充、校正。确实，《天论》关于"天"与"人"的认识实现了对柳宗元的超越。从思想史上看，庄子作《天道》，讲自然之道；荀子作《天论》，讲人之力量；王充作《谈天》，认为天没有精神，屈原作《天问》质疑"天""人"之事；直到柳宗元《天说》刘禹锡《天论》，反复在"天""人"之间思辨，这确乎是一条了不起的质疑之路。刘禹锡的超越就在于提出了"天与人交相胜"的重要思想。所谓"交相胜"，是指"天"和"人"各有其特定的"能"，从而在其特定强势的"能"上超越对方。"天"所"能"的，"人"不"能"；"人"所"能"的，"天"不"能"，"天"与"人"各有其超过的方面。从质疑思想上看，人"能"时则无"疑"，人不"能"时，疑存焉。质疑是"人"的局限使然。局限永恒，质

疑也就没有终止。这样说来，"人"之质疑是不是就是一种被动
呢？也不是。刘禹锡强调了规律性认识的意义，他举了一个很生
动的事例：

> 夫舟行乎潍、淄、伊、洛者，疾徐存乎人，次舍存乎人。
> 风之怒号，不能鼓为涛也；流之溯洄，不能峭为魁也。适有迅
> 而安，亦人也；适有覆而胶，亦人也。舟中之人未尝有言天
> 者，何哉？理明故也。彼行乎江、河、淮、海者，疾徐不可
> 得而知也，次舍不可得而必也。鸣条之风可以沃日，车盖之
> 云可以见怪。怡然济，亦天也；黯然沉，亦天也；阽危而仅
> 存，亦天也。舟中之人未尝有言人者，何哉？理昧故也。⁽¹⁴⁾

这里提出了一个极为重要的认识条件"理"。"理明"则"人
胜"；"理昧"则人不"能"。换句话说，"人"之所以"能"，全
在于认识到了"理"，把握到了"理"，能够依"理"而行事。这
个"理"，用今天的话说，就是事物内在的发展运行规律。

问题是，怎样才能把握到这个"理"呢？在认识论上，在充
分地证明"人"能够"能"的主体作用上，刘禹锡的创见显然超
越了韩愈，也超越了柳中元。他的心理学思想的创见，就在于提
出了感知和思维的两种认识形式：

> "以目而视，得之形粗者也；以智而视，得之微者也。"⁽¹⁵⁾

什么才是"以智而视"呢？即：

> "由小而推大必合，由人而推天亦合。"⁽¹⁶⁾

归结到这个"推"字，显然可以看到刘禹锡对于思维活动的高度重视。由"人"的"能"，到所以"能"的"理"，再到能够"理"的"推"，刘禹锡完成了一个他自己的认识心理架构，这就是：

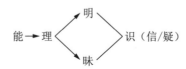

重点和难点都是要解决"明"与"昧"的问题，特别是要解决由"昧"而"明"的转化问题，同时还要解决"明"中生"昧"的问题。"明"是一个阶段的相对性状态，"昧"则是绝对性状态；与由"昧"转"明"相比，由"明"生"昧"则也许更难，更需要突破。而这个"突破"，就是由"信"而生"疑"的跨越。刘禹锡是一位极具质疑精神和批判意识的思想家，他的隐蔽于明"理"过程中的质疑思想不可不察，这也许正是刘禹锡"极"柳宗元之"辩"的所"极"之处吧。

综上所述，我们可以看到，唐代文坛上的"韩柳刘""思想质疑三角"真是一道亮丽的风景，似乎不应被思想史学者称作"平庸"。这个"三角"的图式是：

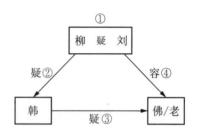

①柳刘是一个共同构建的思想实体，他们的共建后，更能强有力地质疑韩；②韩在被柳刘质疑的同时，也与柳刘共建了一个更大的儒学思想实体；③韩柳刘的共建实体，分明又强化了韩用儒学排斥否定佛与老；④而柳与刘对佛与老的宽容与吸收又丰富了柳与刘的认识论思想。显然，这是一个丰富多变而又质疑焕然的思想交流系统。这个小小的系统也许从一定意义上说明了唐代思想的开放生机。

（三）思想批判的语文匕首：讽刺杂文

章培垣、骆玉明《中国文学史》指出："经济的发展，国力的强盛，各种文化的交融汇合，统治阶层组成的多元化，思想统治的相对宽松，以及在最受社会重视的进士科考试中以诗赋为主要的考试内容等各方面因素，有力促进了唐代文学的繁荣发展，结下累累硕果。"这里仅就表达批判与质疑思想的语文体式方面举例作些介绍，重点说明我们在《疑思问国文点读》课程内容上所选的作品（由于韩愈思想与作品分量较重，将另文介绍）。

唐代的"杂文"，是散文变革的重大成果。形象生动，饱含理趣，针砭时弊，辛辣讽刺，思想深邃，短小精悍，是表达质疑与批判意识的灿烂奇葩。通常，讲到散文，要讲古文运动以及韩柳名作，由于这方面内容已成中学语文教材正统，所以在我们这个课程中就一律略去，重点补充的是最具叛逆思想和批判精神的讽刺杂文。

在文学上，刘禹锡与白居易齐名，并称"刘白"。在白居易眼里，刘是"诗豪"，心中极为钦佩。刘禹锡继承了《诗经》美刺传统，"以鲜明的爱憎感情，反映中唐政治生活中的重大问题和社会上的严重弊病。"他的政治讽刺诗采用寓言托物的方法，抨击权臣、宦官，形象逼真⁽¹⁷⁾。刘禹锡本人对自己的论说性散文更为自负，在《祭韩史部文》中说，"子长在笔，予长在论。"笔者，语言也；论者，思想也。刘禹锡自评己文是"持矛举楯，卒不能困"。确实，刘禹锡的论说散文，尤其是杂文的创作成就相当显著，可惜中学语文教材只选了《陋室铭》(其实还不一定是刘的作品)。为了帮助学生能够领略到唐代思想家的论说锋芒，我们特地设计了一个以刘禹锡为代表的杂文单元，这个单元选编了刘禹锡、皮日休、陆龟蒙、罗隐、杨夔等五位作家作品，部分选文与点读于下：

（1）英雄之言（罗隐）

物之所以有韬晦者，防乎盗也。故人亦然。夫盗亦人也，冠屦焉，衣服焉。其所以异者，退逊之心，正廉之节，不常其性耳。视玉帛而取之者，则曰牵于寒饿；视国家而取之者，则曰救彼涂炭。牵于寒饿者，无得而言矣。救彼涂炭者，则宜以百姓心为心。而西刘则曰："居宜如是。"楚籍则曰："可取而代。"意彼未必无退逊之心，正廉之节，盖以视其靡曼骄崇，然后生其谋耳。为英雄者犹若是，况常人乎？是以峻宇逸游，不为人所窥者，鲜也。

罗隐是唐文学家，长于咏史，讥讽时事，有《罗隐集》。所选这篇短文，开篇点出一个"盗"字，写"盗"，重在对其假相的揭示："盗"也是"人"，穿戴打扮与常人无异，但是其善良之心与正廉之节不存。这，还是一般的"盗"，作者按下不说，又进一层，专门刻画了一种窃国大盗的丑恶嘴脸。他们的丑恶在哪里呢？明明是窃取国家为己有，偏偏又高擎一面大旗：救彼涂炭，一切为了水深火热之中的老百姓。果真是为了人民利益吗？作者用事实掀起了矛盾冲突：如果为了人民，那就应该"以百姓心为心"；而事实上，却如刘邦、项羽的心声所言，即"我"要"居宜如是"，"我"要"取而代之"。这，就是所谓的"英雄"内心啊！"英雄之言"暴露了"英雄内心"，所擎的大旗不过是欺骗人民的幌子罢了！文章的深刻性在于揭开了"英雄之言"的两张皮：一张是幌子；一张是私心。用幌子欺骗、聚力、满足私心，这就是所谓英雄的勾当与恶毒。文末反问，更引人深思：那些"英雄"都这样说这样做，至于"常人"就更不用说了，纵观天下，要找到没有"盗"的地方，难了；天下财富不为人所窥，少啊！笔触犀利，满腔悲愤，堪称罗隐的力作。

（2）原谤（皮日休）

天之利下民，其仁至矣。未有美于味而民不知者，便于用而民不由者，厚于生而民不求者。然而，暑雨亦怨之，祁寒亦怨之，己不善而祸及亦怨之，己不俭而贫及亦怨之。是民事天，其不仁至矣。天尚如此，况于君乎？况于鬼神乎？是其怨訾恨讟，莸倍于天矣。有帝天下、君一国者，可不慎欤？故尧有不慈之毁，舜有不孝之谤。殊不知尧慈被天下，而不在于子；舜孝及万世，乃不在于父。呜呼！尧、舜，大圣也，民且谤之；后之王天下，有不为尧、舜之行者，则民扼其吭，捽其首，辱而逐之，折而族之，不为甚矣！[18]

皮日休（834—883），唐文学家，与陆龟蒙齐名。原谤，即推论毁谤的原因。本文之奇，在于用看似类比实则反衬的笔法，写出了对残暴统治者必须采取抗争的坚决态度。前半部分写"天"遭人"怨"，是因为"天仁至矣"，天"暑雨""祁寒"本也是"天"之自然行为，不为暴民而来，但"民"享受惯了"天"所赐之美味，"天"所给之"便用"，以至于对于自己不适应的自然现象也表示决不许可，怨而生谤。这，不能怪"天"，而应该说是"民"之"不仁"了。对于"民"之"不仁"，作者为什么不批评呢？因为"天"在"上"，"民"在"下"，"民"要求享用，是理所当然。显然，作者是把"民"放在极端重要又比较特别的地位上的。写"怨"天之后，作者又写了圣帝仁君遭"怨"的情况，尧明明"慈被天下"，舜明明"孝及万世"，然而却也遭到"不慈之毁""不孝之谤"，这样写，是不是表现"民"之无理呢？不是的。表面上看，"民"实在无理，究其实质，则是揭示民对圣君无比依赖的实情，换句话说，即便是"民"无理，圣君也当忍受，面对民怨也当反躬自省。全文如此运势之后，最后以一言而暴发，对于尧舜之后的远逊于尧舜之仁的历代暴君，人民还有别的选择吗？人民还用"怨""谤"的方式吗？否，只有一种方式，即以暴抗暴："扼其吭，揢其首，辱而逐之，折而族之"，并且强调，这样做一点也不过分！全文激愤淋漓，势如匕首，完全是站在"民"的立场上的抗议与呼号！

（3）叹牛（刘禹锡）

刘子行其野，有叟牵跛牛于蹊。偶问焉："何形之瑰欤？何足之病欤？今觳觫然将安之欤？"叟揽縻而对曰："瑰其形，饭之至也。病其足，役之过也。请为君毕词焉。我僦车以自给。尝驭是牛引千钧，北登太行，南至商岭，挈以回之，叱以耸之，虽涉淖踬高，毂如蓬而桥不偾。及今废矣，顾其足虽伤而肤尚循，以畜豢之则无用，以庖视之则有赢，伊禁焉莫敢尸也。甫闻邦君绘士，卜刚日矣。是往也，要当售于宰夫。"

予尸之曰："以叟言之则利，以牛言之则悲，若之何？予方窭，且无长物，愿解裘以赎，将置诸丰草之乡，可乎？"叟辗然而哈曰："我之沽是，屈指计其直可以持醪而齧肥，饴子而衣妻。若是之逸也，奚是裘为？且昔之厚其生，非爱之也，利其力；今之致其死，非恶之也，利其财。子恶乎落吾事？"

刘子度是叟不可用词屈，乃以杖叩牛角而叹曰："所求尽矣，所利移矣。是以员能霸吴属镂赐，斯既帝秦五刑具，长平威震杜邮死，垓下敌擒钟室诛，皆用尽身贱，功成祸归，可不悲哉！可不悲哉！呜呼！执不匮之用而应夫无方，使时宜之，莫吾害也。苟拘于形器，用极则忧，明已。"

全篇写"牛"之命运，实喻为朝廷所用的才志之士的人生遭际，也指万千百姓在君王统治下不可逃脱的生活现状。最可恨者，还不是"牛"的结局，而是养牛者的险恶用心，一己之私利也。他"爱"牛，为的是利，他卖"牛"还是为了利，在他心中，牛还是非牛都无关重要，牛即利耳！这，就是作者揭示的历代君王的内心世界！即使一些君王表面上说爱惜人才，但事实上又当如何呢？作者举了伍员、李斯等为例就是生动的说明，至于千百万才识之士之下的普通百姓的命运那就更在"牛"之命运之下了。卞孝萱、吴汝煜说："刘禹锡是一个富于独立思考和批判精神的作家"（19），本文堪称"一斑"。在哲学上，刘禹锡重视"人"的价值而不迷信屈服于"天"，而这，恰是本文深刻批判君王之私的立意之基。

鲁迅在《小品文的危机》一文中说："唐末诗风衰落而小品文放了光辉。但罗隐的《谗书》，几乎全部是抗争和愤激之谈，皮日休和陆龟蒙自以为隐士，别人世称之为隐士，而看他们在《皮子文薮》和《笠泽丛书》中的小品文，并没有忘记天下，正是一塌糊涂的泥塘里的光彩和锋芒。"

【注】

（1）葛兆光《中国思想史》（第二卷），复旦大学出版社，2019 年 4 月第 2 版。

（2）葛兆光《中国思想史·导论》，复旦大学出版社，2019 年 4 月第 2 版。

（3）（4）（5）钱穆《中国文化史导论》，商务印书馆，2002 年 9 月北京第 6 次印刷。

（6）葛兆光《中国思想史·导论》，复旦大学出版社，2019 年 4 月第 2 版。

（7）张岱年《文化与哲学》，中国人民大学出版社，2009 年 11 月出版。

（8）《旧唐书》卷一〇一。

（9）韩愈《谏迎佛骨表》。

（10）柳宗元《答元饶州论政理书》。

（11）北京大学哲学系《中国哲学史》，商务印书馆，2007 年 2 月版。

（12）柳宗元《天说》。

（13）《诸子百家名篇鉴赏词典》，上海辞书出版社，2013 年 12 月第 1 版。

（14）（15）（16）《刘禹锡集》卷第五，中华书局，1990 年 3 月第 1 版。

（17）参见《刘禹锡集》，中华书局出版。

（18）《皮子文薮》。

（19）《刘禹锡集》（第 15 页），中华书局，1990 年 3 月第 1 版。

平庸盛世下的文化开放（中）

（一）韩愈质疑思想及其文体贡献

张岱年指出："从南北朝到隋唐"，"在理论思维方面，佛教的贡献最大，在政治上儒家仍占统治地位"[1]。支持政治统治的思想也非儒家莫属。尽管经历南北朝文化分裂之后，唐代的儒学以及儒家主体思想不可能像两汉时代那样作为立国的唯一意识形态，但是，一批有经国救世之志的思想家与政治家在儒家思想建设上仍然做出了不可磨灭的贡献。韩愈，就是儒学振兴和儒道复归的领袖人物。按照陈寅恪的说法，韩愈有六大作为：①"建立道统证明传授之渊源"；②"直指人伦扫除章句之繁琐"；③"排斥佛老匡救政俗之弊害"；④"呵诋释迦申明夷夏之大防"；⑤"改进文体广收宣传之功效"；⑥"奖掖后进期望学说之流传。"[2]

在建设《疑思问国文点读》课程过程中，我们深入学习了韩愈的质疑心理学思想，探索的重点就是从心理学角度解读《师说》，从而挖掘其教育学与心理学意义。在《中国心理学史》等著作中，这方面论述很是缺乏。我们所做的体认也只是一点尝试。在研读中，我们感到，《师说》是一篇大文章，从语言学、文章学、教育学、心理学以及文学史、思想史等角度，都可以体认到极为深刻的思想酵母，发掘其心理学意义对于我们教好韩愈作品有着特殊的指导意义。

韩愈是文章巨匠。不仅在于他极力鼓吹古文运动，振兴道统，而且更有价值的是，"由于他写出了许多富于个性、才力和创造的佳作，从实践上重新奠定了散文体的文学地位。同时，他大力提倡与呼吁文体改革，团结了一批撰写散文体的作家，使散文体创作形成了一股较大的文学潮流"（3）；刘大杰指出："韩愈不仅宣传他的理论，更重要的是创作了许多优秀的散文。他是司马迁以后杰出的散文家。他虽然号召复古，他的散文实际是革新，在古代散文的基础上，创造发展，形成了一种富于逻辑性与规范性的文体。这种文体，宜于说理、叙事、言情，成为中古以来最流行的切合实用的散文形式"，"在他的散文里，广泛地反映出当时中下层知识分子被压迫的悲哀和郁郁不平的情感，以及对于佛教思想的反抗"（4），因此，在学习质疑与批判的思想与形式上，韩愈的作品都是典范，尤其是培养创新精神上，更是不可多得的好教材。讲到韩愈的"唯陈言之务去"的思想深刻性，刘熙载有一段十分精辟的评价——

> "昌黎尚陈言务去，所谓陈言者，非必剿袭古人之说以为己有也，只识见议论落于凡近，未能高出一头，深入一境，自'结撰至思'者观之，皆陈言也。"（5）

刘氏所洞见的，正是韩文的思想创新与文体发明。

（二）《师说》质疑心理思想分析

（1）"惑"字聚焦。

第一段——

> 古之学者必有师。师者，所以传道受业解惑也。人非生而知之者，孰能无惑？惑而不从师，其为惑也，终不解矣。

共三句，第一句言"古之学者"的作为与态度，"必"字很重，也很绝对，说明真正的"古之学者"无一例外，说明"古"之"师"的极大价值。第二句讲"师"之功能，表面上看有"传道""受业""解惑"三者并列，本质上看，实为三维，不可孤立；彼此关联，不可分割。从内容上讲，"传道"与"受业"虽为两面，实为一体，互为表里。必须强调的是在"传道""受业"的过程中，焦点是"解惑"；"师"的最核心功能与价值是"解惑"，"解""传道""受业"过程中的"惑"。周振甫指出："传道受业解惑，不是三者并列的，是'传道'与'受业'并列，在道与业方面有惑，请老师来解惑，解惑是贯串在传道受业之中的"[6]，这，是我们理解《师说》全文的一个总开关。

何谓"惑"？词义上看，一疑惑；二迷惑。疑惑，自主内心所疑；迷惑，外物所障，身外被蔽。来自内外的"惑"，又总是相互关联的。对于一个成长中的"人"而言，"惑"是伴随认识终生的。可以这样说，成长的过程就是不断解惑的过程，而解惑，主动性固然在"我"，而助力与指导则又少不了"师"。

因此，第一段，揭示了一个认知（解惑）图式：

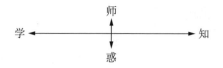

　　起点在"学"，目的在"知"；由"学"到"知"，必然有"惑"；"惑"而从"师"，"惑"必解矣。"惑"之解即"知"之得，也就是"学"之成。全文第一段一口气写出四个"惑"，环环相扣，深刻揭示了学习心理学上的关键问题："自主发现，个人建构"；学生是学习的主人，"人是自我教育的对象。""发现"旨在通过质疑而捕捉"问题"；"建构"旨在调遣已知对"问题"消化"解惑"之后形成新的认知；这两条做到了，学生才算是真正的"主人"，整个学习过程才称得上是一个以"原我"为教育对象从而生成"新我"的超越过程。而这两条中的第一条，对学习抱有理性的怀疑态度，充满好奇地去寻找"问题"并郑重提出有着决定性意义。韩愈固然不是当代心理学家，但他的"师"字当头，"惑"字聚焦，"解"为关键，"知"为目的的"师说"思想，无疑是一个既崇尚"从师"又倡导"自主"的深刻的认知心理学思想。要知道，上图中的"学""知""师""惑"四字，主体是"学"的这个人（古之学者）；这个主体确定了，"师"与"惑"的变奏就成为"我"的进步乐章。《师说》末尾赞"李氏子蟠"，赞的就是他的主体性。

　　（2）"道"上立意。

　　第二段——

　　　　生乎吾前，其闻道也，固先乎吾，吾从而师之；生乎吾后，其闻道也，亦先乎吾，吾从而师之。吾师道也，夫庸知其年之先后生于吾乎？是故无贵无贱，无长无少，道之所存，师之所存也。

这一段讲明了学习目的，就是"师道"。何谓"师道"呢？大致讲来就是"学习道理"，把"师"直解为"学习"。这样讲未尝不可，但境界未出。周振甫的注释十分有味道："（向他）学习（他所懂得的）道理。"这个括号内的添加委实是颊上三毫，画龙点睛！学习道理，固然主体是"我"，直接指向也确乎是"道理"，但是，在《师说》的前后语境里，"师"的桥梁意义、点拨作用、示范功能、例证效果是无论如何也不能忽略的。其心理学意义如图所示：

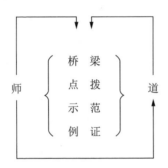

"我"学习的是"道理"，同时，还要学习"师"之求"道"的"道理"，求"道"之"道"，即追求真理之为师风范也。正是从这样两方面来讲，所以韩愈说"道之所存，师之所存也。"更为要紧的是，也正是有这样的思想之钩，所以就有下一段的感慨与此紧密绾结了："嗟呼！师道之不传也久矣！"师道，就是从师之道啊！韩文逻辑之缜密，于此可见一斑。

从心理学角度讲，韩愈强调的是"师"，实际上就是一个示范求道之"师",用现代语言表达,就是突出为师的榜样作用,就是强调学习的模仿意义。"当一个人怀着今后尽力以同样或类似方式行动的意图去注意观察另一个人的行为时,他就是在进行有意的模仿"[7]。模仿由简单到复杂,也可以是创造性的。心理学家燕国材指出:"如果一个人在模仿过程中,能够开动脑筋,别出心裁,做到'不取亦取,虽师勿师'(袁枚),这便是创造性模仿。只有这样,才能'青出于蓝而胜于蓝',我们应当在重复性模仿的基础上,尽可能多地进行创造性模仿"[8]。韩愈一方面主张文章"复古",领导古文运动,一方面在创作上又"陈言务去",创立散文新体,表达创新思想,可见韩愈就是一个率先垂范的大师。世人讥讽韩愈之"狂",实质上就是否定韩愈的示范作用,说到底自然是否定自古以来的传统"师道",韩愈哪里是呈一己之能,争一己之名呢?分明是把传承"道统"的重担挑在肩上,此种弘毅之精神多么可贵!

需要进一步深入讨论的是,这一段非常明确地指出了干扰"师道"的几种情况和关系,即:

①先——后　②贵——贱　③长——少

世人最注重这几种情形,在其制约之下完全失去了自己的最真实的学习目的,最终也就失去了自我。这种被动消极的"自我"受制于"环境"状态,正是古之先贤所极力批判的,孔子有言:"古之学者为己,今之学者为人。""为己"即自主自己,用学来成就自己的人生;"为人"就是用知识装饰自己而给别人看,完全被动地把自己交给环境来评判。在韩愈看来,先后、贵贱、长少(幼)等因素都不应考虑,更不能用来搪塞"学"。只有这样才能以"学"为中心，才能真正认识到"道之所存，师之所存也"。

（3）"问"是关键。

第三段——

>①嗟呼！师道之不传也久矣，欲人之无惑也难矣！②古之圣人，其出人也远矣，犹且从师而问焉；今之众人，其下圣人也亦远矣，而耻学于师。③是故圣益圣，愚益愚。④圣人之所以为圣，愚人之所以为愚，其皆出于此乎？

有四个因果复句（见①②③④）。第一个，讲"不传"是"因"，"惑"是"果"，突出了"师道"与"无惑"的必然联系。第二个，古今对比，既突出古之圣人的可贵，又批判今之众人的糊涂，更强调了"问"的特殊价值："问"是所以"出"的原因，"耻学于师"是"其下圣人也亦远矣"的根本原因。这里的"耻学于师"就是"耻于问师"，这个句②又与句③构成因果关系，进一步强调"圣益圣""愚益愚"的根本原因就在是否从师而"问"，再次强调"问"。有趣的是，句②句③又与句④构成多重复句关系，"其皆出于此乎"的"此"，就是指上文所说圣人从师而问而众人耻学于师这种情形。通常而言，道理说到这一步也就相当充足了，谁知作者又加上一句"圣人之所以为圣，愚人之所以为愚……"，这与前句"圣益圣，愚益愚"不重复吗？

原来，作者想构建这样的内容层次：

圣人：问→圣→圣人

众人：耻→愚→愚人

　　问，是学于师的重要方式；圣，指圣明与通达，指问学于师的直接效果；圣人，是如此问学于师而长期积累后的人生到达的高峰。同样，由于耻于从师而问，因而变得封闭愚钝，长此以往，自然使得人生顽固而浅陋了。总之，圣指"状态"，即明达通透；圣人指"人"，明达人格的综合体现者。"愚"也同理而推。这样一来，就揭示了一个人生变化过程及其关键环节。

　　最重要的就是"问"。从现代心理学上讲，思维是智力活动的核心和方法，"问"则是思维的具体表现。问，质疑也，即将疑惑之处——问题——用语言整理后表达出来，这本身就是一个思维的跨越性发展。思维并不神秘，从提出问题开始，从解决问题结束。哪里有问题，哪里就会有思维。燕国材指出："思维与问题是相互推进的。因此，在学习中，要善于创设问题情境，以激发思维活动，解决现有问题，发现新的问题。"[9]在中国古代，这样的心理学思想也是同样焕发着教育的光辉。比如，问，就是孔子哲学以及教育学思想的范畴。孔子认为，提出问题，向人请教是获得知识的必要环节。"疑思问"，就是把心中所"惑"转化为正式的问题而提出来以求指教。在孔子的指导下，弟子们在学问上始终保持一种"如之何？如之何？"的探究精神。《论语》中就记载了"问仁""问礼""问知""问政""问孝""问士""问君子""问成人"等一百多个重大问题。对于善于发问者，孔子则褒之以"善哉问""大哉问"[10]。显而易见，韩愈在这一节中，将求师之道的思想聚焦于"问"上，其本身就是对古之师道的重点弘扬，他将"人"的变化通过"问"的环节转换，直接揭示"从师而问"的重要性，尤其催人警醒：

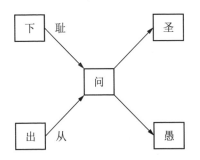

"耻"于"问"，必由"下"而"愚"；"从"师"问"，必由
"出"更"圣"。

（4）"大"为"道"魂。

第四段——

> 爱其子，择师而教之；于其身也，则耻师焉，惑矣！
> 彼童子之师，授之书而习其句读者，非吾所谓传其道解其惑
> 者也。句读之不知，惑之不解，或师焉，或不焉，小学而大
> 遗，吾未见其明也。

"小"与"大"的区分与取舍是教育规律的体现，是人生成
长需求之必然。"小学"是必不可少的，也是一种"大"。而这里
讲的"大"，重在指"道"。"道"，又是什么呢？在韩愈这里，当
然是指他所复古的"道统"。不过，我们今天来学习韩愈的关于
"大"的思想，就不能仅仅停留于这一层面，而现代心理学思想
则能帮助我们赋予这个"大"以现代意义。

我们知道，教育的目的是培养人才。而人才，从心理学的观
点来看，就是培养"人"的个性，就是要让他们的个性尽可能得
到全面发展。这，就是教育之"大"。"人"的个性丰富多采，极

为复杂，起统领作用的是什么呢？心理学认为，世界观是心理结构的最高层次，因此，"世界观"与"个性"是对立统一过程中相互促进、共同发展而逐步形成的。因此，燕国材指出："儿童心理学认为，世界观是在青年早期阶段（15—18）形成的。这基本上为大家所公认。至于人的个性究竟什么时候才真正形成，心理学却没有什么定论。根据世界观核心论的个性理论的观点，我们认为，一个人具有完整结构的个性与世界观的形成是同步的，它也应当在青年早期阶段才能真正形成。"[11]，由此可见，今之"世界观"可以转换为古之"道"，自然是教育之"大"中的"大"者。怎样针对15—18岁这个年龄段的学生进行"大"的教育影响呢？这必然要从他们的心理特征入手。他们的心理特征是什么？儿童发展心理学早就作了说明，这个年龄阶段的心理探求表现为极强的质疑好奇与批判尝试，在辩难诘问之中体会成长的快乐。这样说来，抓住这个"大"的人生需求，与抓住"问"的这个"学"的关键不正是满足青年早期成长的必然选择吗？无论是韩愈之"道"，也无论是现代之"世界观"，其内容虽有历史的变迁和取舍，但"大"这个师道策略则是不变的，韩愈的"小学而大遗"的批判，实际上是对"人"的成长规律与教育之道的确认与强调。

（5）"相"字超越。

第五段、六段——

巫医乐师百工之人，不耻相师。士大夫之族，曰师曰弟子云者，则群聚而笑之。问之，则曰："彼与彼年相若也，道相似也。"位卑则足羞，官盛则近谀。呜呼！师道之不复可知矣！巫医乐师百工之人，君子不齿，今其智乃反不能及，其可怪也欤！

　　圣人无常师。孔子师郯子、苌弘、师襄、老聃。郯子之徒，其贤不及孔子。孔子曰："三人行，则必有我师。"是故弟子不必不如师，师不必贤于弟子，闻道有先后，术业有专攻，如是而已。

　　我认为，《师说》全篇的思想高潮正在此二段中。"相"字，揭示了师道的最高境界。"相"，互相，这里表示动作偏指一方，指"百工"中某一人主动向旁边的同事请教、学习。《师说》所言"师道"，从师而问，主要是指这样的主动向对方请教。如果人人都有这样的"从师而问"的主动性，那么整个的学习环境又是怎样的呢？必然是相互请教，蔚成风气，而这，正是"师道"的生动活泼的开放局面！

　　遗憾的是，现实并非这样。韩愈生动描述了耻于相师的糟糕透顶的现实情形：谁称师称弟子，遭到的是"群聚而笑"，被人嘲讽；而且这些人还振振有词，什么年相若，道相似；什么卑羞盛谀……对此，韩愈深度叹息："师道之不复，可知矣！"可知什么呢？这个社会虚心从师而学之心烂掉了！

　　当然，韩愈还未绝望。举圣人为例，特别点出"无常师"的特点。无常师，即没有固定的老师。不固定，有三种情况：一是向不同的人学习不同的知识，求学有极大开放性；二是知识是尺度，为了研究知识，师可以转化为弟子，弟子可能转化为师，求学有极大的平等性；三是坚定三人行必有可以当我老师的人，"必"字何等坚决，为什么呢？善者可学，不善也，可鉴；求学有极大的自主选择性。这样的"师道"境界如下图所示：

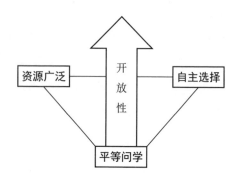

"相"字揭示了开放性，这，就是对"师道"境界的超越和表达。友直、友谅、友多闻，开放也；见贤思齐，开放也；学而不厌，诲人不倦，亦开放也。从现代心理学上讲，这里蕴含的道理就是，人的成长说到底是环境的积极产物。美国伦理学家弗兰·梯利在《伦理学概论》中指出"要形成一个有道德的性格，既需要一种天赋的向善心，又需要良好的生活环境。"这讲的就是人的成长的内外因统一。孔子有言："独学而无友，则孤陋而寡闻"，比西方心理学家更加强调"友"的决定性作用。友，是一个无限广阔的学习时空，友自然，友天地，友社会，友自我……不断拓展，友我为一，这才是学习的圣域。

（6）"时"之中坚。

第七段——

> 李氏子蟠，年十七，好古文，六艺经传皆通习之，不拘于时，学于余。余嘉其能行古道，作《师说》以贻之。

这个结尾写得字字坚实，不单是交代写作原因，更是对当代师道"形象"的总体刻画。"年十七"，早学也；"好古文"，价值选择也；"六艺经传"，道统之基也；"皆通习之"，全面贯通而践行也；"不拘于时"，叛逆世俗，独立坚卓也；"学于余"，达到如此高度还向我学习，虚怀若谷已入学之圣域也。这些内容综合一体，就是"能行古道"。这个李蟠形象，就是韩愈树立的当世楷模，就是古之"师道"的当代化身！用现代观察学习理论来讲，就是用榜样的力量来召唤人们，感染人们，引领人们，这也就是榜样心理暗示的潜在功能。

（三）"序"——韩愈语文新体举隅

从文章学而言，文章流别不可不辩。"文非一体"[(12)]，为什么要体式不同？表达思想之所需也。在中学语文教学中，文章内容与形式的关系是应该随文而教的，让学生掌握一定的表达体式，是完善思想得其体而呈现的基础工作。学习体式，不能生硬模仿，还要从写作目的、表达艺术等方面入手。这方面又得多多揣摩前人的经验，使前人的典范之作成为今天应用的"活"的参照与法宝。从这个意义上说，学习古文，不能不了解它们的体式。

韩愈发起古文运动，在思想上追求"道统"外，在表达上通过自己的创作，树立了新的散文体式，其中较为突出的就是"序"。

最早分体，是曹丕《典论·论文》："奏议宜雅，书论宜理，铭诔尚实，诗赋欲丽，此四科不同。"继之刘勰《文心雕龙》分作21种，如"诗""赋""铭""杂文""史传"等，未有"序"。梁昭明太子《文选》提出了"序"。唐宋越分越细，十分繁杂，最后到清姚鼐《古文辞类纂》分出 13 体，其中有"序跋""赠序"等，这"赠序"就是唐人以韩愈为代表的文章家所创立的。青木正儿指出："送别的时候，赠之以文，这风气自唐以来就盛行了。又，人有喜庆的事，亦赠以文。这类的文字称曰序。"(13) 这个"序"与"序跋"之"序"是不同的。序跋之序，指在著作与诗文等之前由作者加上的说明性文字；也有加在著作或诗文后边的，一般叫"跋"，也可叫"后序"。这个"序跋"体在汉之前就有了，但最典型的表达还是在汉。中学语文教材中，选了不少"序跋"作品，也选了一些"赠序"作品。尤其是"赠序"作品，是直接写给好友的，直抒胸襟，真情实感，因而格外动人。我们《疑思问国文点读》课程，重点选了两篇"序"，以补中学课文之不足，一是韩愈《送李愿归盘谷序》，一是柳宗元《送薛存义序》。韩文重在对当时知识分子人格的深刻批判；柳文重在对专制统治的无情揭露，都是著名的经典之作。

这里，介绍《送李愿归盘谷序》。原文：

送李愿归盘谷序

韩 愈

太行之阳有盘谷。盘谷之间，泉甘而土肥，草木丛茂，居民鲜少。或曰："谓其环两山之间，故曰'盘'。"或曰："是谷也，宅幽而势阻，隐者之所盘旋。"友人李愿居之。

愿之言曰："人之称大丈夫者，我知之矣：利泽施于人，名声昭于时，坐于庙朝，进退百官，而佐天子出令；其在外，则树旗旄，罗弓矢，武夫前呵，从者塞途，供给之人，各执其物，夹道而疾驰。喜有赏，怒有刑。才畯满前，道古今而誉盛德，入耳而不烦。曲眉丰颊，清声而便体，秀外而惠中，飘轻裾，翳长袖，粉白黛绿者，列屋而闲居，妒宠而负恃，争妍而取怜。大丈夫之遇知于天子、用力于当世者之所为也。吾非恶此而逃之，是有命焉，不可幸而致也。

"穷居而野处，升高而望远，坐茂树以终日，濯清泉以自洁。采于山，美可茹；钓于水，鲜可食。起居无时，惟适之安。与其有誉于前，孰若无毁于其后；与其有乐于身，孰若无忧于其心。车服不维，刀锯不加，理乱不知，黜陟不闻。大丈夫不遇于时者之所为也，我则行之。"

"伺候于公卿之门，奔走于形势之途，足将进而趑趄，口将言而嗫嚅，处秽污而不羞，触刑辟而诛戮，侥幸于万一，老死而后止者，其于为人，贤不肖何如也？"

昌黎韩愈闻其言而壮之，与之酒而为之歌曰："盘之中，维子之宫；盘之土，可以稼；盘之泉，可濯可沿；盘之阻，谁争子所？窈而深，廓其有容；缭而曲，如往而复。嗟盘之乐兮，乐且无央；虎豹远迹兮，蛟龙遁藏；鬼神守护兮，呵禁不祥。饮且食兮寿而康，无不足兮奚所望！膏吾车兮秣吾马，从子于盘兮，终吾生以徜徉！"

苏轼对韩愈的这篇文章，评价相当高，他说："唐无文章，惟韩退之《送李愿归盘谷序》一篇而已，平生愿效此一篇，每执笔辄罢。"[14]。究竟高在哪里呢？我与学生确立的讨论重点问题有两条，其一，赠序的表达特点是怎样的？从全篇看，叙述有"史传"古韵，描写有"辞赋"丽彩；议论见"书说"风骨，抒情有"赞颂"真诚。在表达方式上是前贤古文的综合体现。其二，从内容上看，所写权贵的恣肆威风，前贤文章中也有所见；写盘谷风景及隐居生活，前贤表达更是多姿。惟独在写完权贵恣肆和隐居幽娴之后，借李愿之口又补写了一段，即"伺候于公卿之门……贤不肖何如也"这层描写的思想价值很是特别，这可是本篇的点睛之笔。"伺候""奔走"已见读书士子们的依附心理和焦虑情状；"趑趄""嗫嚅"更加刻画了既担惊受怕又热衷追求，既不敢坦言心迹又生怕失去良机的各种极察言观色之能事的丑态。前面所写得志者猖狂之态，在不少文章中已是司空见惯了；此处写未得志而慕求得志的探求仕途之心则是异峰突起，极为罕见。这种对士人们没有独立人格的可怜相的描摹，正是韩愈通过此文对整个社会风气中知识分子精神犬儒的绝妙讽刺与批判。本文的反面讽刺与《师说》的正面倡导互为表里，反映了韩愈一代文宗的内心痛苦。而这样的思想隐痛正可以用"序"体来宣泄，或叙述，或描写，或议论，或抒情，行于当行，止于当止，自由挥洒，不拘一格，内容与形式的完美统一，此篇确乎堪称典范！

【注】

（1）张岱年《文化与哲学》，中国人民大学出版社，2009 年 11 月版。

（2）陈寅恪《论韩愈》。

（3）章培恒、骆玉明《中国文学史》。

（4）刘大杰《中国文学发展史》，上海古籍出版社。

（5）刘熙载《艺概》。

（6）周振甫《古文鉴赏词典》。

（7）【美】华尔特·科勒涅克《学习方法及其在教育上的应用》，陈云清译，辽宁教育科学研究所编。

（8）（9）（11）燕国材《教育学与心理学的和谐变奏》，人民教育出版社，2011 年 1 月第 1 版。

（10）夏乃儒《孔子大辞典》，上海辞书出版社，1993年12月第1版。

（12）曹丕《典论·论文》。

（13）青木正儿《中国文学概说》，重庆出版社，1982年9月版。

（14）《东坡题跋》。

九
平庸盛世下的文化开放（下）

（一）柳宗元的质疑深度与批判视野

柳宗元（773—819），是唐代著名的文学家和哲学家，著有《柳河东集》。

通常，也知道韩柳并称，韩柳友谊极为深厚。但是，韩柳的不同，这一显而易见的"异"，我们关注不够。不知其"异"，就很难教出柳文的神采，尤其是学习柳的批判精神与质疑意识就更难做到。

"异"在哪里呢？柳的文化视野比韩开阔，韩的复古精神比柳专一，柳尊儒而信佛，韩排佛而忠儒。柳的仕途经历比韩艰辛，尽管韩也遭受过贬谪，但柳之贬官直始至终，贫困而孤卓，柳的文字几乎是被贬困境下的生活与思想翻版。文学上区别更显著，虽然社会影响韩远显于柳，但是柳树立了不同的创作风格，"为文风的改变开拓了一条新路，尤其是他的山水游记，改变了散体文以先秦两汉诰誓典谟、史传书奏为典范的观念，创造了一种更文学化、抒情化的散文类型。他的寓言也是具有创造性的……成为一种独立的文体"[1]，总之，柳的散文创作，为号为"古文"而"实为新体散文的成功奠定了基础"[2]。尤其是表达质疑观点与批判思想上，柳宗元更见深度。

柳宗元诗云："千山鸟飞绝，万径人踪灭；孤舟蓑笠翁，独钓寒江雪"，幽远、冷峻、孤卓、隔膜，这种诗境也正是柳宗元胸襟与心境的写照。柳，就是一位"独钓孤翁"。尽管韩柳友谊不错，但无论是政治见解还是个人生活经历，柳宗元都异于韩愈，不属于韩愈那个作家群体和思想团队。他长期贬谪南方，远离唐都，远离文化中心，这，反而成就了他个人的独立思考与创造表达。

柳宗元的思想质疑深度与政治批判视野要超过韩愈，但是，历代思想受封建正统观念主持，往往过高地强调韩愈的思想"复古"，常常忽略了柳宗元的思想创新，尤其是对柳宗元思想与个性的"叛逆性"特点，挖掘梳理极为欠缺。笔者试结合相关柳文，专从他的语文表达上来作点探索，主要有以下四点：

1. 柳有超越的哲学"眼"

前文介绍过韩、柳、刘三角思想之辩。柳、刘一体，同有《天说》《天论》等宏文，这些作品的思想都是针对韩愈的天人感应思想而作出的批判。

"天人感应"思想是西汉董仲舒为了建立汉王朝封建专制统治而创立的理论根据。董仲舒认为，为了巩固"大一统"专制，政治上就必须推行君主统治，必须"尊君"；为了使民尊君，臣服于专制，就必须增强思想上的自觉服从，必须认同君权神授的理论，董仲舒的这一专制逻辑，完全是一个神学体系，为了披上光彩的外衣，他又提出"罢黜百家、独尊儒术"的理论传统，达到"邪辟之说灭息，然后统纪可一"的思想禁锢目的。董仲舒特别强调"王者承天意以从事"，君王就是依"天"的意志而塑造的统治化身。董仲舒这一思想后来遭到王充等唯物主义思想家的无情批判。

唐代，佛教盛行。为了维护中央集权统治，韩愈在思想上希望建立一个儒学的"道统"，以对抗佛、道两教所树立的宗教思想"法统"。韩愈认为儒家思想道统由尧舜而来，再由孔子孟子相传。孟子之后佛教盛行，儒学衰微，因此，他要担负起这个历史责任，使儒家学说成为中国社会的正统思想。比如，他借来董仲舒思想，再次提出"性三品"说，把人性分为上、中、下三等；又比如，他宣传"贵与贱、祸与福存乎天"这一天命论。韩愈所以重提"天人感应"旧说，目的就是继承孔孟儒家思想，维护儒家纲常名教，由此而巩固唐王朝专制统治。

柳宗元虽然与韩愈一样，看到唐王朝民困国衰，各种社会矛盾充分暴露，也一心希望改变这样的局势，但其思想出发点不是从名教维护入手，而是从人的思想解放着力，从政治体制改革着力。他以"人"为本，提出"以生人为己任"思想，也就是强调人民的生存是第一位的。尤其重要的是，他对汉以来的"天人感应"学说进行了强烈批判，质疑天命论，主张无神论。哲学上，与韩愈尖锐对立。前文介绍柳宗元、刘禹锡著《天说》《天问》等，全面否定了韩愈所论的"天"的意志存在，这里不再赘述。

这里要强调的是，在唐时代下，柳宗元强调无神论，否定"天"的意志，显然是用"生人"而否定"尊君"，这是了不起的思想进步，虽然还谈不上是思想的革命，但毕竟充溢着对"君权神授"，一切听命于君的叛逆和抗争。柳宗元的这一进步哲学，显然是他政治批判、文学创新的思想支撑。中学语文教学，固然不必过多涉及韩柳哲学之争，更不必深挖其作品的思想根源，但是，适当地点出韩柳思想之别（韩重在"忠"，柳重在"疑"），由此我们会更准确地把握韩柳作品之精华，使学生更深刻地认识到《捕蛇者说》等作品后的主旨，从而培养质疑意识和批判精神。

2. 柳有广阔的批判"力"

韩愈对于封建专制统治下的腐败与残暴予以无情揭露这是毫无疑义的，但是从政治体制上予以宏观质疑，柳宗元更为出色。

柳的《封建论》，在思想质疑上有三个要点，特别值得关注。第一，他认为"封建，非圣人意也"。这个"封建"是封侯建国之意，指人类早期的政体选择。建立这样的政体是谁的力量呢？柳宗元点出了一个极为重要的词："势"，也就是说人类生存的客观形势决定的。第二，封侯建国这样的政体是周天子时代的事情，说得远一点就是"更古圣王尧、舜、禹、汤、文、武而莫能去之"时代的事情，秦始皇确立郡县制之后一直沿袭至今，为什么到了唐时代，柳宗元又拿出来讨论呢？原来唐统治者为了自私之利，想再次推行。吕思勉指出："至唐则纯乎视天下为一家之私产而欲保全之矣"[3]。赵志伟指出："唐虽实行郡县制，然封爵之事未尝停止，……由此带来的结果是世袭豪族地主集团与藩镇、宦官相勾结，成尾大不掉之势"，上威胁朝廷，下残害百姓。对此，柳宗元从维护下层人民生存需要的现实出发，从政治体制上对"封侯建国"政策彻底否定。从三代讲到秦制，从秦汉讲到魏晋以至于唐，笔扫千古，思想锐利，点明郡县制重在"制"，而这个"制"在于"公"；而"封建制"在于"封"，而"封"则在于"私"也。第三，柳文中还尖锐地质疑发问："上果贤乎？下果不肖乎？"这是对"封建"统治的深刻怀疑。古之

"封建"，就是"继世而理""世袭而阶"。"继世者""世袭者"皆"上"也，历朝历代之百姓，"下"矣。"上果贤乎？下果不肖乎"的质疑体现了怎样的一种政治态度和国家思想呢？如此大胆反问，如此在讨论"封建制"历史逻辑与演变过程中的尖锐质疑，无论怎么说都是柳文的思想精华。

柳宗元的政治批判更多情况下涉及具体的专制现实和人民生活，其视角的独特性与立意的深刻性值得我们学习。例如传统课文《捕蛇者说》，揭露"苛政"，从"赋敛之毒"入笔，这就比写某些贪官污吏更能说明政治昏暗的根本性。赋敛，全国之统一政策，涉及每一个百姓；赋敛之毒，即政治之毒。无独有偶，柳宗元的《种树郭橐驼传》不再停留于谴责暴政害民方面，而是对统治阶级正面统治的质疑。所谓的正面统治，即主张以民为本，能够积极地爱民忧民等，这些理念听起来很好，但出发点如果仅是从统治者主观意图出发，哪怕是善意，也有极大危害性。真正的"爱"民，以民为"本"，应该从"民"的主体性出发，即"致其性"也。文中深刻指出："若甚怜焉，而卒以祸"，看起来是爱护百姓，实质上给老百姓制造灾难，"虽曰爱之，其实害之；虽曰忧之，其实仇之"，这样的判断和分析，正是柳文立意的深邃之处。柳宗元所以有这样的洞见，与他的"生人"哲学相关，他的"生人"思想，不仅是企求统治者让老百姓生存下去，而且更要求统治者能放宽政策，使老百姓能"致其性"而生存。民之生乃民之自由，所谓"致其性"，就是老百姓能彻底满足自己本性的需求。通常，我们说以民为本，不过是把老百姓看作是国家的根本，认识到他们的重要性而已，这还是从统治者角度而言的；按柳宗元的希望，应该是让老百姓自己建设自己的"本"，自我满足自身生存的本性需求，这是怎样美好的境界啊！这样的民本思想在韩文中是见不到的。

3. 柳有独特的心灵"史"

柳宗元一生主要在贬谪过程中度过，其思想孤卓而先进，其忧愤深邃而难伸；其一贬再贬而多次，其去国千里万里而投荒。因此，从作品可知，柳宗元的心灵世界曲折幽旷，其自我慰藉与反省真切而动人。他的反省基调，在抑郁中自我激励，在激励中自主批判。抑郁——激励——批判，起伏而多层，变化而丰厚。

《始得西山宴游记》写道："自余为僇人，居是州，恒惴栗。其隙也，则施施而行，漫漫而游。""僇人"，遭戮之人，这是自我贬称。"惴栗"，恐惧，加一"恒"字，恐惧久矣，"施施"，缓慢；"漫漫"，迷茫而无目的，这两处形容，具体表现了柳宗元游览西山，并非有放情山水的豪迈，不过是借山水而自闭的畏缩，这是柳宗元最为真实的心灵图景。但是，柳宗元又绝非陷入绝望而心死，他总能在山水中看到自我的身影，比如，他眼前的"西山"，"不与培塿为类"，是"特立"者，这个"特立"，便是自我精神的自主发现。有了这样的发现，便产生了"心凝形释，与万物冥合"的超脱之效。

《与李翰林建书》似乎格外"清醒"，一下子从"与万物冥合"的意念中惊觉起来，既真实地看到了荒徼风物之恶，也具体地感觉到人生岁月之促，在这样的现实面前，他忘却了"山水"，拾起了"生活"，他写自己的身体"阴邪虽败，已伤正气，行则膝颤，坐则髀痹"；他写永州，"仰空视地，寸步劳倦"；"暂得一笑，已复不乐"，为什么呢？他感到这与在牢狱中生活没有区别。他觉得自己很卑微，很绝望："诚不足为理世下执事，至此愚夫愚妇又不可得，窃自悼也。"当个小官，能力不足，像愚夫愚妇那样生活也不可能。他甚至想到放下自己的政治视野与正直品格，希望皇帝减轻一点罪过，调自己到近于皇都的地方"以供力役"，如果有闲暇，则一定"时时作文，以咏太平"。他说"前过三十七年，与瞬息无异，复所得者，其不足把玩，亦已审矣"，过去的三十七年，多快啊，接下来的日子也没有什么好体味的。这同样是一个极为真实的柳宗元，正是贬永州，贬柳州，才使柳的心境有如此沉重的感伤。后人称这封信为又一件《报任安书》。

然而，柳宗元又能使自己在感伤中抬起头来，用文化的方式重塑自我。柳信佛，时有空灵的哲学自救。他的《愚溪诗序》，写得豁达、自信、幽默。他写道，"买小丘，为愚丘"；得泉，"为愚泉"，一切都以愚称之，为什么呢？作者答曰："以余故，咸以'愚'辱焉。"他还自比了一些著名人物，比如宁武子"邦无道则愚"，那是"智而为愚"，非真愚也；又如颜回，"终日不违如愚"，那也是样子像"愚"，是"睿而为愚也"，更不是真愚也。只有自己"遭有道，而违于理，悖于事，故凡为愚者莫我若也"。这样用退守的文化帮助自己实现了超然物外，他写道："余虽不合于俗，亦颇以文墨自慰，漱涤万物，牢笼百态，而无所避之。"你看，一边退守，一边又把自己的超凡之处凸显出来："漱涤万物"，是指自己笔力超群，能使山川万物的形象如同被清水洗过一样而格外鲜明；"牢笼百态"，是指自己的文字表现力如有神助，万事万物的变化状态都可以包罗无遗；更厉害的是"无所避之"，既指事物逃脱不了我的法眼，又指我所思所写决不回避。这，确乎是我们的最后的柳宗元，他"超鸿蒙，混希夷，寂寥而莫我知也"，创造了一个无声无形，不知己之存在的形神俱忘的世界。

4. 柳有惊人的叛逆"性"

柳宗元的心理与气质具有不一般的叛逆性，这在他的政论和文艺性散文中很自然地化作逼人的锋芒，形成冷峻而幽邃的风格。韩愈十分敏锐地捕捉到了这一点。在《柳子厚墓志铭》中先写道——

> 皇考讳镇，以事母弃太常博士，求为县令江南。其后以不能媚权贵，失御史。权贵人死，乃复拜侍御史，号为刚直。所与游皆当世名人。

唐人重族史，这里写柳宗元父亲的叛逆行为，称为"刚直"，实际揭示了柳宗元本人叛逆性的家族史脉。

韩愈写柳宗元青年时代，更是突出了其超拔、叛逆、豪迈、逼人的特点——

> 子厚少精敏，无不通达。逮其父时，虽少年，已自成人，能取进士第，崭然见头角。众谓柳氏有子矣。其后以博学鸿词，授集贤殿正字。俊杰廉悍，议论证据今古，出入经史百子，踔厉风发，率常屈其座人。

写得何等的生动形象！敏，敏锐、机敏；心理反应快捷；"崭然"，高峻的样子，指才华出众；"廉悍"，指正直，强势，有咄咄逼人之处；"议论"，指纵谈政事民生之理，注重古今联系，引经据典，长于思辨；"踔厉风发"，指精神昂扬，思想亢奋，纵横不拘；"屈其座人"，让同座相议者理屈，使同议者下不了台。韩愈用一联串的近义词反复刻画柳宗元的鲜明个性。

　　不仅如此，当柳宗元召至京师"复为刺史"时，得知好友刘禹锡贬至播州[4]，感到这个地方太远，"非人所居"，又念及刘老母在堂，于是，"请于朝，将拜疏，愿以柳易播，虽重得罪死不恨。"他居然要改变皇帝的召命，最后还真的迫使皇命更易，让刘禹锡去了"连州"[5]。韩愈大为称赞道："士穷乃见节义。"其实，让皇帝改变召命，已远远超过了一般"节义"了，柳宗元已经不顾生死，把照顾朋友看得比听遵皇命更重要，这个思考逻辑中就有对皇权的轻视与叛逆。也正是有这个致命的个性，所以柳宗元才一贬再贬，如韩愈所言："材不为世用，道不行于时也！"韩愈在《柳子厚墓志铭》中特地将这一点加以强调："子厚前时少年，勇于为人，不自贵重顾藉，谓功业可立就，故坐废退。"痛乎？悲乎？惜乎？敬乎？韩愈对于柳宗元之个性真有无限的感慨。

　　总之，柳宗元所以是一个视野广阔、思想深刻的批评家，个性特质也是原因的一个方面。

（二）柳宗元的思想创新与序体表达

　　刘大杰指出："柳宗元是韩愈古文运动的支持者、宣传者，韩立论过于重道，柳则较为重文。"[6]这个"重文"，既指文学艺术性强，也指文体样式新，还指为文思想宽。单就文体艺术性强，记、序、寓言三者，堪称唐代杰出代表。我们在开设《疑思问国文点读》课程时，在选文上颇费脑筋，既要考虑内容上的质疑与批判，也要回避教材所选，还要适合学生所学，同时也要真正体现柳的文体创造，最后落实在三篇的点读上：一是《送薛存义序》（序），二是《钴鉧潭记》（记），三是《三戒》（寓言），序为讲读，余二自学。限于篇幅，这里仅介绍序。序是唐代散文中一种很有特色的文体，柳之序与韩之序都十分出色。

送薛存义序（柳宗元）

河东薛存义将行，柳子载肉于俎，崇酒于觞，追而送之江之浒。饮食之，且告曰：凡吏于土者，若知其职乎？盖民之役，非以役民而已也。凡民之食于土者，出其什一佣乎吏，使司平于我也。今我受其直，怠其事者，天下皆然。岂惟怠之，又从而盗之。向使佣一夫于家，受若直，怠若事，又盗若货器，则必甚怒而黜罚之矣。今天下多类此，而民莫敢肆其怒与黜罚者，何哉？势不同也。势不同而理同，如吾民何！有达于理者，得不恐而畏乎？

存义假令零陵二年矣。蚤作而夜思，勤力而劳心；讼者平，赋者均，老弱无怀诈暴憎。其为不虚取直也的矣，其知恐而畏也审矣。

吾贱且辱，不得与考绩幽明之说。于其往也，故赏以酒肉而重之以辞。（选自《古文鉴赏辞典》上海辞书出版社新一版，2014 年 7 月）

全文短小精悍，批判宏伟。开头写缘起，为薛存义送行；继之议"理"，这"理"超越一般论"治"；接着写人，用平淡显示人之真；最后回应开头，情感幽深。讨论的问题如下：

① 文中揭示"吏"与"民"的关系的思想极为深刻，请找出例句加以分析。

例句如"盖民之役，非以役民而已矣"，役，仆役，意思是

"吏"是民的仆人,是为百姓服务的,而绝对不是役使百姓者。文中还说:"出其十一而佣乎吏,使司平于我也",这更是点明了雇佣关系,是老百姓出钱来让吏管理的,老百姓付出了代价,官吏理应担责,为民服务。这个思想与"君轻民贵"的优良传统观念有着极大差别,"君轻民贵",说到底是为了君贵而以民为"贵",是从统治者立场而言的,老百姓不过是"被"贵的对象。而柳宗元这里,主人是"民",官吏是"役",双方都没有"被"的被动性,而是通过"直"(工资)来实现的平等的服务关系。

②"佣"是柳宗元明确的民吏关系,然而,天下的实情又是怎样的呢?柳宗元的论断是什么?我们如何理解?

虽然应该是"佣"的关系,但是"天下皆然"一句极为沉痛!天下都如此的"此"是什么?就是前句所言"受其直,怠其事",也就是光拿钱,不干活,普天之下的官吏都是懈怠着的,还有不少残暴百姓者。比这一句还要沉痛的是"今天下多类此,而民莫敢肆其怒与黜罚",按理说,你干了活,老百姓就出十分之一的钱作为俸禄,否则就"黜罚"你。只有这样才是公平的。然而,"莫敢"是人民的真实状态,不仅没有"黜罚",而且心存恐惧,谁也不敢这样做,应有的权利不敢去争取,只能忍气吞声。原因在哪里呢?是官吏残暴吗可怕吗?表面看来是这样,而实质上,正是最惊心动魄的一个论断所讲的:"势不同也。"这个"势",意味深长,既指统治者的淫威,也指历代统治强势的差异;既指"吏"这一管理层的权势,也指官吏的靠山与主子——皇帝的专制与霸道;既指一个个"吏"和一代代皇帝这些个体之"势",也指专制统治的基本体制之"势"。总之,柳宗元用"势"

而总结百姓的"不敢"原因，体现了非常高的思想概括和政治判断。

③ 通常赠序称赞一个人，总是要说明这个人的重大作为、突出贡献或者是独特个性等等。本文所写的薛存义有这些特点吗？你是怎样理解作者的写作意图的？

作者所写的薛存义不过是"假令"而已（即代县令），任职也不过"二年"；"早作而夜思，勤力而劳心"，评价较高，但也仅限于勤政。政绩也并不特别突出，只是做到了"平""均"等等，这样的作为只是表明他"不虚取直"。由此可见，作者写了一个合格的县令作为。而这，恰恰是本文选材的特点所在。柳宗元所以写他的"合格"，目的在于反衬绝大多数官吏的不合格；写当世的薛存义为官突出，正是反衬当世统治的极端懈怠和不公。

④ 结合最后一段的理解，谈谈赠序的文体特点与表达艺术。

结尾照应开头。开头写送行，结尾写以"辞"相赠的缘由。缘由是什么呢？作者点了一句"不得与考绩幽明之说"，意思是，薛存义的合格之处，由于"我""贱且辱"，不能提供给负责考核官吏政绩的有司作为说明材料，只能赠给薛本人了。这本来是叙述原因的话，但话里有话，一旦与前文的议论结合起来思考，我们就会感到字里行间充满了复杂的思想感情，一方面为薛存义鸣不平，一方面对所谓的"考绩幽明"表达尖锐的讽刺。有同情、有赞赏、有义愤、有批判。从赠序这一文体特点上看，首尾的叙述与主体部分的议论紧密贯通，表达方式多样化，行文更显生动活泼自由，同时也体现了作者与薛存义之间的真挚友情。柳宗元散文既注重"道"，也注重"辞"，无论是"道"还是"辞"，都体现了鲜明的个性，这也是他本人所强调的——

> 参之《穀梁氏》以厉其气，参之《孟》《荀》以畅其支，参之《庄》《老》以肆其端，参之《国语》以博其趣，参之《离骚》以致其幽，参之《太史以》著其洁，此吾所以旁推交通而以之为文也。[7]

尤其是"参之离骚以致其幽"，《送薛存义序》以及他的山水游记都表现得极为出色。

【注】

（1）（2）章培恒、骆玉明《中国文学史》，复旦大学出版社。

（3）吕思勉《隋唐五代史》。

（4）今贵州遵义。

（5）今广东连县。

（6）刘大杰《中国文学发展史》。

（7）柳宗元《答韦中立论师道书》。

十

挣出"彀中"的深沉思索（上）

（一）宋代思想环境的变化

唐初李世民推行科举，说："天下英雄入吾彀中矣。"（《唐摭言》）。这话说得不无得意，但真正做到也非易事，唐代有不少知识分子跳出"彀中"之外，不在皇权专制的利箭射程之内。

到了宋代，特别是北宋，情况大不如前。章培恒、骆玉明等史家指出：

第一，宋代文人生存路径只有科举。像唐代文人那样有着广泛的社会文化活动，几乎是不可能的了。一是宋代科举制度更加完备；二是"招生数"广大，超过唐代 10 倍；这一方面说明宋代文人"机会"更多；一方面也说明统治者由此而更便于将知识分子一网打尽。

第二，高级知识分子都得经过皇帝殿试而敬忠。由此树立皇帝绝对权威，皇帝亲自主持考试，决定进士及第。而且，及第后不得对主考官自称门生，而是进入管理层，只对君王尽忠。

第三，思想上限制自由。宋人科举自真宗朝以后，"由诗赋、策论转变为集中于儒学"。立论必须依据儒家经典，先秦诸子著作凡不合儒学的都不许采用。"到仁宗以后，进一步在各州县建

立学校讲授儒学，作为培养士子的基地，更深化了官方思想对读书人精神生活的控制。"(1)

宋代文人的一般特点，大体可以说：他们比较重理智而轻感情；比较注重个人对国家对社会的政治责任与道德义务，而抑制个性的自由发展、自由表露。因而，宋代文人比起唐代文人来，思想也许更成熟深沉，情感也许更含蓄复杂，但明显缺乏唐代文人那种豪气干云、才华横溢，那种天真直率、舒卷自如，那种浮华怪诞、异想天开等种种性格特点(2)。

但是，值得注意的是，宋代的书院教育相当发达。1997年，中国邮政发行中国古代书院邮票一套，所选书院是岳麓书院、白鹿洞书院、嵩阳书院、应天书院。这就是自北宋以来一直被广为知晓和公认的中国北宋四大书院。著名书院的讲学人或主持人，都是当时的思想领袖和著名学者。

他们的讲学对于北宋王朝来说，极具挑战性，有一种革命性的思维方式和话语体系，他们的学说代表了汉唐以来更高的思想潮流，创造了文化的多维时间和空间，他们的文化号召力，就像大风吹向无边的森林(3)。

这段礼赞北宋书院的评价虽有些过头，但也基本上反映了北宋书院是文化思想个性成长的沃土这一现实特点。我们在讨论宋元时代的质疑思想与语文表达的时候，自然要列举一批与书院教育密切相关的思想领袖，如张载、朱熹等等。

与唐代相比，宋元时期的教育心理学思想要发达得多，尤其是质疑心理与批判思维方面在中国思想史上构建了以教育为主体内容的理论高峰。

（二）张载质疑思想的特点

张载（1020—1077），字子厚，陕西郿县人。由于在郿县横渠镇讲学，影响极大，后人称他为"张横渠"。张载是北宋初期革新派思想家，他和较多弟子是关中人，因此其创立的学说被人称为"关学"，他们比较注重与国计民生有关的现实问题，研究兵法、井田制、自然，提倡学以致用，反对佛教和道家的玄虚思想。

李如密在《儒家教育理论及其现代价值》一书中指出：

> 宋代教育家对存疑在学习过程中的重要作用强调得特别突出。如北宋著名教育家张载就认为："在可疑而不疑者，不曾学。学则须疑。譬之行道者，将之南山，须问道路之出，自若安坐，则何尝有疑"（《经学理窟》），不能"闻而不疑则传言之，见而不殆则学行之"（《正蒙》），而是应"于不疑处有疑，方是进矣"（《经学理窟》）。张载还进一步强调："所以观书者，释己之疑，明己之未达。每见每知所益，则学进矣。"（同上）可见，张载的所谓善疑，大致有三个递进的层次，即"在可疑处有疑——在不疑处有疑——释己之疑。"他还进一步指出，多思考才会有疑，所谓"不知疑者，只是不便实作，既实作则须有疑，必有不行处，是疑也。譬之通身会得一边，或理会一节未全，则须有疑，是问是学处也，无则只是未尝思虑来也"（《经学理窟》）。又认为有疑才会有问，有问才会有知："洪钟未尝有声，有扣乃有声；圣

人未尝有知,有问乃有知"(《正蒙》))[4]。

李如密大抵把张载的质疑思想梳理清楚了。胡适在自传中特别提到龙门书院所刊印的朱熹、张载等人的语录对他产生的深刻影响。"为学要不疑处有疑",胡适认为这是他治学的要旨;后来又得杜威的指导,杜说:"系统的思想和批判的法则都是在怀疑状态下产生的。"由此,胡适确立了自己的科学研究法则:"大胆的假设,小心的求证"[5]。

张载的"质疑说",从心理学上看,有三个基本特点:一是明确思想立意的基础——哲学;二是确立人的德性根本——儒家人格教化;三是在学习心理模式中确立质疑枢纽。

从哲学上看,张载的"心物观",是他教育思想核心内容的支撑点。在认识论方面,张载肯定自然世界的客观存在,认为人的认识是以客观世界为基础的,他说:"人本无心,因物为心"(《语录》),这就是说,人的认识是以外物为依据的,主观与客观的有机结合非常重要——

> 人谓己有知,由耳目有受也;人之有受,由内外之合也(《正蒙》)

这个"合",就是指融合、汇合、结合,也就是说,人通过感知器官认识外物之后,要与内心世界的已有认知贯通,如此才能有准确而又具体的认识。张载强调,必须穷究万物之理,"万物皆有理,若不知穷理,如梦过一生"(《语录》)。张载明确了一条认识路线:由物到感觉到思想[6]。"张载不仅明确肯定了客观事物是人类心理产生发展的源泉,而且进一步提出了'心所以万殊者，感外物为不一也'的命题，说明人们各种活动的丰富多彩和处世环境的千差万别，决定了人们心理差异的客观存在"[7]。

这里，我们可以勾画出张载"质疑说"的理路模式——

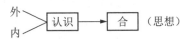

"认识"，是一个总体概括，在张载的思想语境中，"疑"，是一个极为重要的思辨环节。由疑惑到质疑再到辨析再到理解，这个转化过程是形成思想认识之"合"的前提。

从人格意义上看，张载的"质疑说"与"心物观"中确立的"人"的主体性作用——即"德性所知"——关系密切。所谓德性所知，是指发挥理性价值通过类推与批判的方式来实现求知。张载认为，知识有两种，一是"见闻之知"，一是"德性所知"，前者即我们今天所言的感性认识；后者也就是我们今天所理解的以理性为基础的超经验的知识。之所以称作"德性所知"，张载认为这种认识不依靠于感觉经验，而主要依靠道德修养，即"乃德盛而自致尔"（《正蒙》）。用今天的心理学理论来理解，那就是指获取知识的过程与方法，不仅仅是智力活动，而且还有极为重要的非智力因素活动。在很多情况下，认识中的情感、意志、态度等要素往往要起到决定性作用。以下，我们简略地用"知""情"关系来作说明——

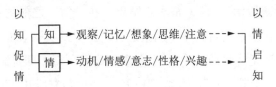

　　"知""情"关系，是智力因素和非智力因素的典型关系。通常而言，教学的目的是为了达到"知"，"知"又对教学起直接作用，学生直接受益的是技能成长。但是，这个过程又绝非是"知"的单一化过程，其中必然有一个动力调节系统，这就是情感意志的鼓励作用。就质疑与批判这两个基本的认知方式而言，兴趣与意志的作用尤其显得重要。兴趣，导致追问，追疑；意志，形成追问追疑坚韧性。

　　所以说，张载的"德性所知"，不仅在哲学认识论上有深刻意义，同时在教育学认知范畴也同样有着重要的指导意义。当然，有时候，"他的德性所知，实际上成了主观自生的东西。他的认识论虽然从感觉经验出发，但由于不能正确处理感性和理性的辩证关系，有可能通向了神秘主义"[8]。从教育心理学角度来理解其"德性所知"的现代价值，也许更有实践启迪性。

　　从心理学上看，张载确立了学习心理模式中的"质疑枢纽"。张载是一位伟大的教育家，他的哲学思想直接指导着他的教育实践。高觉敷较为系统地梳理了张载的学习心理思想，共分为以下四个基本环节：

　　（1）博学。博是专的前提，是学习与认知的基本要求。张载认为："惟博是然后有可得以参校琢磨，学博则转密察，钻之弥坚，于实处转笃实，转诚转信"（《经学理窟》）。这里讲得很清楚，博，不是目的，而是为了"参校琢磨"、"密察""笃实"以至于"转诚转信"。信，是学之结果，在"信"之前的一切思考活动都是在质疑与批判中不断推进并产生"笃实"效能。

　　（2）劄记。张载认为："学者潜心略有所得，即且志之纸笔。以其易忘，失其良心"（《经学理窟》），"心中苟有所开，即便劄记，不思则还塞之矣"（《经学理窟》）。这里的"劄记"，显然不是抄录，不是死记硬背，而是记录"思考"，目的是以"思"促"思"，不断唤醒新的疑问，引发新的探求。记，思的初步结论，同时又是思的新的起步。这个"劄记"学习，便是思考中的笃实环节，其本身就是一种思考方式。不过，还不够系统，不够透彻而已。

（3）**质疑**。前文已引用多处张载的关于质疑的言论。这里着重强调他的质疑之路的思想。张载说："学则须疑。譬之行道者，将之南山，须问道路之自，若安坐，则何尝有疑?""须"，必定义；为什么必须呢？如同走路，必须知路之去向，明路之何来。可见，质疑，是对"思考"的"思考"，既"思考"他人"思考"，更"思考"自己"思考"；而且，这个"思考"不仅仅是想一想而已，而且还要作为正式的问题提出来以引导更加深入持续的"思考"。

（4）**交友**。张载认为："学不长者无他术，惟是与朋友讲治"（《经学理窟》）；"一日间朋友论着，则一日间意思差别，须日日如此讲论，久则自觉进也"（《经学理窟》）。与"友"讨论是认识长进的极其重要的途径。尤其是问答诘难，是学习开窍的基本方式，学而有疑，疑又生疑，这样的境界只有在问难答辩之中生发热烈的情状。[9]

综上所述，张载的"质疑说"可用下图表示——

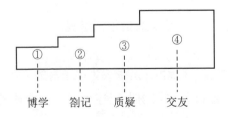

①博学　②劄记　③质疑　④交友

"博学"，侧重于开拓视野；劄记，侧重于思考因素备忘；质疑，侧重疑问的提出；交友，侧重于问题与思考的交流。这四方面大体步步登高，逐级发展，不断走向会通境界。当然这种模式不是僵化不变的，因人而异，因疑而异，因学而异。很多情况下，也许以下变式更能形成质疑的广度和深度：

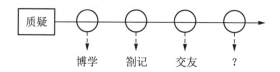

"质疑"是一切认识活动与方式的主线；学习活动都是在质疑过程中完成的。"博"是因疑而博，或因博而疑；记是因疑而记，或因记而疑；友是因疑而友，或因友而疑；如此等等，质疑，便是思想发动与开窍的总枢纽。

张载思想对后世影响甚大。明代冯从吾执掌关中书院，其《关中书院语录》开篇即指出："学问之道，全要在本原处透彻，未发处得力。本原处一透，未发处得力，则发皆中节，取之左右自逢其源……"[10]；黄宗羲予以高度评价："此与静而存养，动而省察之说，无有二也"[11]。这里的"得力""存养""有察"，都是指正式成"学"前的思考辩难活动，疑惑消除，豁然开朗，才能"自逢其源"，与张载所论精神相通。

（三）"铭"与"记"：语文表达创新示例

1. 张载《西铭》

《西铭》原名《订顽》，是张载为弟子写的一篇指导性铭文。

铭，本来是指刻在器物上记述生平、事业或警诫自己的文字，后演变为文体的一种。魏文帝《典论论文》即称"铭诔尚实"。刘勰《文心雕龙》分文体为 21 种，其中有"铭箴"；清姚鼐分文体为 13 类，9 类为散文，4 类为韵文，而"箴铭"在散韵之间，归散文。通常，"铭"与"箴"也是有区别的，"箴"，更重在规诫。

在表达形式上，句式散整结合，骈散结合，以骈为主；结构较为单一，语言集中表达一个富有层次的中心内容，质朴切实；表达方式上叙议结合，以议为主，重在评价，阐发思想。

张载的《西铭》，体式上更贴近散文，有先秦文韵；内容上，既不是抄录他人名言警句，也不是个人独立所写思想，而是集先秦圣贤之思想语言进而义纂创新，使思想走上更高的境界。这种文化批判，显示了张载的大手笔，既区分与鉴别，对先秦诸子思想进行比较；又吸收与剔除，对先秦诸子思想扬弃选择之后加以新的组合；更融通升华，在先秦巨人肩膀上表达出更加系统、更为集中的思想。原文如下——

西　铭

乾称父，坤称母；予兹藐焉，乃混然中处。故天地之塞，吾其体；天地之帅，吾其性。民，吾同胞；物，吾与也。大君者，吾父母宗子；其大臣，宗子之家相也。尊高年，所以长其长；慈孤弱，所以幼其幼；圣，其合德；贤，其秀也。凡天下疲癃、残疾、惸独、鳏寡，皆吾兄弟之颠连而无告者也。于时保之，子之翼也；乐且不忧，纯乎孝者也。违曰悖德，害仁曰贼，济恶者不才，其践形，惟肖者也。知化则善述其事，穷神则善继其志。不愧屋漏为无忝，存心养性为匪懈。恶旨酒，崇伯子之顾养；育英才，颍封人之锡类。不弛劳而底豫，舜其功也；无所逃而待烹，申生其恭也。体其受而归全者，参乎！勇于从而顺令者，伯奇也。富贵福泽，将厚吾之生也；贫贱忧戚，庸玉汝于成也。存，吾顺事；没，吾宁也。

我之所以通过《疑思问国文点读》课程，向高中生推荐《西铭》，主要目的还是为了帮助学生在中华文化基础上，确立新时代青年的世界观、人生观。心理学认为，高中阶段是"人生的第二次诞生"；这个"诞生"，就是指世界观和人生观的自我建构。高中生大多会极其自然地提出"人活着到底是为了什么"的问题。他们也必须追问整个社会发展规律，确定自己的生活目的和意义。我们看到，高中生总喜欢从其有何社会意义和价值来衡量所接触的活动和事件，并经常为此而展开争论，这说明了高中生的人生观正在有所发展[12]。

《西铭》是非常切合高中生成长需要的。《西铭》是要解决如何从个人的角度来看宇宙，如何运用这种对宇宙的观点来看待个人与社会生活[13]。有人说，文中说了不少"大君"宗子、贤孝之类的话，这是不是封建糟粕呢？一方面，这固然是当时思想语言的局限；一方面，我们要从作者立论的中心来思考这些"语言"。"张载的这些说法，其用意不在于要用一种血缘宗法的网络编织起宇宙的关系网，而是表明，从这样一个观点出发，人就可以对自己的道德义务有一种更高的了解，而对一切个人的利害穷达有一种超越的态度"[14]。"吾体""吾性""吾同胞""吾与"这些语词所表达的才是张载所认同的"视天下无一物非我"的人生境界。

《西铭》切合高中生成长需要的另一理由，就是全文的思想理路和思维方式充分地体现了文化批判精神。批判，不等于否定，更不等于破坏与推倒。批判是在质疑过程中筛选、比较、鉴别、抉择、扬弃和重建。《西铭》的创作，正是张载思想重建的结果。赵馥洁指出："张载以'民胞物与'为轴心，……所据的典籍包括《周易》《诗经》《中庸》《论语》《孟子》《左传》《礼记》《颜氏家训》等，由此可以看出，《西铭》一文具有文献综合的特征。然而，文献资料的综合仅仅是形式，其中深蕴的是思想观念的综合性。这种综合是以儒家思想为主干，汲取、借鉴其他学派（墨家、道家、佛家等——引者注）而形成的"；同时，我们还要注意到，"'民胞物与'作为一种价值理想，不但在理论渊源、文献选取上具有综合性，而且在价值构建的思维方式上具有融通性。……就是把天道与人道、道德与伦理、敬天与孝亲、社会理想与人生价值融会贯通，形成一个统一的价值理想境界"[15]。总之，《西铭》是中华文化精神的思想底片，高中生背诵并理解，有利于独立思考理路的建立，从而开拓"为天地立心，为生民立命，为往圣继绝学，为万世开太平"的宏大胸襟。

2. 欧阳修《岘山亭记》

史家认为，虽然说宋人文学不比唐时那样的闳放、自由和高昂，但它同样形成了"适合于时代心理的形式和风格"（章培恒、骆玉明《中国文学史》）。记，这个文体在唐柳宗元的创造下，表现出幽微深邃的抒情特点，突显了鲜明的文学性；至宋，在欧阳修的笔触下，又一次翻唱出新的格调。中学语文教材中所选的《醉翁亭记》就是典型代表。

欧阳修的"记",在文体特点上又有怎样的创新呢?总体特点是"既重道也重文"(刘大杰《中国文学发展史》)。第一,从语言上说,虽以散体为主,但注重融合骈体。用了骈体,使得语言畅达性增强,更显宛转舒缓。第二,从层次上说,欧记更显多层意义的翻转,内容讲究熔铸剪裁,使得全文的结构在意脉贯通下而变化多端。第三,由上而得全篇,逻辑性强,气势纵横,形成鲜明的艺术境界。

欧阳修注重独立之人格精神的维护,刚正不阿,他的"记",充分显示了更为广阔的文化视野,尤其注重对文化传统的反思与批判,《岘山亭记》就是代表。

岘山亭记

岘山临汉上,望之隐然,盖诸山之小者。而其名特著于荆州者,岂非以其人哉?其人谓谁?羊祜叔子、杜预元凯是已。方晋与吴以兵争,常倚荆州以为重,而二子相继于此,遂以平吴而成晋业,其功烈已盖于当世矣。至于风流余韵,蔼然被于江汉之间者,至今人犹思之,而于思叔子也尤深。盖元凯以其功,而叔子以其仁,二子所为虽不同,然皆足以垂于不朽。

余颇疑其反自汲汲于后世之名者,何哉?传言叔子尝登兹山,慨然语其属,以谓此山常在,而前世之士皆已湮灭于无闻,因自顾而悲伤。然独不知兹山待己而名著也。元凯铭功于二石,一置兹山之上,一投汉水之渊。是知陵谷有变而不知石有时而磨灭也。岂皆自喜其名之甚,而过为无穷之虑欤?将自待者厚,而所思者远欤?

山故有亭，世传以为叔子之所游止也。故其屡废而复兴者，由后世慕其名而思其人者多也。熙宁元年，余友人史君中辉以光禄卿来守襄阳。明年，因亭之旧，广而新之，既周以回廊之壮，又大其后轩，使与亭相称。君知名当世，所至有声，襄人安其政而乐从其游也。因以君之官，名其后轩为光禄堂；又欲纪其事于石，以与叔子、元凯之名并传于久远。君皆不能止也，乃来以记属于余。

余谓君知慕叔子之风，而袭其遗迹，则其为人与其志之所存者，可知矣。襄人爱君而安乐之如此，则君之为政于襄者，又可知矣。此襄人之所欲书也。若其左右山川之胜势，与夫草木云烟之杳霭，出没于空旷有无之间，而可以备诗人之登高，写《离骚》之极目者，宜其览考自得之。至于亭屡废兴，或自有记，或不必究其详者，皆不复道也。（选自《欧阳文忠公集》）

全文共四段，段段翻转腾空，内容突变而意脉贯通。第一段起笔写岘山本来是"诸山之小者"，而"名特著"是因为人的缘故。一个"名"字拔地而起，又紧跟一个"人"字，文意便迅速展开了。人，指羊祜和杜预，两人先后都督荆州军事，建有"平吴"之功。这份功德，已经烙印在人们的心中，"盖于当世"而"垂于不朽"。但是，这个"功名"意识终究是害人不浅。第二段，风云突变，没有像通常的"记"那样或回忆"二子"建功情景，或生发议论抒发赞赏之情，而是劈头一句"余颇疑其反自汲汲于后世之名者"，使读者不能不惊讶万分！一个"疑"字富有千钧之力，既表明作者对"二子"的不信，又表明作者在作文上宕开传统笔法而要深入探究的坦诚意图。显然，文章的立意由这个"疑"字而建立。"疑"什么？恰恰疑的是"二子""汲汲于后世之名"。"汲汲"，心情急切的样子。本来，"二子"确有功于晋，人们有所纪念；然而"二子"本人担心名不久存，于是，反而多事，做出了令人难以理解的行为：既刻石立在山上，又刻石投入水中，其用心就是不论"陵后有变"，其功名总会留存于后世的。对这种求"名"行为，作者既用"汲汲"讥其心理，又用两个反问句质询"二子"，自喜其名，做得太过了吧？自待者厚，想得太远了吧？行文至此，作者完成了对于羊祜、杜预，尤其是对于杜预汲汲求名行为的鲜明质疑和批判！

第三段，峰回路转，和盘端出当代汲汲于名的朋友——史中辉的言行来，使全文更起惊涛骇浪！这篇"记"，是欧阳修的好友史中辉约写的。史中辉时任襄阳知府，既无羊祜之德，又无杜预之功，只因管辖之地有岘山之胜，于是便借修亭之名，依附骥尾，沽名钓誉。通常，受托者作文时自然要赞评当世主政者的功绩的。如范仲淹作《岳阳楼记》，虽然全文主旨是写自己的胸襟，但"越明年，政通人和，百废俱兴"这样的溢美之辞总是不能缺少的。然而，欧阳修对于这样一种古今习见的"传统惯例"全然不顾，而是展开了十分严肃的批判。语言看似委婉，但婉而多讽，更见批判力度。如"君皆不能止也"，是说新修岘山亭，纪其事于石，"以与叔子、元凯之名并传于久远"，是襄人的举动，只是中辉劝止不了，不得不"属于予"作文以记之。其实，这样写不过是给史中辉一点面子罢了，如果史中辉真的要"止"之的话，那又何必来找"我"作"记"呢？这里需要强调的是：欧修修把老朋友的"用心"全部干净彻底地"展示"出来了，这不仅是对史中辉的婉劝与批评，更是对中华文化中汲汲求名传统的公开揭露。从这点而言，《岘山亭记》对"功名"文化心理有害性的批判可以说是前无古人的，这也正是欧阳修散文的批判性特点所在。欧阳修还有一篇名作《相州昼锦堂记》，写的是名相韩琦衣锦还乡建"昼锦堂"之事并由此而生发议论，批判"衣锦昼行"类的炫富耀名之行。韩琦有功，也知道炫耀功名不好，但内心又确有怀名之心，于是干脆自我建堂作诗否定，这实际上也就达到了通过否定而自我肯定的目的。欧阳修洞若观火，也干脆彻底地赞扬韩琦的否定精神。与本文一样，行文真是神韵缥缈，风流奇绝。

文末一段，用两个"可知"使文意情绪略作缓和，一是说史中辉敬慕先贤而修亭的心意是可知的；二是襄人敬重你中辉君也是可知的；三是"君之为政于襄者"更是可知的。反复说"可知"，用意是什么呢？文末两句再生波澜，开辟新境：让"山川胜势"和"草木云烟"自然地存在吧，由此可以让诗人骚客们"极目"而"自得"。至于"亭"与"记"之类实在是不重要的，"皆不复道也"。这里，作者表达了一个极为深刻的文化观念，可知的不会忘，因此不必刻意造"名"。行文至此，可见本文写岘山之事不过是借题发挥，批判的是古往今来中华功名心理的虚妄。在这里，我们自然地读到宋人散文与唐人散文的不同趣味来：宋人收敛了唐人放荡狂傲、任情使性的习性，变得老练而深沉，其"深"就"深"在对文化内心的细致观照与反省。

【注】

（1）（2）章培恒、骆玉明《中国文学史》（中），复旦大学出版社 1996 年 3月第 1 版。

（3）江堤《中国书院小史》，中国长安出版社，2015年1月第1版。

（4）李如密《儒家教育理论及其现代价值》，中华书局2011年12月第1版。

（5）王元化《人物·书话·纪事》，人民文学出版社2006年1月北京第1
　　版，第69—70页。

（6）（8）参见北京大学哲学教研室《中国哲学史》，商务印书馆1995年7月。

（7）（9）参见高觉敷《中国心理学史》，人民教育出版社1985年12月第1版。

（10）王涵《中国历代书院学记》，商务印书馆2011年11月出版。

（11）《明儒学案》。

（12）叶奕乾、祝蓓里《心理学》(修订本)，华东师大出版社1996年3月
　　第1版。

（13）（14）陈来《宋明理学》，华东师大出版社2004年3月第1版。

（15）赵馥洁《关学精神论》，西北大学出版社2015年1月第1版。

挣出"彀中"的深沉思索（中）

宋代的思想家、文学家很多，这里仅选王安石、苏轼两位大家，以小品文为语文创写示例，以王氏新学与苏子之疑为线索和背景，作一简略介绍。

（一）"变"：王安石质疑思想的灵魂

王安石（1021—1086），字介甫，抚州临川人。早年家贫，少有才能，执政，谋求富国强兵；文学，关注现实民生；思想，开放博学创新。他尊重百家诸子，但是他决不局限于此。《答曾子固书》写道：

> "故某自百家诸子之书，至于《难经》、《素问》、《本草》诸小说无所不读，农夫女工无所不问，然后于经为能知其大体而无疑。"

由此可见，王安石"无疑"的原因在于"无所不读"、"无所不问"。广博，引发广问；广问，导致"无疑"。无疑，只是一个暂时的结果，而学习过程则是在"读""问""疑"之间也。

1. 王安石所确立的事物发展规律，体现了质疑与认识的高度。

王安石所确立的"规律"是指"道立于两，成于三，变于五"（《洪范传》）。什么意思呢？用现代哲学语言表达，就是事物都有对立两个方面（立于两）；两个对立面相互配合起作用，又形成某一事物（成于三）；"五行"之中各有对立面，各自相互作用，这样就生出事物的种种变化（变于五）。王安石的观点很明确：事物是变化的；变化都是五行的对立面相互配合和相互作用的结果（参见北京大学哲学教研室《中国哲学史》）。

这个"规律"的核心意义就是"变"。在王安石看来，事物的变化是绝对的，没有穷尽。在这个认识基础之上，王安石又说：

> "有阴有阳，新故相除者，天也；有处有辨，新故相除者，人也"（杨时《字说辨》引王安石《字说》）

这，就是"新故相除"观。"千门万户曈曈日，总把新桃换旧符"，诗之旨意就在这里。

事物是"变"的，认识事物自然也得"变"；"变"，就必须消除成见；"变"，也会产生偏见。因此，认识"变化"或"变化"认识，都离不开疑问与探索。王安石是历史上极为著名的质疑家和改革家。"天变不足畏，祖宗不足法，人言不足恤"，司马光的评价本是贬义，但正面看确也表明了王安石敢于变革、勇于创新的精神。

2. 王安石的理论质疑非常注重逻辑推断。

例如关于"人性论"，先秦以来，观点纷纭，莫衷一是。孟子主"性善"；荀子主"性恶"；扬雄主善恶同；韩愈等认为仁义礼智信五者为"性"。对此，王安石一一质疑，作出否定，如下表所示——

"四子"人性论	王安石的批评意见	王安石总批评
孟子的性善论	"孟子以恻隐之心人皆有之"，难道"怨毒忿戾之心"，"人果皆无之乎？"意谓人既有怨毒忿戾之心怎么能说"人性善"呢？	诸子之所言，皆吾所谓情也，习也，非性也。
荀子的性恶论	"荀子曰：其善者伪也"，难道"恻隐之心"，"人果皆无之乎？"意谓人既有"恻隐之心"，怎么能说"人性恶"呢？	
扬雄的善恶混论	"扬子之言为似矣，犹未出乎以习而言性也"。意谓人性本无善恶，只是由于习染不同而"善恶形焉"。	
韩愈的人性论	韩子以仁、义、礼、智、信五者谓之性，既然如此，为什么还会有"天下之性，恶焉而已矣"的恶人？	

₍₁₎

由此可见，王安石对传统的人性论是持质疑批判态度的，而且有所推断和求证。这，可以看作是为我们做了一个质疑的示范。

3. 王安石的质疑统摄于自主之"思"的范畴中。

王安石十分注重"思"的主观能动性，十分注重"思"在认识过程中的重要功能，他既继承了孔子关于思与学的关系思想，同时又有自己的发挥与创造。他说——

古之学者，虽问于口，而其传于心；虽听以耳，而其受者意。故为师者不烦，而学者有得也。孔子曰："不愤不启，不悱不发，举一隅不以三隅反，则不复也。"夫孔子岂敢爱其道，鳌天下之学者，而不使其早有知乎？以谓其问之不切，则其听之不专，其思之不深，则其取之不固。不专不固，而可以入者，口耳而已矣。吾所以教者，非将善其口耳也。（《临川集·书洪范传后》）

王安石的创造在于，既强调了思的主动性，又强调了思的方式——问——的切实性。愤与悱，是学习者的心理探求状态，没有这样的探索欲望，启与发便失去效能。这个主动性是学习求知的基本条件。这个主动性如何培养呢？王安石提出了问——听——思——取四个环节。必须指出的是，这四环节是师与生共同来实现的，而"问"是基本的出发点。无论是师问还是生问，都要合乎"切"，即提出的问题正是心中之"疑"；是心中求之不解的地方激活着自己的探求欲望而发言以"问"，如此，才能达到"虽问于口，而其传于心"的为学要求。

总之，在王安石看来，"思"是认识过程的核心环节，而"思"的外在标志就是"问"。他说，人的认识有"五事"，即"一曰貌，二曰言，三曰视，四曰听，五曰思……五事以思为主。……思者，事之所成终而所成始也；思所以作圣也"（《临川集·洪范传》）。"问"，就是把各种途径的感知汇成问题而提出来研究；各式各种的"问"及其所得又共同构成"思"的内涵。

（二）苏轼质疑思想的理路

苏轼（1037—1101），字子瞻，号东坡，四川眉山人，出身于清寒文士之家，少时即学通经史，"属文日数千言"（苏辙《东坡先生墓志铭》）。与王安石一样，主张改革弊政，但政治上与欧阳修同道，反对王安石变法。

1. 苏轼的心理背景

苏轼长期处于遭人"忿疾"和"猜疑"的处境，因而从老庄哲学、佛禅玄理中求取心灵的平静之境：

> 在北宋这个具体的文化环境中，苏轼是一个富于浪漫气质和自由个性的人物。一方面，他作为士大夫集团的成员，抱着强烈的社会责任感积极地参与国家的政治活动与文化建设，另一方面，他比当代任何人都更敏感更深刻地体会到强大的社会政治组织与统治思想对个人的压抑，而走向对一切既定价值准则的怀疑、厌倦与舍弃（但不是冲突与反抗），努力从精神上寻找一条彻底解脱出世的途径。他的文学创作中所表现出的洒脱无羁与无可奈何，随缘自适与失意彷徨，深刻地反映了知识分子在封建专制愈益强化时代的内心苦闷[2]。

苏轼的哲学精神是求实。他对世事的洞察，对生活的敏感都十分地透彻，而这种清醒又恰恰增强了他对文化压抑的内心抵抗。苏轼拥有儒、释、道共建的广阔的文化视野，通过反求诸己，从而开拓了自我的自适空间。

2. 苏轼的质疑理路

中学语文教材收入的经典作品《石钟山记》在质疑思想上给我们以很多启示。

全文共三段，段段有质疑思想。

第一段，"疑"之所生。先引郦道元注《水经》之结论遭到"人常疑之"这一事实，说明像郦道元这样经过认真考察并加认真总结的结论仍然是有疑存在的；又引"李渤说"，说明李渤虽有探索，但仍有疑点，而且令人"尤疑之"。这样三言两语就勾勒了石钟山得名的"质疑"简史：《水经》存疑——郦元解说——又生新疑——人常疑之——李渤探索而解之——再生新疑，苏轼尤疑之——苏轼探索而解之……，这样的"疑——解——疑"质疑活动模式形成了一条稳定的认识与探索之路。而人们之所以反复质疑，是因为都进行了事实推断：郦元解疑的推断是"水石相搏"；推翻郦元之说的事实推断是"钟磬置水中，虽大风浪不能鸣也，而况石乎？"李渤推翻水石相搏的事实推断是：得双石而扣之，"函胡"而"清越"；苏轼推翻李渤之说的事实推断是"石之铿然有声者，所在皆是也。"你看，认识都从事实考察中来，又都被新的事实考察所推翻，这番过程怎么可能让人不疑呢？对事实有"疑"而生"疑"，生"疑"而又有"疑"，如此疑疑不断岂能疑而不问呢？这，就是苏轼对认识加以"认识"的质疑观。其内涵是："疑"是事实引发的；"疑"是对认识局限的发现；"疑"是求真的必然；"疑"是不断探索的过程。

第二段，"疑"之所证。全文的主体就在于对石钟山考察的叙述与描写。先交代时间缘由，继之写寺僧使小童持斧扣之。虽简笔带过，但用心深焉：寺僧用这种方式说明山名由来，也正是一种实证法。然而这种实证被苏轼否定了。苏轼否定得对吗？此处埋下了伏笔。紧接着就是记写自己的实证特点。这个苏式实证特点，一是勇敢探访，环境险恶，令人恐惧，然而"我"却能"独与迈乘小舟至绝壁下"；二是敏锐捕捉，当"大声发于水上"之时，"我"立即"徐而察之"，立即捕捉观察时机；三是细致求证，苏轼的观察不是听一听、看一看即可，而是细微地抓

住水石不同情状进行综合思考判断，比如先看到山下“皆石穴
罅”，继之看到“微波入焉”，继之捕捉到“涵澹澎湃”之声。如
此还不确定，又“舟回至两山间”继续搜寻捕捉，终于看到“大
石当中流，空中而多窍，与风水相吞吐”的情景，听到“窾坎镗
鞳之声”。如果说刚才看到的“微波入焉”是第一次求证，那么
这一次所见所闻就是第二次求证。如此反复求证，可见用心细致
无比。四是准确概括，所见所闻所思之后，苏轼对苏迈说了一番
话，直指一个“钟”字，有的声如“无射”钟，有的声似“魏庄
子之歌钟”，这样就从声音上概括了钟声特点，从而为石钟山得
名找到了切实依据。作者说“古之人不余欺也”显然是说我与古
之人想到一起了，得意之情溢于言表！这一段写求证，用的是描
写之法，说的是证疑之理，确乎非大手笔不能为。

第三段，写“疑”之所论。上段求证石钟山得名之理，是一
件具体的探索之事，这件事揭示了怎样的认识问题和哲理呢？第
三段的生发总结，侧重于问题分析。“事不耳闻目见而臆断其有
无，可乎？”这个“理”，已是不言而喻了，作者要重加讨论是：
为什么都知道这个理却又做不到呢？苏轼分析了四种情况：一是
不知而求，未能“详”，如郦元。二是不知而知，但未能言，如
渔工水师，水石相搏这种情况他们早就知道了，但是他们又不知
与山名的相关性，更没有写作讨论的能力和自觉性。三是不知而
畏，失之在“误”，如一些士大夫，他们想探明原因，生发思想，
但是不敢冒险，只能草率从事而误判。四是不知而盲从，失之在
“陋”，如寺僧他们，听信于传言，盲目依从，没有自疑的心思。
对这四方面，作者用“简”与“陋”而概括，从而从哲学认识论
层面揭示了“臆断”的根源。而这四者，恰恰是“质疑”的入口

之处，也是人们认识上疑疑不断的必然原因。

　　事实也正是这样，苏轼考察石钟山，写就了他的一段"质疑"——"证疑"——"论疑"小史。这段小史引起后人不断关注，几乎筑成了一个认识论对话平台。如晚清俞樾就对石钟山得名进行了新考察，撰文指出湖口石钟山分为上钟山、下钟山，东坡所游的是下钟山。俞樾说，上钟山和下钟山各有洞，洞中可容数百人，山形如钟覆地，故名；同时又指出"东坡当时犹过其门，而未入其室也"。是讥讽苏轼考察不细吗？不是。原来苏轼考察时正是涨水期，能进入的石洞已被淹没。而俞樾考察时正是枯水期，得以从山底入洞而观（参见《春在堂随笔》）。这样说来俞樾发现了一个新的认识视角，但也不能据此就完全推翻苏轼之"主声论"。令人惊喜的是，俞氏之论恰恰更进一步地证明了苏轼"事不耳闻目见而臆断其有无？可乎"是十分正确的，"耳闻目见"含义深矣！

（三）王氏书札与苏氏小品：宋人思想自由的写照

　　王安石"新学"洞见在他的书札短文中时有灵光；苏轼任意记游的小品文，自适率性之状历历在目。王、苏的这方面短文在中学语文教材中有所缺位，因此，在我们的"点读"课程中特地弥补。这些短文，无论是语言的简明、说理的锐利；还是思想的批判、问题的质疑，都体现了超越前人的逼人英气。虽然不能说在文体上有新的创造，但至少可以看到，这些短论小品的自由度和锋利性堪称思想与文学的典范。

1. 王安石书札选读

其一：读《孟尝君》传

世皆称孟尝君能得士，士以故归之，而卒赖其力以脱于虎豹之秦。嗟乎！孟尝君特鸡鸣狗盗之雄耳，岂足以言得士？不然，擅齐之强，得一士焉，宜可以南面而制秦，尚何取鸡鸣狗盗之力哉？夫鸡鸣狗盗之出其门，此士之所以不至也。（选自《王文公集》）

全文90字，四句。第一句写孟尝君所谓的"得士"，点出一个"脱"字，伏笔深矣！第二句写作者的判断：非得士也；感叹与反问连动，更强调了观点。一个"特"字，副词显示神力，表示彻底否定和讥讽。第三句用事实推论，孟尝君居强大齐国，只要得一士就可制秦，哪里会为了逃脱而不得不"取"鸡鸣狗盗之用呢？这个"取"字，是狼狈逃脱之选，足见孟尝君得的并不是"士"。末句作总结，更强调了"士"的自尊与价值，不是孟尝君得不得的问题，而是"士"根本不理会孟尝君啊，再次贬低孟尝君。

尤其值得注意的是，本文批判的是司马迁的观点，而且司马迁的这个观点千百年来已成定论，为世人所认同。因而，起笔点"世皆称"，足见否定气势之强健！更要指出的是，全篇"语语转，笔笔紧"，形成了强劲的逻辑锁链，使论说思想牢不可破，极其鲜明地体现了王安石独有的刚劲风格。

其二：与马运判书

运判阁下：比奉书，即蒙宠答，以感以怍，且承访以所闻，何阁下逮下之周也！尝以谓方今之所以穷空，不独费出之无节，又失所以生财之道故也。富其家者资之国，富其国者资之天下，欲富天下，则资之天地。盖为家者，不为其子生财；有父之严而子富焉，则何求而不得？今阖门而与其子市，而门之外莫入焉，虽尽得子之财，犹不富也。盖近世之言利虽善矣，皆有国者资天下之术耳，直相市于门之内而已，此其所以困与？在阁下之明，宜已尽知，当患不得为耳。不得为，则尚何赖于不肖者之言耶？

今岁东南饥馑如此，汴水又绝，其经画固劳心。私窃度之，京师兵食宜窘，薪刍百谷之价亦必踊。以谓宜料简兵之驽怯者，就食诸郡，可以舒漕挽之急。古人论天下之兵，以为犹人之血脉，不及则枯，聚则疽，分使就食，亦血脉流通之势也。倘可上闻行之否？（选自《古文鉴赏辞典》，上海辞书出版社）

全文写两个策略，一是第一段讲如何"生财"；二是第二段讲如何"避饥"。讲"生财"，洞见在于"富天下则资之天地"，意即要拓展财源之路，开发自然资源，这在先秦以来历代经济思想表达中确乎罕见。作者的这一生财之道是针对当前国家"穷空"而又缺失生财之策而言的，既批判了现行政策之无益，又提出了高屋建瓴之策略，体现了一位富有卓见的政治家的韬略。说理上，以喻取胜，无可辩驳。富家、富国，常常同于父亲与儿子关起家门做生意，儿子的钱到了父亲口袋里，不过是变换了位置，这个"家"并没有增加收入，"犹不富也"。必须开门对外做生意，这个"开门"就是家资于国，国资于天下，天下资于天地。这里所讲的生财"开放"意识，难道还不足以体现一位改革家的雄才大略吗？

第二段，由避饥之事讲明了经济与国事的系统论。天大旱→人饥馑→兵食窘→物价踊→漕运急→国脉疽，如此形成的问题链，如何破解呢？正当举国上下束手无策之际，王安石提出把聚集京城的老弱士兵分散到各地供养，如此釜底抽薪则饥馑之患必缓矣。语言简约，说理透彻，以现实问题为怀，以洞见卓识超人，这就是王安石的书札内容与表达的特色。

其三：答曾子固书

某启：久以疾病不为问，岂胜向往。前书疑子固于读经有所不暇，故语及之。连得书，疑某所谓经者，佛经也，而教之以佛经之乱俗！某但言读经，则何以别于中国圣人之经？子固读吾书每如此，亦某所以疑子固于读经有所不暇也。

然世之不见全经久矣，读经而已，则不足以知经。故某自百家诸子之书，至《难经》、《素问》、《本草》诸小说，无所不读；农夫女工，无所不问；然后于经为能知其大体而无疑。盖后世学者，与先王之时异也。不如是，不足以尽圣人故也。

扬雄虽为不好非圣人之书，然于墨、晏、邹、庄、申、韩，亦何所不读。彼致其知而后读，以有所去取，故异学不能乱也。惟其不能乱，故能有所去取者，所以明吾道而已。子固视吾所知，为尚可以异学乱之者乎？非知我也。方今乱俗不在于佛，乃在于学士大夫沉没利欲，以言相尚，不知自治而已。子固以为如何？

苦寒，比日侍奉万福，自爱。

曾子固，即曾巩，北宋散文家，王安石好友，后因变法政见不同而分道扬镳。本文是王安石给曾巩的一封回信，所讨论的是治学之道。

开头一段连用三个"疑"字，是作者有意为之，直接点明了与曾巩之间在治学读经这个根本问题上的认识之"异"。先是"我""疑"子固读经，从而引发子固"疑"我读经；继之再论"我""疑"子固的原因恰在于子固对"我"之"疑"。二者互疑图式如下：

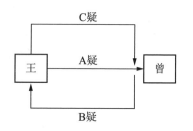

三个"疑"字，彼此思想冲突可知也。

第二段，写自己"无疑"的原因，正是曾巩所"疑"之处，逻辑对立更加昭然。曾巩"疑"我什么经都读，甚至读佛经，这必然乱俗；"我"则认为像曾巩这样只读一家（儒家）之经，"则不足以知经"。因此，"我"无所不读，无所不问，从而真正"无疑"。

第三段，由治学而上升到做人明道的高度来论述自主性和当今乱俗之症结。像"我"这样读经，能自主"去取"，从而真正"明道"。当今的症结，"乱俗不在于佛"，而在于"沉没利欲，以言相尚"，从而"不知自治"，失去本"我"。又用"非知我也"一句坚决否定了曾子固对"我"的认识和态度，思想鲜明，决不含糊。

这封信，强调了博知以辟疑的思想开放性，寓意深矣！行文稳健，论说充分，堪称峭厉严谨之作。

2. 苏轼小品文

明代王圣俞在选辑《苏长公小品》时说："文至东坡真是不须作文，只随事记录便是文。"这说的正是苏轼小品文的自然完善之境界。说到苏轼小品文，首先要提到《记承天寺夜游》：

> 元丰六年十月十二日夜，解衣欲睡，月色入户，欣然起行。念无与为乐者，遂至承天寺，寻张怀民，怀民未寝，相与步中庭。
>
> 庭下如积水空明，水中藻荇交横，盖竹柏影也。
>
> 何夜无月，何处无松柏，但少闲人如吾两人者耳。

全文八十余字，描绘了一幅幽静、朦胧的梦境般的画面。文末二问及议论，有自适、自豪，也有惆怅与悲凉。其实，这篇小品并不是孤立的存在，与其他黄冈名篇正好构建了一个贬谪心理风云图：

A. 苏轼元丰三年贬谪黄冈后的著名作品：

　①《前赤壁赋》（元丰五年）

　②《后赤壁赋》（元丰五年）

　③《记承天寺夜游》（元丰六年）

B. 苏辙同时期抒发贬谪之意的著名作品：

　①《武昌九曲亭记》（元丰五年）

　②《黄州快哉亭记》（元丰六年十一月）

C.张怀民同期贬谪时的建亭行为：

建"快哉亭"（苏轼题名，作《水调歌头·黄州快哉亭赠张偓佺》。

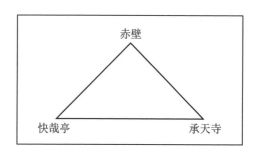

这，就是苏轼、苏辙、张怀民三人共同营建的抒情空间。二赋二记是大作品，叙述、描写、议论多管齐下，波澜起伏，一唱三叹，表达的内容是对被贬后自适情怀与自慰心理的彻底宣泄。在这些大作品中间，《记承天寺夜游》，一幅小画而已，然而恰恰是大作品背后藏得最深的一个"心灵瞬间"。

这个瞬间相当纯净。但自适中还有凄凉，自乐中还有孤清，他们还没有彻底走出来。

形成鲜明对比的，是下一篇小品文。

书上元夜游

己卯上元，予在儋州，有老书生数人来过，曰："良月嘉夜，先生能一出乎？"予欣然从之，步城西，入僧舍，历小巷，民夷杂糅，屠沽纷然。归舍已三鼓矣。舍中掩关熟睡，已再鼾矣。放杖而笑，孰为得失？过问先生何笑，盖自笑也。然亦笑韩退之钓鱼无得，更欲远去，不知走海者未必得大鱼也。

　　该文作于哲宗元符二年己卯（1099）。此时苏轼贬在海南儋州，与写《记承天寺夜游》已相隔近20年了！

　　本文反映了苏轼真正超然自适的心境，实现了对《记承天寺夜游》所表达心境的更高层次的否定，即否定了凄凉、孤独与些微感伤，坚定地树立了自适而乐的"乐"的大纛。写老书生"来过"而呼，老书生，一般普通人也；呼，这是过门而邀而非正式坚请，自然而寻常也。"欣然从之"，随大流也，轻松之状，相与亲切也；步、入、历等动词，表明走到的地方很多，也就是走过而已，所见的不过是人间烟火气十足的生活场景，与《记承天寺夜游》所见庭中的幽静、明洁之景截然不同，此处完全是一个俗境，也就是"民夷杂糅，屠沽纷然"罢了，然而苏轼则全身心融入其中，"三鼓"时才返回，回来即"放杖而笑"，心中还带问一句"孰为得失"，足见此时苏轼之坦然、自放、轻松而洋洋得意。行文平稳中突然孤峰突兀，即文末对韩愈的嘲笑。韩愈曾写诗赠门生侯喜，借钓鱼而劝导人事。侯生到洛水钓鱼，终日只获小鱼。对此，韩诗云："叔起（侯喜）君今气方锐，我言至切君勿嗤；君欲钓鱼须远去，大鱼岂肯居沮洳。"意即激励门生换个地方，不断追求，不因近期仕途不顺而气馁。苏轼十分敬仰韩愈，然而此时此刻，思想卓绝而起，完成了对韩愈仕途之劝的质疑与否定。苏轼的这一与世俗生活和谐相应的安闲恬淡心境，真正在这个上元夜游中彻底展现了。文末有四"笑"，意味深长矣！一"笑"，自得之乐也；二"笑"，苏过的疑问也；三"笑"，对苏过的答复也；四"笑"，对韩愈也就是对仕途进取的否定也。要知道，此时的苏轼乃一人耳，无苏辙劝导，无张怀民伴游，无赤壁放歌，也无快哉亭抒怀，一人而"欣然"，心之宁静安详，实在是不用多讲了。林语堂的几句描写真是写尽了苏子心灵:"有一天,他在头上顶着一个大西瓜,在田野里边唱边走时,一个七十多岁的老太婆向他说:'翰林大人,你过去在朝当大官,现在想来是不是像一场春梦?'此后苏东坡就称她'春梦婆'。他有时在朋友家遇到下雨,就借那家庄稼汉的斗笠蓑衣木屐,在泥水路上溅泥蹚水而归。"⁽³⁾ 这情景比之承天寺月下松竹丛影,境界是否又翻进了一层?

苏轼的"赋",苏辙的"记",承天寺之游也好,上元夜游也罢,都不可孤立而读。贯而通之,才能全面地认识苏轼内心矛盾,深刻认识苏轼不断在质疑否定中沉淀人生、重构生活的"自我形象"。而这,恰恰就是宋人尽力挣脱"縠中"、在深沉思索中凸显洒脱无羁个性的最为难得的典型代表。

【注】

(1)高觉敷主编:《中国心理学史》,人民教育出版社 1985 年 12 月第 1 版,第 229 页。

(2)章培恒、骆玉明《中国文学史》(中),复旦大学出版社 1996 年 3 月第 1 版。

(3)林语堂《苏东坡传》,湖南文艺出版社 2016 年 1 月版。

挣出"彀中"的深沉思索（下）

不论在中国教育学史上还是在中国心理学史上，朱熹的质疑心理学思想都是一座高峰。一是因为他有哲学的建构，质疑思想自成系统；二是因为他在书院教育上敢于思想交锋，做出了思想批判示范；三是因为他在读书思考上，有具体的质疑路径指导，影响了最为广大的读书人。

（一）朱熹质疑思想的立意维度

（1）"疑"极之境

朱熹确认的质疑有一个极境，如同登上孤峰，四野茫茫望断天涯，无路可寻。这样的学习"绝境"，在朱熹看来才算"大进"。他说——

> 平日功夫须是作到极时四边皆黑，无路可入，方是有长进处。大疑则大进，若自觉有长进，便道我已到了，是未足以为大进也。（《性理精义·总论为学之方》）

这是朱熹质疑思想的高绝处。所谓"大疑"，自然指极其重大的疑问，不同人有不同标准。依朱子之意，当是对自我所坚信者的质疑；破了自我之"信"，便是一种新生的绝望，要么求之新证，重新相信；要么弃之而去，另寻异路。一个伟大的质疑者当有这样一种自我置身绝境之勇。有这样一种自我破茧，思想重生，才算得上"大进"也；像一般的感到有些进步，不过是小进而已。真理的探险，不就是这样一种四面皆黑之路吗？

（2）"群疑并兴"之机

有一疑而问之，质疑也；群"疑"而起，并兴而问，这是怎样的情状？在朱熹看来，这就是促进人们"骤进"的绝妙时机。他说——

> "学者读书，须是于无昧处，专致思焉。至于群疑并兴，寝食俱废，乃能骤进。"（《朱子语类》）

这里有两个阶段，一是"于无昧处""专致思焉"，这就是朱熹反复强调的熟读精思。这还不够，"熟"与"精"是策略而非目的，目的是跨到第二阶段"群疑并兴"。群，指疑问多；并，指疑与疑相互而发；兴，指各种疑问跃动起一种思想破茧的态势。在这样的态势中，人的精神状态也达到专精于一，寝食俱废的程度，痴迷即将揭晓，顿悟不期而至，思想踏破牢笼，精神焕发神采，这，就是求取"大进"的质疑良机。朱熹用一个"骤"字，形容了这个天赐之机的成效：醍醐灌顶，豁然开朗；会当凌绝顶，一览众山小。

（3）"渐疑"之路

质疑的崇高之境和绝妙时机，带有偶然性遇合；要化"偶然"为"必然"，就得循序渐进，一步一个脚印探求；这也正是朱熹作为一个伟大教育家的务实之处，他总是把"循序渐进"看作是认识过程的基本原则和规律。他说——

> "读书始读,未知有疑。其次则渐渐有疑。中则节节是疑。过了这一番后,疑渐渐解,以至融会贯通,却无所疑,方始是学。"(《晦翁学案》)

从"未知疑"到"渐有疑",到"节节疑",再到"无所疑",这是一个循序渐进的过程。"序"是什么?就是学习的问题,就是"疑"。从这个角度看,循序渐进,实际上就是循"疑"而学。朱熹讲,这样做"方始是学",意思就是强调了"疑"与"学"本是一回事。必须注意到这个"渐"字,它既有心理学意义,也有教育学意义。从心理学上讲,它与认知过程与规律有关;从教育学上讲,既要关注智力因素,更要关注非智力因素,如质疑兴趣、动力等等。"渐"有评价标志,"未知疑"时,看重"有";"渐有疑"时看次数;"节节疑"时,看"节"与"节"的联系;"无所疑"时,看"贯通"。每一个阶段都有"疑"的评价重点,这,无疑是一个大教育家的经验总结。

(4)"存疑"之法。

不是所有的"疑"都能立即解决的,也不是所有的"疑"都必须解决。朱熹指出——

> "小有疑处,即便思索,思索不通,即置小册子,逐日抄记,以时省阅。俟归日逐一会理,切不可含糊护短,耻于咨问,而吾身受此黯暗以自欺也。"(周永年辑《先正读书诀》)

由此可见,一个质疑方家的法宝就是"存疑","存"者,记也。要天天记,到一定时候,"会理"之破解之。解之不得,不耻于咨问。凡"疑"都是宝贵的思考酵母，不可放过，这是一；第二，此时解不了，彼时或许便迎刃而解，条件变了使然；第三，自己解不了，决不含糊过去，而要咨问。如此，"存疑"就是"为学"。

（5）反"向"自疑。

通常所谓质疑是对所读所面对的事物的提问。"疑"点落在对方。殊不知，学习则是化对方为自我的过程。在学习转化中，内与外是一体之事。所疑者，看起来是他人的，实际上也是自己的。质疑的方向不单是对外物外人外书，更要转向对着自己，即"反向"自疑。朱熹批评了这样一种情形——

> 只知他人之说可疑，而不知己说之可疑。

对此怎么办呢？朱熹的办法是——

> 试用诘难他人者以自诘难，庶几自见得失。

这就是用自我反省的办法来自疑。自诘有两种，一是疑己所"得"，自己所见果然正确吗？二是疑己所"疑"，自己提出的疑问是真问题吗？这种自我的质疑与批判是不断走向质疑高境界的重要环节，也是内心自省文化的良好习惯。

以上五个维度都聚焦于"质疑"的价值与策略，构成了朱熹质疑心理思想系统，对于我们面向未来培养具有质疑品质的新一代具有重要的指导意义。

（二）朱熹的质疑哲学

朱熹为什么这样高度重视质疑心理品质的培养呢？他为什

么把质疑过程等同于为学过程呢？这，自然与他的哲学观密切相关。

在朱熹的哲学思想中，"格物穷理论"是核心内容。他认为，人的心中生来就含有一切事物之理，但必须通过"格物"工夫，研究事物，"然后才能达到心的自己认识，从而对于天地万物之理就无不了然了"(1)。在朱熹看来，有两个关键环节：

即物穷理　←→　豁然贯通
（理）　　　　　　（心）

这两方面通过渐进过程而合二为一，就是朱熹认识论的核心。

必须指出的是，在这个"渐进"过程中，是什么促进了"进"呢？关键就是"思虑"。我们知道，朱熹的即物穷理，格物致知思想，关于"知"有极为深刻的认识，而"思虑"就是"知"的核心环节。

据燕国材先生等心理学专家研究，朱熹的"知"，"包括知觉、思虑、践行三个阶段"（高觉敷主编《中国心理学史》）。知觉，即"耳之有闻""目之有见"等，只见其表，不得其里；思虑，即现代心理学所指之思维；值得注意的是，朱熹又把思维分作"思"与"虑"两个层次：思，高于一般的知觉；而"虑"又高于"思"的普通状态。关于"虑"，朱熹有专门论述，他说——

①　虑是重复详审者。

②　虑，谓会思量事，凡思天下之事，莫不各得其当是也。

③虑，谓思无不审，莫是思之熟否？曰：虑是思之周密处。（均见朱熹《孟子集注》）

这里有几个关键词，一是"详"，即思之透彻细致；二是"审"，即观察明辨与鉴别；三是"当"，即思之切中要害，抓住本质；四是"熟"，即思之反复，无不熟透；五是"密"，即思之周到，没有遗漏。当然，这五者自会交融，彼此表里，但侧重点则是显见的。用现代认识论来讲，就是由感性到理性的跨越，是思维活动的高级阶段。在这个"高级"状态里，明辨与审问是最重要的认识方式，用现代语言表述就是质疑与批判。

朱熹的知行系统是复杂而严密的：

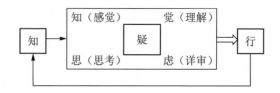

"知"的内部由"知""觉""思""虑"构成相关层次，而转化环节就是"疑"；经过这样的综合思维之后，付之于"行"，由此来完成彻底的"知"。

（三）朱熹的质疑学习

朱熹作为一位大教育家，不单是在理论上形成了他的质疑思想系统，而且，他还通过具体的学习与研究，为我们作出了质疑示范。他的深度研究过程就是一个明晰的质疑过程。我们知道，《四书集注》是朱熹的代表作，对后世学者影响十分显著，我们仅以他"集注"《论语》的部分内容为例，来窥探一位教育家是怎样质疑并对我们有所告诫和启发的。

例如朱熹注《论语·阳货》——

> 子曰："予欲无言。"① 子贡曰："子如不言，则小子何述焉?"② 子曰："天何言哉? 四时行焉，百物生焉，天何言哉?"③
>
> ① 学者多以言语观圣人，而不察其天理流行之实，有不待言而著者。是以徒得其言，而不得其所以言，故夫子发此以警之。
>
> ② 子贡正以言语观圣人者，故疑而问之。
>
> ③ 四时行，百物生，莫非天理发见流行之实，不待言而可见。圣人一动一静，莫非妙道精义之发，亦天而已，岂待言而显哉? 此亦开示子贡之切，惜乎其终不喻也。程子曰："孔子之道，譬如日星之明，犹患门人未能尽晓，故曰予欲无言。若颜子则便默识，其他则未免疑问，故曰小子何述。"愚按：此与前篇无隐之意相发，学者详之。

朱熹"集注"，注重"集"，即汇聚众家之说，少则一家，多则三四家，同时加上自己的注解。这，实际上是开一个小型的学术讨论会，给人的启发大矣!

此章引了程子注，旨在证明"我"的观点也是大家共识。在质疑讨论上，有三个要点值得注意：一是对孔子的"予欲无言"作了心理说明，指出"故夫子发此以警之"。警谁呢? 门人弟子也。这是一个引起疑问的地方：孔子为何"警之"。二是对子贡提出疑问的原因加以判断，即"徒得其言"。这就更加促使门人以及读者深思：为何"警之"? 由此可见，"子贡之疑"是一个普遍的"以言语观圣人"的学习方式，夫子"警之"，是对这样的学习表示否定。这样就归到第三点疑问："开示子贡之切"的"开示"究竟"开示"了什么？朱熹似乎没有正面回答，但通过引用程子所言以及自己加上的"愚按"，还是点明了"开示"的方向：一是如同观察"天"一样来观察夫子，夫子之行为更加值得体认，不要只局限于"言"；二是与前篇联系贯通思考，夫子教人"无隐"也。朱熹还用"详之"叮嘱学者仔细思索。总之，这段"集注"的层次由指导思考而展开：先揭示"警之""疑之"这对矛盾，引导学者对"子贡之疑"提出质疑；继之明白子贡之"疑"的问题以及夫子何以"警之"的原因，从而深刻领会夫子此章之教的旨意；同时，又点拨读者与前篇打通思考，扩大思维空间。由此可见，"朱注"不仅是提供一些知识辅导，而且更重在思考路径的指要。在指点路径时，又不单单是指门径，而且更注重引发读者提出问题，生发疑惑，从而在自疑自解中完成学习。

又如朱子注《论语·子张》——

子夏曰："博学而笃志，切问而近思，仁在其中矣。"①

① 四者皆学问思辨之事耳，未及乎力行而为仁也。然从事于此，则心不外驰，而所存自熟，故曰仁在其中矣。程子曰："博学而笃志，切问而近思，何以言仁在其中矣？学者要思得之。了此，便是彻上彻下之道。"……苏氏曰："博学而志不笃，而大而无成；泛问远思，则劳而无功。"

这个"集注"由三部分内容组成：一是"朱熹注"。从"皆……耳"语气上看，这四者还不是仁，要特别注意"未及乎力行"这个判断。"力行"是孔子特别关注的，没有"行"就不算作"仁"。但是，这里却偏偏没有讲到"行"。朱注刻意点此，实际上就是引发读者于此要质而疑：这是为什么呢？二是"程子评"。程子所言也是提出了一个疑问："何以言仁在其中矣？"不过，程子有巧妙点拨在："了此，便是彻上彻下之道。""上"与"下"，是问题的"两端"，意思是要"叩其两端"而思之。到此，读者自会将朱程二师之言合而思之，从而自会确立——"博学""笃志""切问""近思"四者与"力行"的关系是怎样的呢——这样一个根本问题。三是"苏氏曰"。苏氏指出了四者自身可能出现的缺失及其危害，这样就使"集注"内容更加完善周密了。

再如朱子注《论语·八佾》——

> 林放问礼之本。①子曰："大哉问！②礼，与其奢也，宁俭；丧，与其易也，宁戚。"
>
> ① 林放，鲁人。见世人为礼者专事繁文，而疑其本之不在是也，故以为问。
>
> ② 孔子以时方逐末，而放独有志于本，故大其问。盖得其本，则礼之全体无不在其中矣。（略）

这两条注解，集中于"大"的揣摩。注①点明林放的内心疑问，揭示发问的目的与原因；注②点明孔子赞赏林放的意图，旨在肯定林放"独有志于本"。这两条注实际上也就是两个"问"；林放何以这样问？孔子何以这样肯定？而理解了这两"问"，恰恰就是把握了这一节的主旨。由此，我们可以看到，朱子注论语，其实就是教我们读中生疑，由疑而问，由问得解。尤其是对林放"故以为问"的探讨，指出林放对"专事繁文"之"世"的质疑与批判，更是启迪我们要联系当时"礼崩乐坏"的社会现实来认识孔子言论的时代内涵。

朱注《论语》，节节都有指导，章章都有疑问，如同亲切对话，既有开悟之感，又有引路之情，百读不厌。

（四）朱熹对辩的高潮

朱熹的书院讲学十分注重对话会讲。他所主导的会讲在中国思想史和教育史上都传为佳话，产生广泛而深远的影响。就质疑这一对话特色而言，其思想之鲜明，论辩之深刻，心胸之坦诚都令人惊叹不已！

一是"朱张潭州会讲"。 1167 年秋，在潭州（长沙）岳麓书院和城南书院，朱熹应张栻之邀，从福建赶来讨论"未发之中"问题。这是因为朱熹对《礼记·中庸》的一段话有疑问——

　　喜怒哀乐之未发谓之中，发而皆中节谓之和。中也者，天下之大本也；和也者，天下之达道也。致中和，天地位焉，万物育焉。

朱熹之疑当然不是词句意义上的不解，而是对未发之"中"的境界如何确认。先是书信交流，继之潭州面谈，会讲的高峰期，曾三昼夜不下讲坛；前来听讲的人不知其数，据说饮马池的水都被马喝干了，可见当时辩论场面之盛！"朱熹似乎接受了张栻的观点，但不久又否定了。认为张栻思想'失之太高'，没有阶级、次第，使湖南的学者流于虚谈。《宋史·道学传》指出：'（张栻）既见朱熹，相与博约，又大进焉'。朱熹则在信中对朋友说张栻的见解'卓然不可及'。"(2)

二是"朱陆鹅湖会讲"。 1175 年春夏之交，朱熹与另一理学家吕祖谦共编《近思录》，之后约著名理学家陆九渊、陆九龄兄弟相会于铅山鹅湖寺，辩论的问题是"教人"。朱熹的观点是，要泛观博览而后归之约；二陆之意是，欲先发明人之本心而后使之博览。朱以陆之教人太简，陆以朱之教人为支离。二人的意见冲突非常激烈，不欢而散⁽³⁾。直到鹅湖激辩后三年，朱熹才和诗一首给陆九渊："德业流风夙所钦，别离三载更关心。偶携藜杖出寒谷，又枉篮舆度远岑。旧学商量加邃密，新知培养转深沉。只愁说到无言处，不信人间有古今"（《陆九渊年谱》）。虽然朱陆思想观点相异，陆九渊对朱熹多有讥讽，但朱熹始终以坦诚豁达的胸襟与陆九渊保持谦和问学的友谊，相互尊重，书信联系不断。

三是"朱陆白鹿会讲"。 朱熹主持的白鹿洞书院创于宋初，不久即毁，1179年，朱熹知南康军，访故址，建书院，自兼洞主；1181年制订《白鹿洞书院揭示》这一充分反映朱熹教育思想的在中国教育史上闪现辉煌的"学规"。不久，朱熹邀请陆九渊前来讲学，一起讨论孔子"君子喻于义，小人喻于利"思想。陆九渊借此深入批判了科举应试之学，他说："科举取士久矣，名儒钜公皆由此出。今为士者固不能免此。然场屋之得失，顾其技与有司好恶如何耳，非所以为君子小人之辨也。而今世以此相尚，使泪没于此而不能自拔，则终日从事者，虽曰圣贤之书，而要其志之所乡，则有与圣贤者背而驰者矣！"（《陆九渊年谱》）陆的这一番讲话，朱熹深为叹服，以主持人身份对学子们说："熹当与诸生共守，以无忘陆先生之训。熹在此不曾说到这里，负愧何言！"朱陆之教，在学子中间产生激烈反响，有人情不自禁，涕泪纵横。朱陆此次交流，共同批判了科举误人，形成了教育共识⁽⁴⁾。

总之，朱熹所主持的会讲，虽然没有跳出儒学范畴与理学框架，但是，在思想撞碰上仍然体现了尖锐的质疑锋芒和深刻的批判精神，他所主张的"疑之极境"，在会讲过程中得以生成扩大，从而有力推动了思想发展。

（五）书札辩说：朱陆思想的放胆表达

如何在《疑思问国文点读》中挑选合适的作品让学生了解朱陆思想和语文表达特点，我们颇费心思。通常的语文教材中，没有收入朱陆之文（《观书有感》除外），学生对朱陆十分陌生；"五四"以后特别是"文革"之乱，朱陆遭到批判，特别是朱熹思想被彻底否定。在这样的背景下，要么不选朱陆，要选则一定要真正体现朱陆真人格真精神的作品；同时，又不能艰深（朱陆的哲学论著不易理解）。这样考虑之后，我们选了朱陆各一篇，如下：

与陈侍郎书（节选）

朱 熹

夫所谓国是者，岂不谓夫顺天理、合人心，而天下之所同是者耶？诚天下之所同是也，则虽无尺土一民之柄，而天下莫得以为非，况有天下之利势者哉！惟有不合乎天下之所同是，而强欲天下之是之也，故必悬赏以诱之，严刑以督之，然后仅足以劫制士大夫不齐之口，而天下之真是非，则有终不可诬者矣。不识今日之所为，若和议之比，果顺乎天理否耶？合乎人心否耶？诚顺天理、合人心，则固天下之所同是也，异论何自而生乎？若犹未也，而欲主其偏见，济其私心，强为之名号曰国是，假人主之威，以战天下万口一辞之公论，吾恐古人所谓"德惟一"者，似不如是，而子思所称"具曰予圣，谁知乌之雌雄"者，不幸而近之矣。昔在熙宁之初，王安石之徒尝为此论矣。其后章惇、蔡京之徒又从而绍述之。前后五十余年之间，士大夫出而议于朝，退而语乎家，一言之不合乎此，则指以为邦朋邦诬，而以四凶之罪随之。盖近世主张国是之严，凛乎其不可犯，未有过于近时者，而卒以公论不行，驯致大祸，其遗毒余烈，至今未已。夫岂国是之不定而然哉！惟其所是者，非天下之真是，而守之太过，是以上下相徇，直言不闻，卒以至于危亡而不悟也。传曰"差之毫厘，谬以千里"，况所差非特毫厘哉！呜呼！其可畏也已。（选自《晦庵先生朱文公文集》）

这封信，是朱熹于1165年写给吏部侍郎陈俊卿的。全文严厉批判了当时的"三政"：与敌讲和、君王独断和压制舆论。不仅指斥奸佞，同时也批评君王心术蒙蔽。朱熹敢于直言，质疑国政，是冒了杀头之罪的，显示了超人胆识。节选的这一段，重在批判整个社会公众舆论被严密控制的黑暗与恐怖，在中国思想表达史上，尤见卓越！行文说理，推断严密；表达观点，毫不含糊；陈述利害，洞若观火。起笔用反问：所谓"国是"难道不是天下所共同认定之"是"吗？既如此，那为什么又要"劫制士大夫不齐之口"呢？"劫制"，反映控制公众舆论之严厉！继而揭示原因乃"济其私心"也。最后又古今联系，逐层分析，指出当前"直言不闻"之危害，振聋发聩！作者的立场，已超越维护统治的一般认识，而是在"国是"乃天下之所同"是"上立意，隐约而近于公共意识矣！

取二三策而已矣（节选）

陆九渊

昔人之书不可以不信，亦不可以必信，顾于理如何耳。盖书可得而伪为也，理不可得而伪为也。使书之所言者理耶，吾固可以理揆之；使书之所言者事耶，则事未始无其理也。观昔人之书而断于理，则真伪将焉逃哉？苟不明于理而惟书之信，幸而取其真者也，如其伪而取之，则其弊将有不可胜者矣。孟子曰："吾于武成，取二三策而已矣。"非明于理者，孰能与于此。

自羲皇以来至于夫子，盖所谓有道之世，虽中更衰乱，而圣明代兴。而周家又号为典章之备，而职守之详且严者。当时载籍之传，宜其无所谓疵者、否者、伪者、非者。然而夫子之于书也，于易则有八索之黜，于职方则有九丘之除，书必定，诗必删，言夏商之礼，则以为杞宋不足征，武之乐未久也，而声淫及商。至于老聃之问，苌弘之问，郯子之访，无非所以考核其醇疵、真伪、是非、可否，而一断之以理者也。然则书之不可一概而取之也久矣。

虽然，夫子，天下后世固宜取信焉者也。孟子之时，去夫子为未远，而经籍皆出于夫子之笔削，则虽概而取之可也。而于武成一篇，所取者才二三策而已，无亦好高求异之过耶？呜呼？非也。夫子所以取信于后世者，岂徒尔哉？抑以其理之所在，而其一以贯之者，建诸天地而不悖，质诸鬼神而无疑，百世以俟圣人而不惑而已。使书不合于理，而徒以其经夫子之手而遂信之，则亦安在其取信于夫子也？况夫孟子虽曰去圣人之世未远，而亦百有余岁矣。言爵禄之班，则曰："诸侯恶其害己也，而皆去其籍。"论尧舜之事，则曰

"齐东野人之语，而非君子之言。"然则于武成之篇，不惟其书之信，而一断之以理，又何疑焉？

故曰书不可以不信，亦不可以必信。使书而皆合于理，虽非圣人之经，尽取之可也。况夫圣人之经，又安得而不信哉？如皆不合于理，则虽二三策之寡，亦不可得而取之也，又可必信之乎？盖非不信之也，理之所在，不得而必信之也。（节选自《诸子百家名篇鉴赏辞典》，上海辞书出版社2013年12月第1版）。

陆九渊坚持"为学患无疑，疑则有进"的观点（《陆九渊集》），反对迷信盲从。本文强调的就是这一精神。《武成》是《尚书》中一篇，讲的是武王伐纣之事。孟子对此质疑，认为武王伐纣不致于血流成河。孟子的洞见与胆略是可敬可佩的。不单孟子"取二三策"，孔子更是这样：对于经典"定""删""问"，考核醇疵、真伪、是非、可否，其精神更是可贵。孔孟之所以"取二三策"，不必信，不全信，全在于一个"理"。"理"，取舍的标准，客观事物所包含的真理。用今天的话说就是"实事"之"是"。陆九渊之言是针对儒家最高经典而言的，可谓石破天惊之论！破迷信、不盲从；不唯上，不唯书，只唯实，在当今不是极为需要这种质疑与批判精神吗？

【注】

（1）北京大学哲学教研室《中国哲学史》，商务印书馆1995年7月第1版。

（2）（4）江堤《中国书院小史》，中国长安出版社2015年1月版。

（3）参见王立斌、刘东昌《鹅湖书院》，湖南大学出版社2013年11月版。

十三

"天崩地解"时代（上）

（一）明代特点分析

明代共 277 年，如果算上南明三帝，则有 294 年。

钱穆说到明代，有这样几句话："明代是中国传统政治之再建，然而恶化了"；其"恶化"，在于"自秦以来佐天子处理国政的相位，至是废去，遂成绝对君主独裁的局面"；还在于"明代不惜严刑酷罚来对待士大夫"，用现代语言说，知识分子想独立隐居，绝对不行，"不为君用"必遭刑罚，甚至杀头（如高启）；为君所"用"呢，那就当一个顺奴。钱穆说："明祖一面废宰相，用重刑；一面却极看重学校，盖知政治不得不用读书人，故一面加意培植养成，一面却设法削其权任，杀其气焰"；正所谓知识奴化也。"至于科举方面，经义渐渐变成为八股"，"学问空疏，遂为明代士大夫与官僚之通病"[1]。

尤其是 16 世纪下半叶至 17 世纪中叶，此所谓"晚明时期"，也正是地理大发现后的世界"全球化"时期，在史家看来，从表面上看，这个时期的明朝极为强盛，不论是近邻之国还是西欧、南美世界，都卷入与中国的贸易中，而且都处于逆差地位，以丝绸为主的中国商品遍及全球，作为支付手段的占全球三分之一的白银源源不断流入中国（参见樊树志《晚明史》）。虽然经济上雄视全球，但这个庞大帝国的骨子已经烂了："富可敌国与民无立锥之地并行，商业发展与贿赂公行并行，皇权高度集中与朝廷上下政治派系之争并行，连绵的水旱灾害、民变与边境战争不断并行，阳明心学与程朱理学以及佛、道各种思想并存，纠结，晚明的几十年整个呈现出一派王朝末路的颓败、腐朽景象"[2]。

　　而"天崩地解"的外力作用也是显然易见的。西方的"天地观""宇宙论"直接冲击中国思想界传统保守的"天圆地方"学说，使中国知识界感到了自己的昏聩！一个十分著名的西方传教士利玛窦，1584 年对着中国朗声而讲《坤舆万国全图》，说：

> 地与海本是圆形，而合为一球，诚如鸡子，黄在清内，有谓地为方者，乃语其定而不移之性，非语其形体也。（林金水《利玛窦与中国》，中国社会科学出版社 1996 年 2 月版）。

　　葛兆光指出："突然有一天，从西洋来的'天'学居然告诉中国人说，过去中国人所相信的宇宙中心其实并不是中心，天体也不是一个圆圆的'穹盖'，不是'天道左旋'而是'地球右转'，而'地'也不是过去心目中居于四海之中的地，海只是'正东'和'东南'，于是，对称的并不对称，和谐的也不和谐，这一下思维里就乱了套，在观念史上，这也是最重要的'天崩地裂'的大变化之一"[3]。

　　有趣的是，对于西方的思想冲击，中国的第一流知识分子也表达了质疑与批判。如时至清代，阮元对哥白尼学说及日静地动等思想提出质疑和反对："误认苍苍者天果有如是诸轮者"，如果真的"以为地球动而太阳静"，那么就是"上下易位，动静倒置，则离经叛道，不可为训，固未有若是之甚者也"[4]。阮元质疑立场是传统之"经"与帝王之"道"。这样的一个意识形态上的批判态度，其实倒真是颠顸可笑，不足为训的。阮元何人？阮元（1764—1849）是清代以"推明古义，实事求是"为思想特征的思想家，在经学、史学、天文历算等方面造诣精深，公认的乾嘉朴学集大成者。阮氏如此，遑论他人了。而在西方，比阮元早一百余年出生的英国牛顿，则完全从科学的立场上来认知世界，撰写了《自然哲学的数学原理》，提出了支配天体和地球上物体运动的著名万有引力定律和力学三大定律，从而对一切宏观物体的运动作出了精确的定量描述，奠定了近代物理学的基础（参见徐新《西方文化史》，北京大学出版社 2002 年 8 月第 1 版）。阮元与牛顿都主张"实事求是"，然阮氏从政治意识出发，牛顿从科学思想出发，知识者的思想立场之异，何止天渊之别？不过，也不必悲观，明代知识界的思想建设仍有生机勃发的一面。

在全球化背景下看明代思想界的"天崩地解"，不能不关注来自私立书院的思想激流，以下介绍三方面内容。

（二）著名书院的质疑学风与批判意识

据邓洪波研究，明代共有书院 1962 所，唐代以来各朝书院之和也不及其一半，"这标志着书院在经过 750 余年的发展之后，到明代出现了繁荣昌盛的局面"[5]。当然，明代书院的发展极不平衡。明代中叶后，科举与官学一体化，"学问由此而衰，心术由此而坏"，"以货为贤，士风日陋"[6]。对此，王守仁、湛若水为代表的思想家与教育家从批判由官方确立的程朱理学入手，展开了重振纲常、重系人心的书院讲学活动，广被全国，影响深远。

1. 王守仁的"龙场悟道"

1508 年，王守仁到达贵州龙场驿，当地民众为其创建龙冈书院，王守仁为书院确立了著名的《教条示龙场诸生》："一曰立志，二曰勤学，三曰改过，四曰责善。"这四条又称龙冈书院学规，其核心就是在行动上立人，使"立""勤""改""责"相互一体，形成教化之功。最重要的是揭示这个学规的学习示范——"龙场悟道"精神。王守仁"日夜端居澄默，以求静一，久之，胸中洒洒。……忽中夜大悟格物致知之旨，寤寐中若有人语之者，不觉呼跃，从者皆惊。始知圣人之道，吾性自足，向之求理于格物者误也。乃以默记《五经》之言证之，莫不吻合，因著《五经忆说》。"这，就是龙场悟道，也就是"王学"诞生的标志。所谓"悟"者，就是通过反复思考，对朱熹"格物致知说"明确提出质疑，最后经过辨析而理解"吾性自足"之理，在否定朱说的同时建立了"王学"。王守仁高足钱德洪说："先生之学凡三变，其为教也亦三变：少之时，驰骋于辞章；已而出入于二氏；继乃居夷处困，豁然有得于圣贤之旨：是三变而至道也。居贵阳时，首与学者为知行合一之说；自滁阳后，多教学者静坐；江右以来，始单提'致良知'"[7]这里讲的两个"三变"是王守仁自己为学与教授他人的联动，王用为学"三变"引导弟子学习的"三变"，突出的就是这个"变"，也就是不断完善"疑问→反思→自得→创新"这样的学习过程。

2. 湛若水的经学批判

湛若水（1466—1560），广东增城县甘泉人，学者遂称甘泉先生，称其学为甘泉学。29 岁师从陈献章，悟出"随处体认天理"的心学方法。弘治十八年（1505 年）中进士，在北京与王守仁定交，"共以倡明圣学为事"。自此之后也即 40 岁至 95 岁逝世的半个多世纪，无日不在讲学，以其"道德尊崇，四方风动，虽远蛮夷，皆知向慕，相从士三千九百有余"[8]。

湛若水重在对于程朱经学的批判。他说："夫经也者径也，所由以入圣人之径也。或曰警也，以警觉乎我也。传说曰'学于古训'。夫学觉也，警觉之谓也。是故六经皆注我心者也，故能以觉吾心。《易》以注吾心之时也，《书》以注吾心之中也，《诗》以注吾心之性情也，《春秋》以注吾心之是非也，《礼》《乐》以注吾心之和序也。曰：'然则何以尊之？'曰'其心乎！故学于《易》而心之时以觉，是能尊《易》矣；学于《书》而心之中以觉，是能尊《书》矣，学于《诗》而心之性情以觉，是能尊《诗》矣，学于《春秋》《礼》《乐》，而心之是非和序以觉，是能尊《春秋》《礼》《乐》矣。觉斯存之矣，是故能开聪明，扩良知。非六经能外益之聪明、良知也，我自有之，彼但能开之，扩之而已也。如梦者、醉者、呼而觉之，非呼者外与之觉悟也，知觉彼固有之也，呼者但能觉之而已也。故曰六经觉我者也。"[9]

在湛若水看来，程朱经学是外在之学——格物，"六经注我"是内在之学——心学；经学的根本是"觉"——自我完成，而"经"是由外向内的影响，促使"自觉"；所以湛氏视"经"为"径"。湛氏继承了陆九渊"六经注我"思想，同时也创造性地建立了所谓"注"的逻辑关系，尤其是"尊经"即"尊"自我之"觉"的认识上，突出了学经者的独立自主地位，对前贤具有鲜明的批判性。值得强调的是，湛氏的这一思想，影响所及，极为广泛。

3. 东林书院的言论抗争

北宋政和元年（1111年），理学家杨时创建东林书院于无锡城东，后改庵或毁。万历三十二年（1604）二月，顾宪成、高攀龙等重建于故址。重建后的书院，呈现出社团特色，即为同志诸君子交流思想的"讲会场所"。每年大会十日，每月小会三日。大会、小会皆推会主一人主持讲会，每会推一人为主"说四书一章"。顾宪成的《东林会约》是立院讲学之旨，提出了"知本"、"立志"、"尊经"、"审几"四要，其中"审几"即反省、自疑之义，以"辨真伪"为主导，体现了对讲、学、行的质疑态度。

"破二惑"是反对"王学"的讲学纲领。一是"讲学迂阔而不切，又高远而难从"；二是"学顾躬行"即可，"将焉用讲"。这"二惑"，顾宪成认为是不当惑也不必惑者，都应破除。在反对王学，回归程朱的过程中，东林书院逐步形成了新的传统。邓洪波指出——

> 东林书院一堂师友，冷风热血，洗涤乾坤，从一个明代中期既有的社团性传统出发，在官方的禁毁中，顽强地坚持了20余年，开创出了书院扭转学术风气、关心天下时政的新传统[10]。

这个"新传统"的精神正如书院楹联所示："风声雨声读书声，声声入耳；家事国事天下事，事事关心。"樊克政指出，东林书院讲学，逐渐形成了"东林学派"；这个学派对当时政治腐败深为不满，极力倡导关心国是，评议朝政，臧否人物，指点时事。一些在政治上失意的士大夫"闻风响附"，纷纷参与讲会，不少朝中官员也与他们互通声息，遥相呼应，汇合为一支政治力量，形成了一个有着广泛影响的舆论平台。由此，为朝廷所惊惧。从万历到光宗，东林学派提出的政治主张越来越深入，比如，改革朝政，整肃吏治，体恤商人，反对矿监、税使的恣意搜刮等。熹宗时，魏忠贤专权，罗织罪名，编为东林党《同志录》"黑名单"，按名捕杀，血雨腥风。到天启五年八月，假托皇帝旨意，彻底捣毁书院[11]。江堤说得好："东林书院变成了文化自由的一方乐土，投奔的人不绝于途，书院到了不能容纳的地步。在一个专制君王统领思想的社会，这种群众化的逆朝政而行的讲学活动，必然会受到制裁"[12]。

尤其值得注意的是，东林议政，批判时事不只是士大夫之族小集团的思想表达，而且在社会民众之间也产生有力影响。陈鼎《东林列传》说，虽"黄童、白叟、妇人、女子、皆知东林为贤"。"贩夫竖子或相诮让，辄曰汝东林贤者耶？何其清白如是耶？"由此可见，东林学派已经成为明末江南地区民意的代言者。

明末江南，特定的时空交叉地区，一是书院讲学促进了这个地区的民意觉醒；一是经济上资本主义萌芽使这个地区比较早地产生了市民阶层，逐渐显示了独立意识，从而有力地撬开了长达几千年封建农民意识的固陋，形成了支撑东林学派思想的社会文化土壤。在晚明时期"天崩地裂"的民族裂响之时，东林书院以及江南地区都贡献了令后人也极为惊异的力量！

4. 关中书院的《疑思录》

关中书院地处古城西安，与无锡东林书院南北相呼，精神相依，声气相应。明代著名学者冯从吾在这里讲学凡20年。明万历三十七年（1609），冯从吾因上书规谏皇帝而遭贬，回到关中，在城东南宝庆寺讲学，后创办关中书院。冯从吾很有气节，与顾宪成、高攀龙性格相近，坚毅不屈，魏忠贤当权时，曾被划入"东林党"。

《疑思录》是冯从吾讲学语记录。冯从吾讲学，"多士执经问难，户外履常满。尝平学、庸、论、孟书，诏诸士溯洙泗渊源，抉邹鲁秘密，力辟蓁芜，共偕大道，语具《录》中"[13]。

对于《疑思录》的评价，杨嘉猷的《疑思录序》点到了关键，充分阐释了冯从吾"疑／思"思想——

> 猷因仰而读，俯而思，寻绎久之，乃叹曰："先生真善读书者哉！"今夫四子之书表章自程、朱，颁降自昭代，其理炳如日星，夫何疑？试观海内三尺童子皆能诵说，搦管为文，且谓家思孟而户颜曾矣，奚足疑？矧先生襄然为一代大儒，即删诗书，定礼乐，皆份内事，又何待疑且思也？噫嘻！我知之矣！众人以书观书，只藉为制科羔雁，而一切无补于身心，是不知疑者也。贤知者左袒二氏，反厌薄圣贤之言为无奇，是不屑疑者也。不知疑，不屑疑，则均之未能思矣。先生力排异端，羹墙尧舜，故于四子之书以心读之，以身证之。证之而是也，则已纤毫未协，焉得不疑？疑稍未释，焉得不思？思者明之基，而疑者信之渐也。（《冯从吾集》西北大学出版社2015年1月第1版第60页）

既批判了一般人读书无疑之弊，又肯定了冯从吾疑思之价值，更强调了"疑者信之渐"的"疑"与"信"的关系，可以说是概括了冯从吾"疑思"思想的基本特点。张舜典在读《疑思录》后也说："不疑则思不起，不思则不能通微，不能通微而谓之诚，可乎？故知思诚之学，起于疑而成于思也，入圣之阶也"（《冯从吾集》）。通常人们贵之于"思"，这里强调"疑"即"思"之起点或引发，不仅是为了"思"，更重在建构"思"之所"诚"，用现代词语言之，也就是为了真理的探寻与真人的自立，这样一种对于"疑"的评价，与现代质疑心理学思想以及哲学认识论意义是完全一致的。

冯从吾本人也点明了目的，说明了体会："辨析疑义，尝至漏分"，可见最用心处就在于"辨疑"。又说"吾斯之未能疑，录中业已言之矣，同志不遗幸教我焉"，这是一个开放的质疑心态，以"疑"激"疑"，思辨无限，求真不已！当然，冯从吾也告知"疑思录""盖取九思中'疑思问'意耳"（《冯从吾集》），旨在说明传统精神在当代的活化。

（三）时代觉醒：凸显社会痼疾的语文表达

明代是一个经济畸形繁荣的时代，更是一个政治极度专制恐怖的时代，还是一个官商联腐的"好货"时代，也是一个思想分裂、具有自由觉醒锋芒的敢于表达的时代。卜正民主编的《哈佛中国史·元与明》（中信出版集团 2016 年 10 月第 1 版）就用"挣扎的帝国"来概括这个时代的特征，应该是十分贴切的。

这个时代虽然有着前代的中国特色，但造成"挣扎"的思想意识的"天崩地解"之实况已完全不同于过去的二千余年了。

一批语文作品，在选材与内容上体现了这个时代的特征，揭露了这个时代的虚伪与丑恶，也礼赞了这个时代的民意抗争。《疑思问国文点读》课程收录了三类代表性作品，一是表达生存矛盾与自我讥讽的，如《复吴用修》；二是表达士人干谒、官场贪腐丑态的，如《报刘一丈书》；三是反映明末江南资本主义萌芽时期市民阶层民意反抗的，如《五人墓碑记》。限于篇幅，这里仅介绍两篇——

1. 一封书信：人格分裂的时代剪影。

复吴用修（黄汝亨）

怀足下意非楮墨可了，彼此穷愁，亦复默会；姑与足下陈说两境。

泉声咽石，月色当户；修竹千竿，芭蕉一片。或探名理，时对佳客。清旷则弟蓄嵇阮，飞扬则奴隶原尝。萧然四壁，傲睨千古。此一境也。

采薇颇艰，辟纑不易。内窘中馈之奉，外虚北海之尊，更复好义，先人守雌去道。食指如林，多口若棘，风雅之趣既减，往来之礼务苛。此又一境也。

两境迭进，终归扰扰。半是阿堵小贼，坐困英雄耳。吾与足下俱不免，故敢及之，此未可以示俗客也。

全文构思简而巧。所谓"简"，只是把两种景况列叠一体，似无构思之功；所谓"巧"，指这种简单列叠，反而增生了无穷的意境，即作者所说"两境迭进"也。这种增生与迭进，恰恰就是人生窘迫绵绵无终之苦困的幽深之痛。

这个题材有广泛的典型性，反映了当时一般社会阶层的人生面貌。《哈佛中国史》记叙了松江府一名顾清官员的观感。顾清回乡守孝，参与编撰《松江府志》，指出"松之风俗见于志者几变矣"，一共有 23 项的变化。这些变化主要体现在挥霍浪费，靡然向奢的生活，比如"书翰用素纸者日少，用金笺者日多"，"宾宴从备列简单时蔬变为'器用靖窑，肴菜百种，遍陈水陆'。"这，不是很富裕吗？然而，这不过是官宦、商户之家的奢侈生活而已，一般士子、农户乃至小工商业者依然处于贫贱之中。《哈佛中国史》中引用了一位西班牙传教士科尔特斯（1578—1629）的观察评论："中国的商品流通量并不足以证明中国人的富有。总体而言，恰恰相反，这是一个极端贫困的民族"，他推算出了中国的两极分化（《哈佛中国史》，中信出版集团）。《复吴用修》写的正是一般普通士人的生活困窘。

尤其值得注意的是，这种困窘除了自身物质匮乏外，还有社会向奢局面对于困窘者的环境打压，导致士族阶层人格的极度分裂。第一境写出"傲"然之姿，这不很好吗？何不干脆如同陶渊明一样安贫乐道？然而一家妻儿老小，"食指如林"，终究是不忍；那就选择第二境吧，"采薇""辟纑"，谋求物质生活吧，然而，社会又非公平，非贪即贿，非凶即恶，非逞权倚势抢掠不能积累钱财；那么就往黑暗中走去，做抢掠之徒吧，然而，心中原有的崇高与正义又如魔怪一般绞杀着"自我"，又是一番不忍！如此一二境不断转换之人生心灵世界的悲怆，可想而知。这样的撕裂，涉及面之广，影响度之深，前所未有，确乎是明代社会生活"天崩地解"的真实反映。

2. 一篇雄文：政治裂变时的觉醒

五人墓碑记（张溥）

五人者，盖当蓼洲周公之被逮，激于义而死焉者也。至于今，郡之贤士大夫请于当道，即除魏阉废祠之址以葬之；且立石于其墓之门，以旌其所为。呜呼，亦盛矣哉！

夫五人之死，去今之墓而葬焉，其为时止十有一月耳。夫十有一月之中，凡富贵之子，慷慨得志之徒，其疾病而死，死而湮没不足道者，亦已众矣；况草野之无闻者欤？独五人之皦皦，何也？

予犹记周公之被逮，在丁卯三月之望。吾社之行为士先者，为之声义，敛赀财以送其行，哭声震动天地。缇骑按剑而前，问："谁为哀者？"众不能堪，抶而仆之。是时以大中丞抚吴者为魏之私人，周公之逮所由使也；吴之民方痛心焉，于是乘其厉声以呵，则噪而相逐。中丞匿于溷藩以免。既而以吴民之乱请于朝，按诛五人，曰颜佩韦、杨念如、马杰、沈扬、周文元，即今之傫然在墓者也。

然五人之当刑也，意气扬扬，呼中丞之名而詈之，谈笑以死。断头置城上，颜色不少变。有贤士大夫发五十金，买五人之头而函之，卒与尸合。故今之墓中全乎为五人也。

嗟乎！大阉之乱，缙绅而能不易其志者，四海之大，有几人欤？而五人生于编伍之间，素不闻诗书之训，激昂大义，蹈死不顾，亦曷故哉？且矫诏纷出，钩党之捕遍于天下，卒以吾郡之发愤一击，不敢复有株治；大阉亦逡巡畏义，非常之谋难于猝发，待圣人之出而投缳道路，不可谓非五人之力也。

由是观之，则今之高爵显位，一旦抵罪，或脱身以逃，不能容于远近，而又有剪发杜门，佯狂不知所之者，其辱人贱行，视五人之死，轻重固何如哉？是以蓼洲周公忠义暴于朝廷，赠谥美显，荣于身后；而五人亦得以加其土封，列其姓名于大堤之上，凡四方之士无有不过而拜且泣者，斯固百世之遇也。不然，令五人者保其首领，以老于户牖之下，则尽其天年，人皆得以隶使之，安能屈豪杰之流，扼腕墓道，发其志士之悲哉？故予与同社诸君子，哀斯墓之徒有其石也，而为之记，亦以明死生之大，匹夫之有重于社稷也。

贤士大夫者，冏卿因之吴公，太史文起文公、孟长姚公也。

（选自江苏文艺出版社 1986 年 7 月版《古文鉴赏辞典》）

这篇"记"，有两大特点：一是从文体上看，属"墓志"类，然传统"墓志"以叙事为主，不加议论；本文议论风发，实际上是"变体"式，熔铸叙议，文体新创。二是从选材上看，"墓志"类一般叙写的是功名、世系与官爵等，而本文写的是下层百姓抗暴之义举，这又是一种突破：内容上摆脱了旧体的框束。

这两个特点的"焦点"都是题材创新。张溥记写了明末市民暴动这一题材，因此，在霍松林先生看来是一篇"珍贵文献"。所"珍贵"者在哪里呢？这，就是我与学生热烈讨论的地方。

文中的五处"问"是讨论的锁钥。一处是第二段："独五人之皦皦，何也？"第二处是第四段："四海之大，有几人欤？"第三处紧接着是"激昂大义，蹈死不顾，亦曷故哉？"第四处是第五段："视五人之死，轻重固何如哉？"以及"安能屈豪杰之流，扼腕墓道，发其志士之悲哉？"

问一，总起之问，旨在引起读者思索"皦皦"之因，关键词是"独"，突出五人也；问二，比较之问，旨在强调一大（四海）一小（几人）的反差，关键词是"几人"，言其少也；问三，继总起之问而进一步追问，关键词是"义"，既与开头第一句相呼应，又回答了"皦皦"之原因；所"追"者是"为什么这样激昂大义"呢？从而再一次引发读者深思"义"从何来？问四，再一次比较之问，旨在强调五人之死之"重"，关键词是"何如"，即"重"得怎么样？这实际上也再一次照应了"皦皦"与"义"；问五，总结之问，旨在突出五人之死的未来价值，关键词是"发"，即让志士到此凭吊而生发"悲"情，这个问是反问，意味深长，意在突出"五人"的特别之"死"一定会产生特别的激励后人、召唤来者的力量！

　　这"五问"，在作者是答案自明的，而对于社会，对于天下，则是呐喊唤醒之"问"，是对整个"天崩地裂"时代的重大质疑！为了理解其"唤醒"意识，有必要再次了解东林书院讲学以及后来的"复社"。

　　顾宪成讲学明确提出"九益"，其中之一就是广见博闻："一人之见闻有限，众人之见闻无限。于是或参身心密切，或叩诗书要义，或考古今人物，或商经济实事，或究乡井利害……旁搜六合之表而不得，逖求千古之上而不得，一旦举而质诸大众之中，投机遘会，片言之契相悦之解者矣。"这里对于"不得"的"质"就是"质疑"、"质问"，而"得"又是什么呢？是大众现实的心声，也是对天下时事的判断。正如钱谦益描绘顾宪成"有得"的神态："及其抗论天下大事，风行水决，英气勃发，不可遏抑如此"（《牧斋初学集》，上海古籍出版社 1995 年标点本）。所以黄宗羲在《端文顾泾阳先生宪成》中明确指出："裁量人物，訾议国政，亦冀执政者闻而药之也。天下君子以清议归于东林，庙堂亦有畏忌"（黄宗羲《明儒学案》）东林学派的思想精神直接滋养了"复社"，因此，"复社"又称"小东林"。复社领袖张溥的这篇《五人墓碑记》也就极为自然地集中反映了他对东林志士与阉党丑类强烈的爱憎情感。这份情感中，最突出的一点是对"五人"敢为他人而死的礼赞。周公被逮，是为市民而被逮；五人，市民也，本与周公无关，然也挺身而出，其暾暾者就在于为市民公义所激也。霍松林先生特别点到"市民"阶层，这是对本文的极大洞见。

这里要特别指出的是，东林学派也好，复社也好，民间市民也好，其所形成的"公义"，其与江南市镇的发展密切相关。

樊树志指出："江南市镇的蓬勃发展是在明代嘉靖、万历时期，这一方面与宋代以降江南社会经济的高速成长有关，另一方面与地理大发现后经济全球化对晚明社会的刺激有关"[14]。市镇的发展，一方面为东林学派与复社提供了物质基础，另一方面，"新型的社会形态是产生新型的思想观念与行为方式的土壤"[15]。由此，我们可以推知，张溥所肯定的激于"义"的"义"不是一般的正义，而是具有时代特征的市民意识里的新正义——公义。这与陈涉起义、《水浒》英雄逼上梁山有天壤之别。前者是受害人造反，后者是普通市民挺身维护公义而献身。张溥所赞正在于此！教与学，不可不察，不能不辨。

【注】

（1）钱穆《国史大纲》，商务印书馆 1996 年 6 月修订第 3 版。
（2）何睿洁《冯从吾评传》，西北大学出版社 2015 年 1 月第 1 版。
（3）葛兆光《中国思想史》，复旦大学出版社 2019 年 4 月版。
（4）阮元《畴人传》，转引自葛兆光《中国思想史》。
（5）（8）（10）邓洪波《中国书院史》，东方出版中心，2004 年 7 月第 1 版。
（6）黄宗羲《明儒学案》，中华书局 1985 年版。
（7）《王阳明全集》。

（9）《甘泉文集》。

（11）参见樊克政《书院史话》，社会科学文献出版社 2012 年 1 月第 1 版。

（12）江堤《中国书院小史》，中国长安出版社 2015 年 1 月第 1 版。

（13）《冯从吾集》，西北大学出版社 2015 年 1 月版。

（14）樊树志《晚明史》，复旦大学出版社 2018 年 9 月版。

（15）何宗美《复社兴起的诸因素分析》，《东林书院重修 400 周年全国学术研讨会论文集》，时代文艺出版社 2004 年 10 月版。

十四

"天崩地解"时代（中）

明代，尤其晚明时期，"天崩地解"的思想变化在中国传统文化主体——儒学——的内部，也呈现了新的动态与面貌。思想家王守仁的"心学"占主导地位，在质疑与批判方面，显示了强大力量。

（一）王守仁心学思想评述

樊树志说："明朝前期、中期的思想界沉闷而无新义，科举取士都以宋儒朱熹的经注作为标准，学者们依托于复性与躬行，没有自觉、自由的思想。物极必反，于是乎有陈献章、王守仁的理学革命，希望把个人的思想从圣贤经书中解放出来。陈献章的'小疑则小进，大疑则大进'的主张，开自由思想的先声；而王守仁以己心作为衡量是非的标准，拒绝拜倒在圣贤脚下，更是思想界的一场革命。此后，思想家辈出，都以追求自由为旨归，形成波澜壮阔的个人主义与博爱主义思想"[1]，樊树志还引用了美国学者狄百瑞在《明代思想中的个人与社会》一书中的观点，指出王守仁心学的最可贵之处在于强调"以吾心之是非为是非，而不必孔子之是非为是非。"

王守仁的心学是否有革命性，我们无力申论，不过，史学家所强调的"个人思想"以及"不必孔子之是非为是非"的"可贵之处"，则体现了鲜明的思想个性，即对先圣的质疑与批判，这，正是我们需要认真学习和汲取的精神所在。

陈来指出，"王守仁的思想在整体上是对朱熹哲学的一个反动，他倡导的心学复兴运动不仅继承了宋代陆九渊心学的方向，而且针对着明中期政治极度腐败，程朱学逐渐僵化的现实，具有时代的意义。"（《宋明理学》）陈来点明了王守仁的思考特点——

> "王守仁富于创造精神，一脱程朱学派的经院习气，充满了活力，他能像禅宗大师一样利用惊人的指点方法使人领悟，他的思想中盈溢着他的生命体验与生命智慧"[2]。

可见，王守仁的创造，不仅包含了否定了什么，而且也显示了怎样的否定。这个"否定"，不仅体现于思想的建立，而且也体现在方法的运用。而这个"方法"，恰恰是我们中学语文教学培养学生质疑品质与思辨能力所应该借鉴的。

王守仁不仅是一位卓越的思想家，也是一位出色的教育家。他的思想与教育法宝主要体现在《传习录》这部名著之中。

（二）《传习录》中的质疑与批判

《传习录》是王守仁（阳明先生）语录、书信的合集，相当于孔门中的《论语》，"传习"者即脱胎于"传不习乎"之问。这部著作是王守仁生前及死后由弟子陆续编录和刊行的，嘉靖三十四年（1555），王的得意弟子钱德洪对先刻版本进行删定，于宁国水西精舍刊刻《传习续录》，后又统前三次刊行于蕲（湖北蕲春）之崇正书院再刻，至此始得完备终成规模并在社会流传。

我个人的学习体会是，与《论语》相比，《传习录》在思想方法上的思辨性，尤为突出。以下举例试作解读。

1.《徐爱录》序：质疑思想的总纲

徐爱，浙江余姚人，王阳明先生得意弟子，有"王门颜回"之称。他的《徐爱录》首篇，其实是一篇序言——

> 先生于《大学》"格物"诸说，悉以旧本为正，盖先儒所谓误本者也。爱始闻而骇，既而疑，已而殚精竭思，参互错综，以质于先生。然后知先生之说，若水之寒，若火之热，断断乎百世以俟圣人而不惑者也。先生明睿天授，然和乐坦易，不事边幅。人见其少时豪迈不羁，又尝泛滥于词章，出入二氏之学。骤闻是说，皆目以为立异好奇，漫不省究。不知先生居夷三载，处困养静，精一之功，固已超入圣域，粹然大中至正之归矣。爱朝夕炙门下，但见先生之道，即之若易，而仰之愈高；见之若粗，而探之愈精；就之若近，而造之愈益无穷。十余年来，竟未能窥其藩篱。世之君子，或与先生仅交一面，或犹未闻其謦咳，或先怀忽易愤激之心，而遽欲于立谈之间，传闻之说，臆断悬度，如之何其可得也？从游之士，闻先生之教，往往得一而遗二，见其牝牡骊黄而弃其所谓千里者。故爱备录平日之所闻，私以示夫同志，相与考而正之，庶无负先生之教云。[3]

起笔即开门见山点明阳明先生对"先儒"（指程、朱等）的质疑与否定，认为应以"旧本"（即郑玄作注的版本）为"正"，这实质上是揭示了"王学"的指导思想和基本精神。对于阳明先生的"思想"与"精神"，作者的认识是怎样的呢？接下来，徐爱用关键词说明了自己的研究过程：先是"骇"，即感到震惊，程朱先儒是可以怀疑的吗？这实际上揭示了质疑的第一难题，也即第一道必须突破的思想壁垒，质疑者必须勇于打破迷信。继之是"疑"，既疑"程朱"，也疑阳明先生"疑"程朱之"疑"，这实际上揭示了质疑的初步之状：让疑惑形成起来。继之是"思"，用心专一，反复思考，比较考辨，这实际上揭示了质疑的关键环节，要确立自己对疑惑的自我判断。"思"而"问"之，这就是"质"，即正式地提出"问题"，这实际上揭示了质疑的表达阶段，也就是把思考的内容转换成"问题"提交出来。经过这样一些步骤，终于上升到"知"的阶段。如图所示：

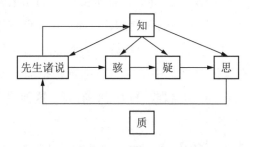

"知"，当然是指对"先生诸说"的理解，同时也包括对自己认识环节的"认识"，即认识"骇"之原因，"疑"之根本和"思"之正误。既"知"先生，也"知"已知，这才是完整的"知"。而这样的"知"必须要通过"质"的方式，即质疑而问才能探求得到。这，就是徐爱所言的质疑思想总纲。无独有偶。徐爱在《徐爱录》的"跋"中，再次强调——

　　始闻先生之教，实是骇愕不定，无人头处。其后闻之既久，渐知反身实践。然后始信先生之学，为孔门嫡传……其后思之既久，不觉手舞足蹈。

再次强调了"骇愕"这一心理，实际上也就是强调敢于打破迷信的极端重要性。在先秦以来的质疑思想中，这个"骇"字有千钧之力，有时代突破性新意，与"始信"紧密呼应，也突出了"信"的重建价值。也正是有新的重建，所以整个人都被激活成为"手舞足蹈"的个体形象。

2. 揭示矛盾——直面质疑焦点

《传习录》各节，都是问答式对话，即使是书信交流，也是提出问题，因问而答，这是与《论语》相同的地方。所不同的，是《传习录》中的弟子之"问"，常常揭示阳明先生与先儒前贤的思想矛盾处，突出矛盾的对立性，从而迫使阳明先生作答，不是一般的说明而是有针对性的辩解，从而显示思辨与反驳的特点。因此，在《传习录》中的"问"主要是指向心学之"异"，更加具有"反问"与"诘难"的力度，有时，这种"质疑"变成了"质询"。

如《传习录·徐爱问》——

爱问："'知止而后定'，朱子以为'事事物物皆有定理'，似与先生之说相戾。"

先生曰："于事事物物上求至善，却是义外也。至善是心之本体，只是明明德到至精至一处便是。然亦未尝离却事物。本注所谓'尽夫天理之极，而无一毫人欲之私'者得之。"

"相戾"就是相抵触，不兼容，徐爱直截了当地指出了阳明先生观点与朱熹的对立；从语气上看，徐爱也没有倾向先生之意，而是客观呈现"问题"。一方面可看出师生平等，徐爱提问没有顾忌；一方面也可看出问题尖锐，难以调和。对于弟子之质疑，阳明先生也是直面问题，坦率而答，先认可矛盾的实质区别，朱子讲的是"外"，于事物上求至善；"我"讲的是"内"，从"心之本体"上求至善，一"外"一"内"，轩轾自分。继之说"我"的内求也未离开"事物"，只是立足点在"内"，应由"外"而"内"求至善，这进一步明确了"我"的观点与立场。最后提及"本注"所讲"天理之极"，而无"人欲之私"，也是"我"的"内"求之义，这，真是神来之笔，意思是朱子所注解的内容也正在"我"的"内"求兼容之中，这是"我"与朱子的同呢还是异呢？值得进一步深思。

在与弟子的对答中，《传习录》中的先生之语，都是直面问题焦点，不含糊，不闪烁其词。

如《传习录·答顾东桥书》——

> 来书云："但恐立说太高，用功太捷，后生师传，影响谬误，未免坠于佛氏明心见性、定慧顿悟之机，无怪闻者见疑。"
>
> 区区格、致、诚、正之说，是就学者本心、日用事为间，体究践履，实地用功，是多少次第、多少积累在！正与空虚顿悟之说相反。闻者本无求为圣人之志，又未尝讲究其详，遂以见疑，亦无足怪。若吾子之高明，自当一语之下便了然矣，乃亦谓立说太高，用功太捷，何邪？

"立说太高"，近于佛氏"明心见性"，这，正是时人对"王学"的最大质疑和批评。顾东桥来信，直陈这一问题，不仅认同了时人的批评，而且还由此揭示出"闻者见疑"的原因。其实，这也正是顾本人的大疑所在。

阳明先生的辩说分两层，首先是与佛氏划清界限：正与空虚顿悟之说相反。一个"反"字超过了"异"的力量。为什么说是"相反"的呢？理由就在于"实在用功"。其次，分析了误解者的"原因"，恰恰也就在于缺少"实地用功"所致，比如无求圣人之"志"，又未尝"讲究其详"，这样批评误解之"疑者"，更加突出了"心学"并非"立说太高"，而是"实地用功"之学。不仅如此，而且还对顾东桥提出了反问：你是高明者，应该对心学特点十分明确的，为什么也糊涂了呢？反问之意，批评之外还在于激励顾东桥要多多"实地用功"。由此可见，阳明先生句句言心学之"实"，理直而气壮。

对于极为重要的"质疑"，阳明先生十分注重推断求证，"答"成为结构完整的驳论，除上例外，另一封"答顾东桥书"更为典型：

> 来书云："所喻知行并进，不宜分别前后，即《中庸》'尊德性而道问学'之功，交养互发，内外本末，一以贯之之道。然功夫次第，不能无先后之差。如知食乃食，知汤乃饮，知衣乃服，知路乃行，未有不见是物，先有是事。此亦毫厘倏忽之间，非谓有等今日知之，而明日乃行也。"

这是顾东桥的论证。首先是认为"所喻知行并进"是符合《中庸》的基本精神的，但是，又认为"不能无先后之差"。顾用了吃饭穿衣行路的日常生活为喻证，很有道理。如何反驳呢？

首先，点明顾信的问题矛盾：你既说"交养互发"，又说

"功夫次第"，这不是自相矛盾吗？

继之，解释"知食乃食"的知行含义："夫人必有欲食之心，然后知食，欲食之心即是意，即是行之始矣。"这个解释说明极端重要，因为这确定了概念的边界。想吃的意念就是"行"的初发，也就是"行"。另外，所谓"知"食的"知"也不是未"食"之前就有的，作者反问道"岂有不待入口而已先知食味之美恶者邪？"这样，就从逻辑上打破了顾东桥先知后食的认识框架，树立了"意＝行"的"行"的概念，从而论证了"不能无先后之差"的错误。至于知汤乃饮，知衣乃服，知路乃行，等等，作者认为"以此例之，皆无可疑"。

最后，阳明先生分析了顾东桥的逻辑错误就在于"是乃所谓不见是物而先有事者矣。""知"要在"行"中才完整，也才是真"知"；"知"是在"行"的这件事开始时而"开始"的，"知"与"行"只能合一并进。当然，我们今天对这一"合一并进"思想的认识，要学其精神而不必拘泥，精神就在于强调"行"的重要，这也是阳明之"心学"的"实地用功"所在。

必须指出的是，阳明先生的反驳愈是推断求证，便愈是揭示了"心学"核心问题的实质；也愈加引导了弟子对遮蔽实质之外在现象的鉴别，这样一来，也就更加激发了弟子们的质疑兴趣。

3. 艺术诱导——助推质疑深化

《传习录》中的师生对话充满艺术趣味，这个"艺术"，就是先生对弟子质疑的诱导与点拨。具体表现就是当弟子提出问题之后，先生不忙直解，而是引导弟子"试举看""且试说几件看"，从而通过对所陈述的具体见闻和感受的分析来深化认识，化"疑"为"解"。如下例——

郑朝朔问:"至善亦须有从事物上求者?"

先生曰:"至善只是此心纯乎天理之极便是。更于事物上怎生求?且试说几件看。"

朝朔曰:"且如事亲,如何而为温情之节,如何而为奉养之宜,须求个是当,方是至善。所以有学问思辨之功。"

先生曰:"若只是温情之节,奉养之宜,可一日二日讲之而尽,用得甚学问思辨?惟于温清时也只要此心纯乎天理之极,奉养时也只要此心纯乎天理之极,此则非有学问思辨之功,将不免于毫厘千里之缪。所以虽在圣人,犹如'精一'之训。若只是那些仪节求得是当,便谓至善,即如今扮戏子扮得许多温情奉养的仪节是当,亦可谓之至善矣。"

爱于是日又有省。

这里的"诱导"有三:一是由抽象到具体,诱导弟子举例说明。二是在思想认识上点拨。在郑朝朔看来,事亲奉养如何在"节""宜"上"求个是当",便是"至善",而且要通过思辨的办法来求取。而在阳明先生看来,这用不着思辨。从思想认识上讲,郑朝朔讲的是具体事务的方法,而阳明先生注重的是统率具体事物的"天理"价值。价值观的点拨是化解郑朝朔之"疑"的关键。三是点明了只从事务方法上考虑有很大的危害性,那就是只重"仪节"这些形式,将会忽略发自内心的事亲之爱这一"天理"。正是在先生的诱导下,弟子们又进入新的思考情境中,"爱于是日又有省",仅是举徐爱为例而已,关键是"省",或反省,或自悟,或省察,各自在原有基础上又有了新的认识。当然,新的"质疑"也在催生之中。又如:

　　萧惠问死生之道。先生曰："知昼夜即知死生。"问昼夜之道。曰："知昼则知夜。"曰："昼亦有所不知乎？"先生曰："汝能知昼？懵懵而兴，蠢蠢而食，行不著，习不察，终日昏昏，只是梦昼。惟'息有养，瞬有存'，此心惺惺明明，天理无一息间断，才是能知昼。这便是天德，便是通乎昼夜之道而知，便有甚么死生？"

　　这段对话，层层点拨，促进思考轮转而深入。先是由"死生"而迁移至"昼夜"，再由"昼夜"而圈定于"昼"，问题似乎越来越简浅，以至于萧惠加之反问"白天，还有不了解的吗？"至此，点拨时机成熟，阳明先生才揭示知昼之理，即保持明洁的本心，具有了"天德"，便是"知昼"。巧妙的是，阳明先生没有直接点明"知昼"与"知死生之道"的关系，而是用一个问题提领弟子深思：知道了昼夜之道，便有什么死生问题？一则回扣了对话的总起"知昼夜即知死生"，一则言有尽而意无穷，任凭弟子自主思索，各自发挥。

　　4. 质疑之源——锤炼研习"实功"

　　《传习录·上卷》有阳明先生语录——

　　先生曰："诸公近见时少疑问，何也？人不用功，莫不自以为已知为学，只循而行之是矣。殊不知私欲日生，如地上尘，一日不扫便又有一层。着实用功，便见道无终穷，愈探愈深，必使精白无一毫不彻方可。

　　这段"语录"篇幅不长，但揭示了质疑的根源，补充并提升了钱爱所提质疑之纲领的内容和立意。给我们以四点启示：

第一，作为导师十分关注弟子学习与思考的动态，"近见时少疑问"，就是对动态的判断，说明"疑问"是学习的支撑与标志，是师生对话的基础，王阳明高度重视。

第二，反对盲从与迷信。为什么"少疑问"呢？阳明先生的分析是：循而行之，即被动依从常例；而所以依从常例，根源在于"自以为知"，自以为是，换言之，也就是对自我的"局限"产生了迷信，夜郎自大而已，因而也就无疑可问。这，恰恰是为学要特别注意的弊病。

第三，要提倡实功。所谓"实功"，就是要坚持不懈，日日而行，如同扫地，不可停顿。还要认识到"道无终穷"，必须"愈探愈深"，愈深愈奇。这里要特别强调的是，阳明"心学"很容易被认为"虚学"，知道了此处所提倡的"实功"，也就明白这其实是一种误解了。"心学"的精神是"致良知"，而所谓"致"，全在一个"行"字，所以阳明先生反复强调"知行合一"，道理就在这里。

第四，要追求至境。学问有至境，所谓至境即不断提升的境界，没有最高，只有更高；"质疑"是助推学问不断"更高"的思想动力。"无一毫不彻方可"，这就是讲彻底的认识清楚。这一个"彻"字，至境也，当然是一种向往和追求，实质上揭示了"质疑"的动力之源。

（三）语文表达新体：学记学规

宋明时期，书院繁荣。各家书院为了表达教育主张、为学理念和行为规范，常以"学记""学规"揭示于书院之壁，作为书院全体师生的思想章程。这类作品，有叙述，有议论，有说明，也有抒情。叙，交代缘起与历史；议，直指弊端，宣扬思想；说明，旨在告知教学程序与行规要求；叙议之间偶有抒情，以表达为学者的志趣与使命。在体式上，与唐宋的"序""记"相近；而在内容上则别开生面，以论学弘道为主旨，说理鲜明，行文质朴，富有教育意义。我们在《疑思问国文点读》课程中选读了两篇，一是姚江书院《教约》（王守仁作）；一是石龙书院《学辩》（王廷相作）。限于篇幅，这里仅介绍《学辩》——

石龙书院学辩

王廷相

石龙书院者，久菴黄子与其徒讲学之所也，浚川子乃为《学辩》遗之。

嗟乎！仲尼之教，万世衡准，自夫异端起而洙泗之道离，世儒凿而六经之术晦，天下始嚣嚣然莫知谁何矣！是故有为虚静以养心者，终日端坐，块然枯守其形而立，曰，学之宁静致远在此矣。有为泛讲以求知者，研究载籍，日从事乎清虚之谈，曰，学之物格知至在此矣。浚川子曰：斯人也，空寂寡实，门径偏颇，非禅定则支离，畔于仲尼之轨远矣！何以故？清心志，祛烦扰，学之造端固不可无者，然必有事焉而后可。《中庸》曰："致中和，天地位焉，万物育焉。"中和而曰致，岂虚静其心性者可以槩之哉？夫心固虚灵，而应者必藉视听聪明，会于人事，而后灵能长焉。赤子生而幽闭之，不接习于人间，壮而出之，不辨牛马矣，而况君臣父子夫妇长幼朋友之节度乎！而况万事万物几微变化，不可以常理执乎！彼徒虚静其心者何以异此！传经讨业，致知固其先务矣，然必体察于事会而后为知之真。《易》曰："知至至之，可与几也。知终终之，可与存义也。"然谓之至之终之，亦非泛然讲说可以尽之矣。世有闭户而学操舟之术者，何以舵，何以招，何以艣，何以帆，何以引筜，乃罔不讲而也。及夫出而试诸山溪之滥，大者风水夺其能，次者滩漩汨其智，其不缘而败者几希。何也？风水之险，必熟其几者然后能审而应之，虚讲而臆度，不足以擅其工矣。夫山溪且尔，而况江河之澎汹，洋海之渺茫乎！彼徒泛讲而无实历者，何以异此！

　　或者曰：即如是，乃无邦国天下之责者终不可习而能之乎？浚川子曰："不然，君子不有身与家乎？学能修其道于身，通其治于家，于是乎举而措之，身即人也，家即国也，挈小而施之大，动无不准矣。何也？理可以会通，事可以类推，智可以旁解，此穷神知化之妙用也。彼徒务虚寂，事讲说，而不能习与性成者，夫安能与于斯！"

　　黄子志于圣贤经世之学者。余来南都，每得闻其议论，接其行事，窃见其心之广大，有天地变化、草木蕃育之象，知之精至，有日月有明容光必照之体，盖非世儒空寂寡实之学可以乱其凝定之性者，则夫余之所不以为然者，先生亦不以之诲人矣。乃述此，请揭之院壁以为蒙引。使后生来学脱其禅定支离之习，乃自石龙书院始。

　　（选自《诸子百家名篇鉴赏辞典》，上海辞书出版社2013年12月第1版）

王廷相，字子衡，号浚川（1474—1544），河南仪封人，是我国 16 世纪著名思想家。他的"批判精神，在认识论方面，有突出表现"⁽⁴⁾。王廷相说，诸凡关于万事万物的知识，是"因习而知，因悟而知，因过而知，因疑而知"（《雅述》）。"习→悟→过→疑"即认识之路径。"疑"为最后一环节，寓意深也，即指通过实践经过犯错误之后而产生新"疑"必将引发新一轮实践。

王廷相文名很高，是明"前七子"之一，其文善喻，其理务实，其思辨证，其识透彻。本文是为石龙书院写的"学记"，张贴于壁，启迪弟子，其基本思想就是强调"行"，强调"实历"，也就是要在实践活动中增长才干，积累经验。这一思想针对的就是程朱之学的"泛然讲说"和阳明心学的虚静守心，既质疑了"格物"也批判了"心"本体。

与学生研讨时，不必拘泥于字词，逐段求其大义即可。三个环节：一是开头质疑了什么问题？二是以操舟为喻说明了什么道理？三是末尾表明了怎样的用意？由此，可引导学生联系自己的学习实际为自己或者为班级、学校写一篇《学辩》，像王廷相一样，先质疑问题，再设喻说理，最后表明希望。

【注】

（1）樊树志《晚明史》，复旦大学出版社 2018 年 9 月。
（2）陈来《宋明理学》（第二版），华东师大出版社 2004 年 3 月第一版。
（3）《传习录》，中国画报出版社，2013 年 7 月版。
（4）北京大学哲学系《中国哲学史》，商务印书馆 1995 年 7 月第 1 版。

十五

"天崩地解"时代（下）

（一）李贽的质疑与批判

对于晚明，史家总是感慨，唏嘘，质疑。

随着新航路与新大陆的发现，地球之东西有了初步的沟通，似乎体现了人类历史上最早的"一体化"。中国，这个古老帝国，在当时的"全球化"中，是十足的强国、大国，葡萄牙、西班牙、荷兰这些欧洲贸易强国在与中国的贸易中始终处于逆差地位，"占世界产量三分之一甚至更多的白银流入了中国"，"无怪乎弗兰克要大声疾呼，1500—1800年世界的经济中心不在欧洲而在中国"[1]。

可是，为什么这样强大的国家一下子就崩塌了呢？这，应该是中华民族的大疑所在。

可以有不同的回答。有一条可能是共识，即中华民族的思想灵魂老的老了，旧的旧了，死的死了；有些疯的，与时而变异，便更疯更强了。民族的思想创新在哪里啊？

我们不是没有创新的火种，但很容易被强权压制而熄灭。

晚明时期的李贽，其思想之质疑，问题之批判以及其他文学家、思想家的叛逆思想与观念很值得我们学习。

　　李贽（1527—1602），号卓吾，又号温陵居士，福建泉州人，做过二十年小官，后辞官而专门著书讲学，其基本精神在于反道学、反传统、反权威。

　　1. 李贽的思想内容

　　反道学，主要是揭露道学的虚伪。他描述那些所谓的道学家是"口谈道德而心存高官，志在巨富；既已得高官巨富矣，仍讲道德、说仁义自若也"（《焚书》）。

　　反传统，主要是对封建礼教与专制的批判。尤其是对于男尊女卑之陈腐观念无情痛击，他说："谓人有男女则可，谓见有男女岂可乎？谓见有长短则可，谓男子之见尽长，女人之见尽短，又岂可乎？（《焚书》）。"李贽认为，贪暴的君主固然可恶，而所谓仁治，所谓"德礼刑政"也都是束缚人民的工具，钳制了人民的思想。

　　反权威，就是在思想理论上，认为孔子的是非不应该是唯一的是非。他说："前三代吾无论矣，后三代，汉唐宋是也。中间千百余年而独无是非者，岂其人无是非哉？咸以孔子之是非为是非，故未尝有是非耳。……昨日是而今日非矣，今日非而后日又是矣。虽使孔夫子复生于今，又不知如何是否也，而可遽以定本行罚赏哉"？（《藏书》）他又说"若必待取足于孔子，则千古以前无孔子，终不得为人乎？"（《焚书》）。明确提出不以孔子之是非为是非，就是推倒了僵化唯一的教条与权威，这在当时显得极为大胆而进步[2]。

　　2. 力作《童心说》——立足于"人"的质疑

　　《童心说》是李贽思想著作《焚书》中的名篇。所谓"童心"，即"真心也"；所谓"真"，即"绝假纯真，最初一念之本心也。"虽然这个"童心"与孟子"赤子之心"及王阳明"心"学之"心"有一定联系，但是李贽更注重"初"，更强调"纯"，更针对"假"，因而具有时代创造性。其内涵与理学家所讲的概念化之"良心""良知"完全不同。

所谓概念化了的"良心"等，恰恰是李贽所揭露的遭受"六经"以及《论语》《孟子》等儒家经典所障失和戕害的"以从外入者闻见道理为之心也。"外入的主于其内，导致的结果是"童心失"。这个观点，显然是对孔夫子以来的六经之教的否定与质疑。李贽说——

> 童心既障，于是发而为言语，则言语不由衷；见而为政事，则政事无根柢；著而为文辞，则文辞不能达。非内含于章美也，非笃实生辉光也，欲求一句有德之言，卒不可得。所以者何？以童心既障，而以从外入者闻见道理为之心也。

由于外"障"，所以失去了"真"；显示出来的必定是"假"，这样就失去了"人"本身。千人一腔，千人一面，读书写作全在于"代圣人而立言"，举国上下，假话连篇，套话满纸，空话渺渺，大言嚣嚣，皆欺世而盗名。"盖其人既假，则无所不假矣"！"满场是假，矮人何辩？"李贽处处讲"童心"，就是句句讲真人。李贽质疑"六经"等经典的真实性更是振聋发聩——

> 夫六经《语》《孟》，非其史官过为褒崇之词，则其臣子极为赞美之语，又不然，则其迂阔门徒、懵懂弟子，记忆师说，有头无尾，得后遗前，随其所见，笔之于书。后学不察，便谓出自圣人之口也，决定目之为经矣，孰知其大半非

圣人之言乎？

虽然李贽的这一判断纯属个人的质疑，没有学术上的反复求证，似乎不足为训，但是，敢于"疑"，即是"童心"真话，仍然是极可宝贵的。即便句句皆圣人之真言，又当如何？时易势移，也只能"取二三策而已矣。"晚明风气以一字言之即"假"，一切都是"假的，假的"。朝廷以谎言欺世，学界以大言惑心，社会以巧言争利，士子以媚言盗名。针对这样的民族弊端与社会腐败，李贽愤激道："《六经》《语》《孟》，乃道学之口实，假人之渊薮也，断断乎其不可以语于童心之言明矣。呜呼！吾又安得真正大圣人童心未曾失者而与之一言文哉！"李贽仇恶"假人"，乃千古最强音，揭示了中华民族劣根性之本源，所以必被当政者所绞杀。

在李贽心中始终有一个强烈的"人"的意识。他的《读书乐》写道："歌非无因，书中有人；我观有人，实获我心；哭非无因，空谭无人；未见其人，实劳我心"（《焚书·读书乐》）。他所认同的"人"与一般时代中的所谓贤人相反："凡昔人之所忻艳以为贤者，余多以为假，多以为迂腐不才而不切于用。其所鄙者、弃者、唾且骂者，余皆的以为可托国托家而托身也。其是大戾前人如此，非大胆而何？"（《焚书》）李贽自称的"大胆"就是确立了一个与社会已有的"人"之标准截然相反的"新人"理想。这，就不单单是一个"真""假"人的问题，而是一个由"真"而"新"的国民性变革问题。比如，李贽认为，与其强有力约束自私行为，为什么不调动人的自私之心呢？"各从所好，各骋所长，无一人之不中用，何其事之易也"（《答耿中丞》），"人各有见，岂能尽同，亦何必尽同"（《焚书》）。也正是因为李赟的"人"的思想先进性，所以"现代史家把李贽看作为思想自由献身的志士"；但是，"在他同时代的人看来，这只是一个狂士以将朽的生命为代价的最后一次狂纵"⁽³⁾。

3. 思辨：李贽的《论语》批判

李贽对传统、社会、权威的批判与质疑，是建立在他的"人"的哲学基础上的思考与表达，而非率性宣泄式的咒骂与谴责。尤其是他思考的独立性表现得特别出色，值得我们学习。这里以他的《四书评》中的"《论语》评"为例，窥斑见豹。

李贽的《四书评序》说——

> 千古善读书者，陶渊明一人而已。何也？以其"好读书不求甚解"也。夫读书解可也，即甚解亦无不可者，只不可求耳。盖道理有正言之不解，反言之而解者；有详言之不解，略言之而解者。世之龙头讲章之所以可恨者，正为讲之详，讲之尽耳。⁽⁴⁾

李贽反对的是讲"详"讲"尽"，提倡的是讲其大义，讲之角度与重点，从而使人有新的收获。李贽对龙头讲章的批判思想，也体现在他对《论语》的解读当中。

一是与社会现实紧密联系。例如《论语》："子游问孝。子曰，今之孝者，是谓能养；至于犬马皆能有养，不敬，何以别乎？"李贽评曰："今之孝者，并能养亦无之矣，岂不可叹！"这就是对晚明现实生活中"孝"的批判，指出老者犬马不如的境况，德之沦丧，不言而喻。

二是求异思维。例如《论语》："子曰：知之者不如好之者，好之者不如乐之者。"通常解释的顺序是由"知"而"好"，再由"好"而"乐"，既强调逐层提升，又强调"乐"境之"异"。而李贽评曰："不到'乐'的地步那得知此？"这个问句，一是赞赏孔子之所以这样说，是因为他到了"乐"境；二是表达个人见解，既突出"乐"，也注重"乐"与"知""好"的联系，由"乐"而回看，理解更透。

三是生发核心意义。例如："唐棣之华，偏其反而。岂不尔思？室是远而。"子曰："未之思也，夫何远之有？"李贽评曰："思是人极紧要的东西，故力为辩之。不然，孔夫子决不为一诗翻案而已"。又评："人之所以异于禽兽全在'思'。人之所以可为圣贤全在'思'。人亦'思'之否乎？"李贽从两层意义来认识孔子的"思"，一是从孔子强调的意图上讲；一是从自己个人认识上发挥。既突出"思"的一般意义，又兼及引出"思"的方法论意义——"思之否"，从而鲜明地体现了李贽个人的思考特点。

四是抽绎微意，引人思考。例如："子畏于匡，颜渊后。子曰：吾以女为死矣。曰：子在，回何敢死！"李贽评曰："子在，回何敢死""谁人说得出"，这是赞颜渊待师之诚。然后又补评曰"毕竟子在回又死了"，这是讲颜渊死在夫子之后，于是便问道："何故？何故？"这里的质疑，或者悲颜渊早死，或者讥颜渊言行矛盾。究竟是怎样的情感评价？读者有广阔的思考空间。值得指出的是，"何故"之问也只有李贽提得出，属于李氏批判的新奇之处。

五是直指导师思想而坦率批判。例如："子曰：由也，女闻六言六蔽矣乎？对曰：未也。居，吾语女。好仁不好学，其蔽也愚，好知不好学，其蔽也荡；好信不好学，其蔽也贼，好直不好学，其蔽也绞，好勇不好学，其蔽也乱，好刚不好学，其蔽也狂。"李贽评曰："搔著子路痒处，亦搔著子路痛处，亦搔著天下万世痛痒处",又曰"呜呼!今天下蔽者岂少哉?言良知而不言学,亦愚,亦荡,亦贼,亦绞,亦乱,亦狂。"前者赞孔子之言的针对性与启发性;后者批判王阳明言良知之蔽,尤其指出了王阳明后期弟子分作多派失之于学、失之于空疏的弊端。

六是借孔子之言正时之士风。例如:"子夏曰:仕而优则学,学而优则仕矣。"李贽评曰:"今人学未优则已仕矣",又曰"仕而优如何肯学。"最后总评:"此言仕、学合一也,所以从仕而优说起。""今人",即指现时代之仕者,未优则仕,末流者也,不合格者。这是对当时仕者队伍的基本评估。不合格的原因在哪里呢?未学,不学,更谈不上仕而优则学。李贽紧扣孔夫子所言的"学",提出了"仕学合一"的主张,这个"合一"就是彼此互助的共进之路,而这也正是"仕而优则学,学而优则仕"的思想精髓。李贽揭示这一基本精神是为了由提振当时的学风进而达到提升士风的目的。

这六方面的"解读",都充分地体现了联系现实,理性思辨,抓紧要义,汲取精华的批判性。而这样的批判性,也说明了李贽认识视野的广阔,针砭时弊的切要和思考问题的深刻。

4. 多元的文化塑造了李贽开放的个性

李贽的时代,在西方,正是文艺复兴个性张扬的时代,而在晚明中国,则是个性被视为异端,思想家被称作疯子的遭受监禁被迫害至死的至暗时期。

晚明的至暗,何以会诞生李贽?原因自然是多个方面,其中多元文化的影响是最不容忽视的。李贽的祖辈信仰伊斯兰教,都是经营国内外贸易的商人。樊树志指出:"这种家庭背景,使他对外来宗教与外来思想都能以比较平静的态度兼容并蓄,比较容易接受耶稣会士以及他们带来的西学"⁽⁵⁾。在利玛窦来到中国传播西学遭到很多腐儒大加质疑的时候，李贽作为一个最具质疑意识的批评家却与利玛窦结下了深厚的友谊，一点也不让人感到惊讶。当然，外部的影响还不是根本的激发，正如卜正民所言："信仰的动摇来自文化内部的压力：万历、天启年间庙堂之上的道德败坏、急速的商业化、社会等级的松动、边疆的军事危机、环境恶化，在这些条件下，一些人开始对过去确信不疑的东西产生动摇，并努力寻找理解世界的新途径，而这往往是处江湖之远的思考"⁽⁶⁾。李贽就是这样的思想家，他坚辞官职，把妻子儿女送回泉州，自己独身一人在湖北麻城开辟佛地，讲学写作，在《焚书》之后又成《藏书》，思想个性表达更加强劲。他说"人各有见，岂能尽同，亦何必尽同"，这就是他晚年针对中国几千年来一心专制求同的大异之论。从本质上看，李贽的思想依然是中国的儒学，然而他冲破了道统，提出了"异见"；弃绝了儒教，开放了视野，他还在走向世界，从而以一人之思忽明忽暗地与西方文艺复兴思潮产生了一丝呼应，这难道不应该被看作是中国文化宝库中最为珍贵的火种吗？当然，我们也不能过高地期待李贽，黄仁宇说，李贽是"一位特色鲜明的中国学者，而不是一位在类似条件下的欧洲式的人物"⁽⁷⁾。虽然如此，还是要看到李贽是中国这个时代的异于中国的学者，他让人看到惊喜，又让人陷入悲哀。"那些敌视外来影响的人更愿意唤起人们对'异'的恐惧。吸收了欧洲知识——尤其是耶稣会士视为天主教核心的关于天的知识——的中国人，被斥为遵'异道'、从'异教'，差点就够得上触犯刑律的邪教之罪了"⁽⁸⁾，虽然中国当时是如此的愚昧，然而"天崩地解"不还是要来吗？

（二）晚明小品的辛辣与自由

晚明是一个特定的历史时期，樊树志《晚明史》标注的历史时限是（1573—1644）。这也是大家公认的时代段落。从文学史上看，晚明文学的理论富有"自觉性"，其思想基础就是李贽的"童心说"，李贽有言："天下之至文，未有不出于童心者也"（《童心说》）；晚明文学的实践也极有"独创性"，其主要文体标志就是"小品"，章培恒、骆玉明《中国文学史》说——

> 这种文体并无定制，尺牍、日记、游记、序跋、短论，均可包涵，其特点大致有三：一是通常篇幅不长，二是结构松散随意，三是文笔轻松而富于情趣。（复旦大学出版社1996年3月第1版）

这讲的是晚明"小品"的一般文体特征。其真正的创新与贡献，正如史家所指出的："可以看到晚明小品在古代散文向现代方向发展过程中的重要意义"（章培恒、骆玉明《中国文学史》），我个人的体会是，从一定意义上讲，我们可以感受得到晚明小品幽幽而来的现代意识与人文主义气息。这也正是我在《疑思问国文点读》课程里选了很多佳作作为"课文"的原因。不单单是质疑与批判，更重要的是支撑质疑与批判的现代异质。

1. 李贽"小品"

其一：题孔子像于芝佛院（李贽）

人皆以孔子为大圣，吾亦以为大圣；皆以老、佛为异端，吾亦以为异端。人人非真知大圣与异端也，以所闻于父师之教者熟也；父师非真知大圣与异端也，以所闻于儒先之教者熟也；儒先亦非真知大圣与异端也，以孔子有是言也。其曰："圣则吾不能"，是居谦也。其曰"攻乎异端"，是必为老与佛也。

儒先臆度而言之，父师沿袭而诵之，小子朦聋而听之。万口一词，不可破也；千年一律，不自知也。不曰"徒诵其言"，而曰"已知其人"；不曰"强不知以为知"，而曰"知之为知之"。至今日，虽有目，无所用矣。

余何人也，敢谓有目？亦从众耳。既从众而圣之，亦从众而事之，是故吾从众事孔子于芝佛之院。（选自江苏文艺出版社《古文鉴赏辞典》，1986 年 7 月出版）

"芝佛院"是李贽晚年在湖北麻城龙潭湖畔辟出的著书讲学场所，相当于一个微型书院。通常，读书处或书院在最严肃显豁的地方挂孔子像或摆放塑像，旨在表达敬意。李贽如此随众也这样做，自有机杼。他的意思是什么呢？本文作了绝妙回答。辟头一句令人警醒："人皆以"与"吾亦以"对举而以"人"为因"吾"为果，强调了"随众"之意。

"随众"即盲从也。我们就抓住这一点组织讨论：比如找出第二段中，作者揭示如此盲目信从之危害特点的词语加以体会。"臆度"、"沿袭"及"朦聋"生动地点明了盲从的过程与特点：先儒主观臆断而得；师父循袭而诵，后辈迷迷糊糊而听之，经不起推敲论证，盲从而至于迷信，没有丝毫的独立思考，呈现出昏聩无知之态。再比如，"虽有目，无所用矣"表达的真实意义是什么？与下段"余何人也，敢谓有目"的意思是否冲突？说"无所用"是指出人人昏聩之病，都成了"睁眼瞎"，看不清是非，辨不明正误，这是愤激之语，深击要害。说"敢谓有目"，语中含讥，一方面与"从众"相意合，一方面辛辣讽刺"敢"字难为，实际上是提醒人们要敢于"有目"，用自己的头脑思考。文字上看起来是不敢有目，实际强调的正是敢于用目之意。通览全文，辛辣包裹于内，诙谐呈示于外，挂孔子像而题此文，在孔子眼皮底下论述不以孔子是非为是非，尽显轻蔑挖苦之风流！

其二：赞刘谐（李贽）

有一道学，高屐大履，长袖阔带，纲常之冠，人伦之衣，拾纸墨之一二，窃唇吻之三四，自谓真仲尼之徒焉。时遇刘谐。刘谐者，聪明士，见而哂曰："是未知我仲尼兄也。"其人勃然作色而起曰："'天不生仲尼，万古如长夜。'子何人者，敢呼仲尼而兄之？"刘谐曰："怪得羲皇以上圣人尽日燃纸烛而行也！"其人默然自止。然安知其言之至哉！

李生闻而善曰："斯言也，简而当，约而有余，可以破疑网而昭中天矣。其言如此，其人可知也。盖虽出于一时调笑之语，然其至者百世不能易。"（选自《明文观止》，学林出版社 2015 年 9 月版）

全文不足二百字，刻画了三个人物形象：一是道学先生，外表华贵庄严，实则无学而心虚，"拾""窃"二字刻画了他的真面目；二是虚拟人物刘谐，言语机智，思想智慧，是驳斥道学、批判迷信权威的智者。三是李生，画龙点睛，揭示刘谐批判之旨，"可以破疑网而昭中天"一句，高度评价了批驳道学的现实意义和思想价值，显然，这是一位思想家。三个形象，既反映道学虚伪，又展现批判力量，语言简约而活泼，辛辣而幽默。

2. 汤显祖的《牡丹亭记题词》

牡丹亭记题词（汤显祖）

天下女子有情，宁有如杜丽娘者乎！梦其人即病，病即弥连，至手画形容传于世而后死。死三年矣，复能溟莫中求得其所梦者而生。如丽娘者，乃可谓之有情人耳。情不知所起，一往而深。生者可以死，死可以生。生而不可与死，死而不可复生者，皆非情之至也。梦中之情，何必非真，天下岂少梦中之人耶？必因荐枕而成亲，待挂冠而为密者，皆形骸之论也。

传杜太守事者，仿佛晋武都守李仲文、广州守冯孝将儿女事。予稍为更而演之。至于杜守收考柳生，亦如汉睢阳王收考谈生也。

嗟夫，人世之事，非人世所可尽。自非通人，恒以理相格耳。第云理之所必无，安知情之所必有邪！（选自《明文观止》，学林出版社 2015 年 9 月出版）

第一段从"天下"说起，言杜丽娘有情最高最浓最绝，明知而反问，增其程度也。夸张吗？非也。丽娘为情而"梦"而"病"；"病"至临死，又以手画形象而传于世，何哉？以待所梦者也！由于情真，终于使所梦者"生"……这样的"生→死→生"的至情人生只有杜丽娘因"情"而有，因此，杜丽娘才称得上是"有情人"。杜丽娘固然是天下第一"有情人"，而汤显祖所写的这一"题词"也是天下第一铸情之词也！接下来阐释的"情之境界说"，堪称人间绝唱：

基础境界："不知所起"：无私也！

发展境界："一往而深"：渐进也！

献身境界："生者可以死"：殉情也！

升华境界："死可以生"永恒也！

为了强调"情"之"四境界"，汤显祖认为"情之至"是有标志的，这就是由"生"而"死"，起"死"回"生"。如果达不到，就谈不上"情之至"。这样把人间之情的"爱情"写到有这样一种高标的程度，古今中外，无人相匹，无文相敌！

第二段的关键句是"予稍为更而演之"，交代杜丽娘的故事有生活所本，但更强调自己的创造。创意在哪里呢？一是在于超越"形骸之论"而在精神境界上塑造了情真之"至"的伟大形象。再者是暗藏机锋，讽刺批判。段志强《汤显祖的双城记》说，杜丽娘的故事发生地本在岭南，汤显祖移于江西南安。这是为什么呢？原来"南安之学，甲于江西"，庆历年间周敦颐在此培养了两位著名学生即程颢与程颐；之后，正德年间王阳明在此平叛、劝农、兴学。原来这里是理学名邦！汤显祖让丽娘之情在理学圣域尽情表达，寓意岂不深乎？[9]

第三段，议论再次腾空而起，一说"人世之事，非人世所可尽"；一说一些无知俗人只知"以理相格"，哪里知道"情之所必有"。前者再次强调人世之事中的"情"是超越"人世"的；后者宕开一笔，直接批判所谓的理学先生只知道推究那些可笑的"理"罢了，对于"情"，他们连边都摸不上。作者如此论"情"之真，正是批判晚明人格总特征：伪也！直斥其"伪"，恰恰就是揭示晚明时期"天崩地解"的精神支柱必跨。汤显祖写

"真""伪"之辩，又岂在写一个短时的晚明吗？

3. 袁宏道《满井游记》

满井游记（袁宏道）

燕地寒，花朝节后，余寒犹厉。冻风时作，作则飞沙走砾。局促一室之内，欲出不得。每冒风驰行，未百步辄返。

廿二日，天稍和，偕数友出东直，至满井。高柳夹堤，土膏微润，一望空阔，若脱笼之鹄。于时，冰皮始解，波色乍明，鳞浪层层，清澈见底，晶晶然如镜之新开而冷光乍出于匣也。山峦为晴雪所洗，娟然如拭，鲜妍明媚，如倩女之靧面而髻鬟之始掠也。柳条将舒未舒，柔梢披风，麦田浅鬣寸许。游人虽未盛，泉而茗者，罍而歌者，红装而蹇者，亦时时有。风力虽尚劲，然徒步则汗流浃背。凡曝沙之鸟，呷浪之鳞，悠然自得，毛羽鳞鬣之间，皆有喜气。始知郊田之外未始无春，而城居者未之知也。

夫能不以游堕事，而潇然于山石草木之间者，惟此官也。而此地适与余近，余之游将自此始，恶能无纪？己亥之二月也。（选自《袁宏道集笺校》）

此"记"，超越唐宋矣！唐宋之"记"，多在借景抒情，以景寓理，景非主体。而本文所"记"满井之"景"，乃自然之主。笔笔写自然本有之生命张力，而人，只是一个享受者与参与者——这便是"性灵"的真谛。

写自然早春之生命张力，无一字一句不生机勃发。写柳、土、冰、波、山、麦、人、风、鸟、鱼，涉笔全是自然之物；或仰视，"高柳夹堤"，或平眺，"一望空阔"，或俯察，"清澈见底"，或远观，山峦"如拭"，或近睹，"鳞浪层层"，变化总是视角转换。写冰面之薄，曰"冰皮"，以"皮"写形还不足，又着一"始解"写其初始动态，这类的动词，形容词，比喻至切，体物细微，用不着多说了，单就那"时时有"一句，虽不经意带过，然"时时"之妙韵，却又让人依依难舍也！"时时"，本作副词之用，然表意有其动，也有其态，极显形容之功。紧扣"人未盛"这一总判断，写游人不是处处有，而是一会儿即有，一二人，二三人，断断续续，自由而行。这样一补笔意，写人与物，豁然皆通。这"时时"之态，正切合"未盛"之评，也与"新开"之"新"、"始解"之"始"，"乍明"之"乍"的分寸相合，更与"将舒未舒"，麦田"寸许"的景物情态融洽。这个"通"，也就是盎然生机的贯畅，生命张力的共奏。由这样的表达，使我们分明感受到朱自清所歌吟的"春天的脚步，近了"的早春呼吸。是的，袁宏道的这类写景小品，着墨于自然，暗合于自由，正如文论家所言，多少让我们闻到了隐约而来的现代气息。当我们把这样的文字与朱自清的名作《春》联系起来同赏，难道我们还不能够看到这一片自由小跑的文字之上的人的性情吗？

【注】

（1）（5）樊树志《晚明史·后记》，复旦大学出版社。

（2）北京大学哲学系《中国哲学史》，商务印书馆 1995 年 7 月第 1 版。

（3）（6）（8）卜正民《哈佛中国史》，中信出版集团 2017 年 7 月版。

（4）李贽《四书评》，上海人民出版社 1975 年 5 月第 1 版。

（7）黄仁宇《万历十五年》，中华书局 2018 年 3 月版。

（9）参见生活·读书·新知三联书店《读书》2019 年第 3 期。

十六

用"信仰"抗拒绝望（上）

（一）黄宗羲的新锐精神

"明清之际"是史学家们十分关注的一个历史交汇点。

明末的败亡，本是有识之士所预见的，因为对这个朝代的晚期病，早就绝望了。然而，满人入关，灭明为清，则未必让有识者认识到。一旦既成现实，则又成为有识者的新绝望；外族带来的沉重打击是无论如何也不能接受的。内忧引来外患，外患又演成内忧，绝望的叠加，清代思想家做出了多向选择：黄宗羲、王夫之重在对几千年来专制之恶的批判；戴震、颜元、傅山重在对几千来年经学的反思与重建；而严复、龚自珍、梁启超等则在思想质疑上构建了新的"思想信仰"。

思想从来是语文的灵魂。不单在内容，而且在形式上，清代思想家都催生了语文表达的新风貌。

黄宗羲（1610—1695），字太冲，号梨洲、浙江余姚人。清兵南下，曾奋起募兵抗击，明政权恢复无望，隐居著书。

侯外庐说黄宗羲的代表作《明夷待访录》类似"人权宣言"，"尤以'原君'、'原臣'、'原法'诸篇明显地表达出民主主义思想"，同时指出"在清末的维新运动时期，此书成了青年的宝筏，因为他讲的平等和前代学者是不相同的”[1]。现在看来，侯的评价未免过高。

不过，正如梁启超所言，富有“新锐之精神”则是令人惊异的（《中国近三百年学术史》）。黄的“新锐”，我以为就在于对明专制的深怨，并由此而对中国封建君主制度的彻底反思，从而实现“三代”之梦想。

葛兆光在其《中国思想史》中引用了一个叫做朴趾源的朝鲜人在其《热河日记》中所写的对于“中国知识状况”的观感，值得我们深思。朴说——

> 清人入主中国，阴察学术宗主之所在与夫当时趋向之众寡，于是从众而力主之。升享朱子于十哲之列，而号于天下曰：朱子之道即吾帝室之家学也，遂天下洽然悦服者有之，缘饰希世者有之……其所以动遵朱子者非他也，骑天下士大夫之项扼其咽而抚其背，天下之士大夫率被其愚胁，区区自泥于仪文节目之中而莫之能觉也。[2]

一“骑”一“扼”一“抚”，形象道出清统治者对于知识者的软硬兼施的策略与制御。比如黄宗羲，他提倡瓦解君臣的固定关系，希望把地方府县的学校建为“公议场所”，这虽然没有民主议会的制约意义，但毕竟动摇了“君”的神圣形象，因而雍正一语中的，以之为“叛逆”，因而禁止天下“妄立社团”、“妄议朝廷”和“妄行刊刻”。在强大的专制统治力量面前，要黄宗羲伟大到哪里去，可能也是我们的一种“妄想”吧？

但黄宗羲毕竟是了不起的。

正如北大哲学系《中国哲学史》所指出的：“他致力于政治制

度问题的探究，研究了过去历代的政治制度，总结了长期的历史经验，于是提出了对于君主专制的深刻批判，发挥了初步的比较明确的民主观念，这是黄宗羲对于中国思想史的一项卓越的贡献"[3]。

中国古代固有的专制是君上民下，君与"天下"同等，如下图：

而黄宗羲则要实现更早的古代的理想制度，如下图：

"天下"为上，君臣是师友，共担治理天下之职；而"天下"之治，也就是人民的安乐。所以，黄宗羲说——

> 盖天下之治乱，不在一姓之兴亡，而在万民之忧乐。

然而，秦汉以来，专制政体从来是一姓之私产，即使是变着戏法找到漂亮外衣掩盖，其实质仍然是一人之私或一群之私并然愈演愈烈。黄宗羲愤然而起，敢于批判，他说——

> 后之为人君者不然，以为天下利害之权皆出于我，我以天下之利尽归于己，以天下之害尽归于人，亦无不可。使天下之人不敢自私，不敢自利，以我之大私为天下之大

公。……凡天下之无地而得安宁者，为君也。是以其未得之
也，屠毒天下之肝脑，离散天下之子女，以博我一人之产
业，曾不惨然，曰："我固为子孙创业也。"其既得之也，敲
剥天下之骨髓，离散天下之子女，以奉我一人之淫乐，视为
当然，曰："此我产业之花息也。"然则为天下之大害者，君
而已矣！（《原君》）[4]

一方面，揭露了"君"的伪善与狡诈，明明是"大私"，但
口口声声"以我之私为天下之大公"；一方面，批判了"君"的
自私与残酷，"为子孙创业"，自私之极；"屠毒"天下，敲剥天
下，离散天下，残酷无比！由此而得出结论"为天下之大害者，
君而已矣"。

对于黄宗羲的政治质疑与批判，梁启超有准确的评价，
他说："此等论调，由今日观之，固甚普通甚肤浅，然在二百
六七十年前，则真极大胆之创论也。故顾炎武见之而叹，谓'三
代之治可复'。而后此梁启超、谭嗣同辈倡民权共和之说，则将其
书节钞印数万本，秘密散布，于晚清思想之骤变，极有力焉。"[5]

黄宗羲非常重视知识和舆论的质疑作用与批判力量。
他说——

天子之所是未必是，天子之所非未必非，天子亦遂不敢
自为非是，而公其非是于学校。（《明夷待访录》）

"是非"是客观存在的，"公其非是"，就是用众言，用知识，
用舆论，来明辨确认。在这个问题上，真理面前人人平等。黄宗
羲在中国古代太学生"深论"公议的传统上，吸收了明代书院舆

论议政的经验，提出了学校作为言论表达平台的设想，这对于反对封建专制独裁，有着极为先进的思想意义。

（二）王夫之的"辩证思维"

王夫之（1619—1692），字而农，号薑斋，湖南衡阳人，晚年在衡阳石船山隐居，因而后人称王船山或船山先生。王夫之善于对中国各家传统学派进行综合质疑与批判，其哲学思想达到了古代哲学的高峰，尤其是批判精神在中国思想史上格外熠熠夺目。

对于王夫之的学习，我尤其在两方面油然而生敬意：

一是王夫之关于天地万物时刻变化更新的思想。他说——

> 天地之德不易，而天地之化日新。今日之风雷非昨日之风雷，是以知今日之日月非昨日之日月也。（《思问录》）

所谓"德"，本性也。天地之德就是生生不息，自强不息。也正是有这样的"德"，所以才有"日新"的变化。"不易"与"日新"，自成逻辑，高度的辩证统一。继之以事实气象证之，一日之风雷，虽滚滚不息，但绝无重复，"昨日""今日"之风雷更是如此。由此更使人的思考走进更高境界：自能推知日月之变，即宇宙万物的变化之理。王夫之综论宇宙之变的"变"是"不变"的"理"，视野广阔，胸襟豪迈，显示了他的唯物观与认识统一论。而这，恰恰就是王夫之在理论上敢于质疑，勇于批判的思想支点。

二是王夫之关于质疑思辨的辩证思维。

燕国材在这方面有专门研究，讨论了王夫之的"思虑"方法问题。如关于"分析与综合"，王夫之说——

   ① 象合以听分，数分以听合。(《周易外传》)

   ② 由一而向万，本大而末小。本大而一者，理之一也；末小而万者，分之殊也。(《尚书引义》)

   ③ 一以统万者，达天者也。今夫天，则浑然一而已矣。天居一以统一，圣合万而皆一。(《尚书引义》)

王夫之的思想精髓就在于整体思考，局部认识。

又如，关于"证验与类推"，王夫之说——

   夫知之方有二，二者相济也，而抑各有所从。博取之象数，远证之古今，以求尽乎理，所谓格物也。虚以生其明，思以穷其隐，所谓致知也。(《尚书引义》)

燕国材认为，王夫之所说的格物，是验事以得理，实即一种证验法；王夫之所说的致知，是"思以穷其隐"，实即一种类推法。

对于证验与类推，燕国材还联系到现代归纳法与演绎法阐释，他认为，关于证验，王夫之说是"即所闻以验所进"，又说"事物至而以所闻所见者证之，知以人也"，很明显，证验以经验为主，它实质上也就是今之归纳法。关于类推，王夫之说"据所闻，以义类推之"，又说"因理而体其所以然，知以天也"，很明显，类推以析理为主，它实质上也就是今之演绎法。这里，燕国材特别提到了"证验与类推"的关系。王夫之说："非致知，则物无所裁而玩物以丧志；非格物，则知非所用而荡志以入邪。二者相济，则不容不各致焉"(《尚书引义》)，对这句话，燕国材的解释是，如只用证验（归纳），不用类推（演绎），则难以分别物类，加以界说，即所谓"非致知则物无所裁"；反之，如纯用类

推（演绎），不用证验（归纳），则获得的知识，难以应用于外界，即所谓"非格物则知无所用"。⁽⁶⁾

我们知道，分析，综合，证验，类推，这四种方法的运用是认识过程中提出质疑与批判的核心能力体现。虽各有其长，各有所重，但彼此交互而共生效应，则无疑能使质疑与批判更加全面和深刻。其精髓，就是辩证思想。

具体到教学工作中的学习指导而言，王夫之的辩证思维对于质疑的过程设计更有切实的启发意义。王夫之说——

> 实则学之弗能，则急须辨；问之弗知，则急须思；思之弗得，则又须学；辨之弗明，仍须问；行之弗笃，则当更以学问思辨养其力；而方学问思辨之时，遇著当行，便一力急于行去，不可曰吾学问思辨之不至，而俟之异日。（《读四书大全说》）

这段话，说的正是"分析与综合""证验与类推"的综合应用过程。如下图——

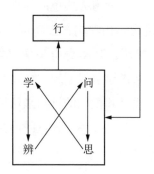

分三层意义：第一层先是"学"与"辨"，强调"辨"，也即明辨中的分析、综合；然后是"问"与"思"，强调"思"，也即

进一步在分析、综合的基础上进行初步的证验与类推；第二层是由"问"再出发，进行新一轮"学""思""辨""问"。第三层是实行"行"的超越。关于"行"，首先是由学问思辨养其"力"，实际上也就是检验"行"的基础怎么样；然后就是"行"为主脑，一"行"当先，落实于"行"。我的体会是，"行"，是综合应用与检验阶段，是更高层次的"学问辨思"，也是在实践中的分析、综合、证验、类推的具体落实，所以王夫之特别强调，"遇着当行，便一力急于行去"。王夫之所以如此重"行"，是因为他坚定地认为："知也者，固以行为功者也；行也者，不以知为功者也。行焉可以得知之效也，知焉未可以得行之效也"（《尚书引义》）。在程朱知行观基础上，王夫之有所批判和发展。

这里需要指出的是，"行"，并不是只指"学辨问思"之后的实践方式。应该认识到，王夫之所倡导的"行"，既指走上社会"应事接物"的实践活动，也指在校学习"用力去做"这一学习要求。这就是说，应事接物的实践可以是"用力去做"的学习过程，而"学辨问思"这一学习方式也应体现"用力去做"这一根本要求，与"应事接物"相呼应，二者可以有机统一。因此说，学辨问思既是为了"行"，其本身也是学习之"行"；而实践上的"行"又可以反过来指导学习上的"行"。

最后，我们再从质疑和批判的视角来认识王夫之所以这样辩证地处理"知"与"行"的关系，其目的还在于解决科学合理的"信"的问题。王夫之说——

> 天下之物理无穷，已精而又有其精者，随时以变，而皆不失于正。但信诸己而即执之，云何得当？况其所为信诸己者，

又或因习气，或守一先生之言，而渐渍以为己心乎？（《俟解》）

天下之"理"所以精而又精，不失于正，就在于"随时以变"，用今天的话说就是与时俱进。这是就"天下"之认识而言的。至于个人的认识则又很容易"失于正"，因为个人很容易自以为是，"信诸己而即执之"。怎样冲破个人"习气"或"先生之言"的樊笼呢？除了不断地质疑和批判外，别无他路。

清代，积前代专制之大成，最善于封喉。既用统治之暴力又用文人舐痔之功夫，构筑了一个深沉的话语冰原。葛兆光说，"在那个时代，文化人实际上使用的是三种不同的话语。一种是在公众社会中使用的'社会话语'，它是一本正经的、未必发自内心但人人会说的话语，尤其通过在官场、文书、礼仪、社交的场合；一种是在学术圈子里使用的'学术话语'，它是以知识的准确和渊博为标准的，只在少数学者之间通行，由于它的使用，这些学术精英彼此认同，彼此沟通，但它并不是一个流行的话语；还有一种是在家庭、友人之间使用的'私人话语'，它是呢喃私语或浅斟低唱，人人会说但不宜公开，满足心灵却不可通行，最多形之诗词"[7]。

但，不管怎么说，清代思想家还是为我们留下了一些动人篇章。

（三）黄、王语文表达的高度

1. 黄宗羲《柳敬亭传》

关于柳敬亭的记写，已有吴伟业写的传（见《梅村家藏稿》），还有张岱《柳敬亭说书》等。黄宗羲是在前人基础上改写而成的。黄宗羲为什么要改写呢？他有一段话：

偶见梅村集中张南垣、柳敬亭二传。张言其艺合于道，柳言其参宁南军事，比之鲁仲连之排难解纷。此等处皆失轻重。亦如弇州志刻工章文与伯虎、徵明，比拟不伦，皆是倒却文章架子。余因改二传。其人本琐琐不足道，使后生知文章体式耳。

这就告诉我们，黄是在质疑吴伟业所写的柳敬亭传的思想认识之下来重写柳敬亭的。在黄看来，吴作之失，失在不得"体"，也就是失在不得"传"的体式。"传"的体式应该是怎样的呢？黄的创作就只有这一个目的吗？我们可以带着这样的疑问来读《柳敬亭传》。

柳敬亭传（黄宗羲）

余读《东京梦华录》、《武林旧事》，记当时演史小说者数十人。自此以来，其姓名不可得闻。乃近年共称柳敬亭之说书。

柳敬亭者，扬之泰州人，本姓曹。年十五，犷悍无赖，犯法当死，变姓柳，之盱眙市中为人说书，已能倾动其市人。久之，过江，云间有儒生莫后光见之，曰："此子机变，可使以其技鸣。"于是谓之曰："说书虽小技，然必句性情，习方俗，如优孟摇头而歌，而后可以得志。"敬亭退而凝神定气，简练揣摩，期月而诣莫生。生曰："子之说，能使人欢咍嗢噱矣。"又期月，生曰："子之说，能使人慷慨涕泣矣。"又期月，生喟然曰："子言未发而哀乐具乎其前，使人之性情不能自主，盖进乎技矣。"由是之扬，之杭，之金陵，名达于缙绅间。华堂旅会，闲亭独坐，争延之使奏其技，无不当于心称善也。

　　宁南南下，皖帅欲结欢宁南，致敬亭于幕府。宁南以为相见之晚，使参机密。军中亦不敢以说书目敬亭。宁南不知书，所有文檄，幕下儒生设意修词，援古证今，极力为之，宁南皆不悦。而敬亭耳剽口熟，从委巷活套中来者，无不与宁南意合。尝奉命至金陵，是时朝中皆畏宁南，闻其使人来，莫不倾动加礼，宰执以下俱使之南面上坐，称柳将军，敬亭亦无所不安也。其市井小人昔与敬亭尔汝者，从道旁私语："此故吾侪同说书者也，今富贵若此！"

　　亡何国变，宁南死。敬亭丧失其资略尽，贫困如故时，始复上街头理其故业。敬亭既在军中久，其豪猾大侠、杀人亡命、流离遇合、破家失国之事，无不身亲见之，且五方土音，乡俗好尚，习见习闻，每发一声，使人闻之或如刀剑铁骑，飒然浮空，或如风号雨泣，鸟悲兽骇，亡国之恨顿生，檀板之声无色，有非莫生之言可尽者矣。（选自上海辞书出版社《古文鉴赏词典》）

　　全文不过700余字，却尽写柳敬亭一生时变；写时变，又由两条线索合股而成：一是人物经历，如"年十五……犯法当死"，"变姓柳"，"为人说书"，遇莫后光，艺术三变，再遇宁南，成"柳将军"，宁南死，"贫困如故时"，又"理其故业"，艺术又生异境。一是艺术进技，如由"倾动其市人"到"三变"而"进乎技"；由"之盱眙市中为人说书"到"之扬、之杭、之金陵，名达于缙绅间"，再到"亡国之恨顿生，檀板之声无色"等等。巧在双线合股，突现因时而遇，因遇而变。在这双线合股之中，又深埋一"理"，即经历与艺术时变之偶然性必然性的耦合也。这，真是大手笔所能为。"犯法当死"却未死，变姓柳而成艺人，这是偶然一；说书"过江"遇莫后光，这是偶然二；悟莫后光而进乎技，这是偶然三；"致敬亭"于宁南，这是偶然四；进幕府而"无不与宁南意合"，这是偶然五；宁南死，"贫困如故时"，这是偶然六；理故业，艺术更臻异境……这是偶然七。然而，种种偶然又与必然相关：一是"机变"之本性，一是时势之所定。无"机变"之本性，柳之一生也就无所"偶然"；无时势之决定，虽有"机变"之性，也决无如此之"偶然"。换言之，必然的规律性由"遇然"之变而体现，人生的偶然性又由社会及人性的"必然性"所推演而成。

写柳敬亭一生时变，固然是独特的"这一个"，然而，在动荡或稳定、丰足或贫困的历史进程中，这样的"这一个"又非柳敬亭一人耳，可见，柳敬亭之人生时变，又折射了中国历史变化的命运性特征。尤其值得注意的是，柳敬亭者，本是"琐琐不足道"之小人物，一个"小人物"的命运史，也许更能揭示一个社会历史的深沉本性。这，我想，正是黄宗羲所期待的——"使后生知文章体式耳"。一方面，知"传"之体式，一方面，由"体"而知"史"。

我们知道，"传"之体，有三种，"一是史书上的人物传记，称为史传；一种是史书之外，一般文人学者所撰写的散篇传记；一种是用传记体虚构的人物故事，实际是传记小说"。[8]黄之《柳敬亭记传》，属第二种，而黄之改写之意则直指第一种史传者也。也即学习司马迁史传之体，寓褒贬于人事记叙之中。柳敬亭之"时变"，即明史之时变的"这一个"。

2. 王夫之《论梁元帝读书》

中华文明发展史上，有两次"焚书"令人痛心，一是秦始皇，不读书而"焚书"；一是梁元帝，爱读书而"焚书"。

梁元帝，即梁朝萧绎（508—554），"性好书，常令左右读书，昼夜不绝。虽熟睡，卷犹不释，……作文章，援笔立就"。公元554年十一月，西魏围攻江陵，梁朝危在旦夕，"命舍人高善宝焚古今图书十四万卷，将自赴火，宫人左右共止之"，或问："何意焚书？"帝曰："读书万卷，犹有今日，故焚之"（见《资治通鉴·梁纪二十一》）。

《论梁元帝读书》就是王夫之读书笔记《读通鉴论》中的名篇，用辩证的思维，洞见史实，生发卓识，读之极有教益。尤其是对于当今信息时代的我们如何读书，更有切实的警示。

论梁元帝读书（王夫之）

江陵陷，元帝焚古今图书十四万卷。或问之，答曰："读书万卷，犹有今日，故焚之。"有恶其不悔不仁而归咎于读书者，曰："书何负于帝哉？"此非知读书者之言也。帝之自取灭亡，非读书之故，而抑未尝非读书之故也。取帝之所撰著而观之，搜索骈丽，攒集影迹，以夸博记者，非破万卷而不能。于其时也，君父悬命于逆贼，宗社垂丝于割裂；而晨览夕披，疲役于此，义不能振，机不能乘，则与六博投琼、耽酒渔色也，又何以异哉？夫人心一有所倚，则圣贤之训典，足以锢志气于寻数墨之中，得纤曲而忘大义，迷影迹而失微言，且为大惑之资也，况百家小道，取青妃白之区区者乎？

呜呼！岂徒元帝之不仁，而读书止以导淫哉？宋末胡元之世，名为儒者，与闻格物之正训，而不念格之也将以何为。数《五经》、《语》、《孟》文字之多少而总记之，辨章句合离呼应之形声而比拟之，饱食终日，以役役于无益之较订，而发为文章，侈筋脉排偶以为工，于身心何与耶？于伦物何与耶？于政教何与耶？自以为密而傲人之疏，自以为专而傲人之散，自以为勤而傲人之惰，若此者，非色取不疑之不仁，好行小慧之不知哉？其穷也，以教而锢人之子弟；其达也，以执而误人之国家，则亦与元帝之兵临城下而讲《老子》，黄潜善之虏骑渡江而参圆悟者奚别哉？抑与萧宝卷、陈叔宝之酣歌恒舞，白刃垂头而不觉者，又奚别哉？故程子斥谢上蔡之玩物丧志，有所玩者，未有不丧者也。梁元、隋炀、陈后主、宋徽宗皆读书者也，宋末胡元之小儒亦读书者也，其迷均也。

或曰："读先圣先儒之书，非雕虫之比，固不失为君子也。"夫先圣先儒之书，岂浮屠氏之言，书写读诵而有功德者乎？读其书，察其迹，析其字句，遂自命为君子，无怪乎为良知之说者起而斥之也。乃为良知之说，迷于其所谓良知，以刻画而仿佛者，其害尤烈也。

夫读书将以何为哉？辨其大义，以立修己治人之体也；察其微言，以善精义入神之用也。乃善读者有得于心而正之以书者鲜矣，下此而如太子弘之读《春秋》而不忍卒读者鲜矣，下此而如穆姜之于《易》，能自反而知愧者鲜矣。不规其大，不研其精，不审其时，且有如汉儒之以《公羊》废大伦，王莽之以讥二名待匈奴，王安石以国服赋青苗者，径且为蠹，而史尤勿论已。读汉高之诛韩、彭而乱萌消，则杀亲贤者益其忮毒；读光武之易太子而国本定，则丧元良者启其偏私；读张良之辟谷以全身，则炉火彼家之术进；读丙吉之杀人而不问，则怠荒废事之陋成。无高明之量以持其大体，无斟酌之权以审于独知，则读书万卷，止以导迷，顾不如不学无术者之尚全其朴也。

故子曰："吾十有五而志于学。"志定而学乃益，未闻无志而以学为志者也。以学而游移其志，异端邪说，流俗之传闻，淫曼之小惠，大以蚀其心思，而小以荒其日月，元帝所为至死而不悟者也。恶得不归咎于万卷之涉猎乎？儒者之徒，而效其卑陋，可勿警哉？（选自上海辞书出版社《古文鉴赏词典》）

王夫之之文，思想深刻，立意新颖，质疑有力，批判尤劲。其语言形态，逻辑纵横而勾连，其内容层次，因果互动而表里。句式与章法并茂，中心与旁通同妙。我教此文，不求其多，但求其简，就全篇 13 处问而展开思考：

第一处问"书何负于帝哉？"此问针对元帝焚书之罪，为书说话。这句话想必每个读者都会认同，然而王夫之偏偏质之问之说："此非知读书者之言也。"这就引发了读者之疑。于是，文章就从读者疑处起笔，立意不谓不新，涉笔不谓不巧。第二处问针对元帝所读之书不当所读之时不当而来，提出"又何异哉"之问。这是对元帝读书的彻底否定，紧扣元帝"未尝非读书之故"一句，由此顺文意又新生反问："况百家小道，取青妃白之区区者乎？"至此，三句连锁之问，层层相扣，极富推断力量。

第四处问转承全篇之义："岂徒元帝之不仁而读书止以导淫

哉?"引发读者全面思考,展开联想,意识到元帝读书之误是普遍现象,值得批判与反思。继之是五、六、七三问连动,论证这种读书全无益处,这个"无益"构成三维:与己、与人、与社会国家均无益也。非但"无益"而有大害者,继之对三个"自以为"的无情揭露,又助推出第八个问:"若此者,非……之不知哉?"不知,不智也,愚蠢也。继之又举例,举例之后又反问(第九问与第十问),即两个"奚别"之问。从章法上看,巧妙拉回到全文中心,与元帝读书相扣;从思想上看,深化了读书之害与元帝本质相同。第三段,提出十一问,从而区别读先圣先儒之书与读浮图之言的本质不同,顺手批判良知说之后,又为下文起问奠基。

第四段起笔之问,正面提出怎样读书这一问题,第五段结句再次反问连动,既回应开头质疑之理,又警示后人,明示读书目的。

总之,全文问问相扣,"问"推"问","问"答"问"。充分展示了作者极强的思维逻辑和语言组织能力,酣然充沛之气,一泻千里。

【注】

(1)侯外庐《中国思想通史》,人民出版社1958年版。

(2)(7)葛兆光《中国思想史》,复旦大学出版社2019年4月版。

(3)北京大学哲学系《中国哲学史》,商务印书馆1995年第1版。

(4)选自《诸子百家名篇鉴赏辞典》,上海辞书出版社2013年12月第1版。

(5)梁启超《清代学术概论》,广西师范大学出版社2010年3月版。

(6)燕国材《中国心理学史》,浙江教育出版社1998年5月第1版。

(8)褚斌杰《中国古代文体概论》,北京大学出版社1984年6月第1版。

十七

用"信仰"抗拒绝望（中）

（一）清代的思想钳制

"明末清初"的特定含义值得体味。说到明之"末"，就想到政治腐朽，专制残暴；也想到经济发达下的市民意识萌发而对政治专制形成攻击力的征兆意义。说到清之"初"，就想到清世祖入关，更想到强化科考欺人，大兴文字狱，用怀柔或高压，实现了对元明专制的正强化，从而扫除了市民意识的生长环境……对于中华民族而言，所谓的改朝换代，不过是再一次强化专制统治。这样的轮回，次数越多，专制强化就越厉害。

读钱穆《国史大纲》，心中极为沉重。清代共十主，凡二百六十八年。给我们带来了什么呢？钱穆列了如下几点：

首先是大张旗鼓地树立了汉奸形象。太宗惧怕而怀柔，孔有德、耿仲明降清，"太宗以抱见礼见之"，洪承畴更是被看重，被称作是"引路者"。

继之是用开科取士笼络士人，征召博学鸿儒，俱授翰林；特别是"开明史馆"，"以国史大业牢笼遗民志士"。当然，如顾亭林、黄梨洲、李二曲等志洁抗清之士，未能招致，但二、三流士人趋之若鹜，痴迷舔痔。

再是"文字狱迭起"。有汪景祺、查嗣庭之狱；有吕留良之狱；有陆生枬之狱等等，"盖自康熙五十年戴名世《南山集》兴狱以来，清廷以文字狱诛戮士人之风又大炽。此乃清廷一贯政策，非雍正一人事。"

还有令人发指的焚书禁言。借编《四库全书》之名，广为征书，同时"烧毁犯禁书籍共24次，538种，一万三千八百六十二部"。"一字一语，亦不放松"，"前无伦比"。

禁言，尤其"严禁士人建白军民利病"。"顺治九年，立卧碑于各直省儒学之明伦堂，凡军民一切利病，不许生员上书陈言。如有一言建白，以违制论，黜革治罪。又生员不许纠党多人，立监结社，把持官府，武断乡曲。所作文字，不许妄行刊刻……至清代始对士人言论、结社、出版三大自由，皆切实严禁。"

禁言，必铲除思想土壤。清代大办书院，然必定官办，"以廪饩收买士气"。因而出现了士人路途分道，大部分科举而求官，少部分"趋于笃古博雅之一途"。所谓乾嘉学风者，"源于爱好民族文化与厌恶异族统治，带有反抗现实之活气，后则变为纯学术之探讨，钻入故纸堆中，与现实绝不相干"，钱穆的这个判断是客观的，准确的。

梁启超《清代学术概论》出于民族主义精神，把"清学"中的考证、训诂等学术思想与方法与欧洲文艺复兴相类比，其情虽可理解，而其理则未免有较大的局限。周作人对此曾冷峻地讥讽，说这不是文艺复兴而是文艺复兴之"梦"。鲁迅的愤怒更是溢于言表：

　　明人刻古书而古书亡，清人修撰四库全书而古书亡，今人标点古书而古书亡。

浩浩乎中华文化，言之五千年，足可以自豪了。然而，这其中的内伤又有多少人知道呢？又有多少人知道而又注意用独立思考的眼光来加以选择和寻绎呢？在中学语文教学中，虽不作深究和探索，但获得一些"认识背景"，对于我们也是极为重要的。

当然，我们不能绝望。清学中仍然有质疑与批判的光芒，可以采而集之育为我们现今思考的火种。这一节，我们重点介绍戴震。

（二）戴震的"叛逆"与"批判"

戴震（1724—1777），字东原，安徽休宁人，曾中乡举，但未中进士，参与《四库全书》修纂，校订天算地理书籍。有《戴氏遗书》，代表著作为《原善》、《孟子字义疏证》。

戴震10岁入学，读《大学》，问老师：从哪里知道这是孔子的话而由曾子所记？又从哪里知道曾子的思想是由他的门人记录的？老师回答：从先儒朱子的注中可知。戴又问：朱子是什么时候人？师答：南宋。又问：孔子、曾子是什么时候人？师答：东周。又问：周去宋多少年？师答：近两千年。又问：那朱子是凭什么知道的呢？师无以应。

我们知道，清统治者从来就实行残酷的文化专制主义，意识形态上更是无情镇压，同时为了笼络人心，欺骗社会，又推出程朱理学为"正学"，引导士子为专制服务，为暴政帮凶。面对这样的文化暴政，戴震敢于对程朱理学思想实行全面批判，用"以理杀人"的标志性语言揭露程朱思想的本质之罪，这是非常了不起的。戴震所以能够这样，有三个基本原因：一是戴震对于清廷的"叛逆"，彻底放弃了被征召、被表彰的诱惑，从而能够较为独立地钻进故纸堆中无所顾忌地思考；二是戴震所生活的时代，经济较为繁荣，工商业发达，形成了一定规模的市民阶层，使得思想意识尚能多元化地隐性交流，任凭专制主义残暴镇压也无法"杀绝"。三是"清学"历代均有大家，思想得以碰撞和传承。比如颜元、李塨，反对程朱，主张"理在事中"，同时又反对陆王心学之虚玄，重视实践与习行。这些思想都对戴震产生积极影响。

戴震的思想"叛逆"有着科学的问学精神。梁启超专门研究了戴震的质疑思想与品质，指出"不以人蔽己，不以己自蔽""实震一生最得力处"。戴震的原话是这样说的——

> 学者当不以人蔽己，不以己自蔽。不为一时之名，亦不期后世之名。有名之见，其蔽二；非掊击前人以自表暴，即依傍昔贤以附骥尾。……私智穿凿者，或非尽掊击以自表暴，积非成是而无从知，先入为主而惑以终身；或非尽依傍以附骥尾，无鄙陋之心，而失与之等。（《东原文集·答郑用牧书》）

梁启超由这段话，点示了学问破蔽之难：一是学问本有"蔽"，"粗涉其途，未有不为人蔽者"；二是经过研究之后，"力求自脱于人蔽，而己旋自蔽矣"。人蔽——自蔽，多少学者在这个网罗中奔突！

怎样"破蔽"呢？戴震的体会是——

> 所谓十分之见，必征诸古而靡不条贯，合诸道而不留余议，巨细毕究，本末兼察。若夫依于传闻以拟其是，择于众说以裁其优，出于空言以定其论，据以孤证以信其通，虽溯

流可以知源，不目睹源泉所导，循根可以达杪，不乎披枝肆
所歧，皆未至十分之见也。……夫然后传其信，不传其疑，
疑则阙，庶几治经不害。(《东原文集·答姚姬传书》)

这段话的基本精神就是强调实事求是，决不轻信盲从；"信"
其真"信"，"疑"其所"疑"，"传信不传疑"。因此，梁启超认
为这就是一种"科学精神"[1]。这里的"信""疑"二字，余廷灿
有精准的说明：

　　有一字不准六书，一字解不通贯群径，即无稽者不信，
不信必反复参证而后即安。以故胸中所得，皆破出传注重
围。(《戴东原先生事略》)

质疑何其细也！求索何其严也！由"不信"到"信"，全在于
质其疑，破其惑，证其实，然后所得安；这里的"信"，不是主观
上的认定，而是事实所得的"证实"。这个"证实"的过程实质上
也就是证伪与破蔽的过程，梁启超赞之科学精神，不是虚夸。

梁启超总结了顾炎武、戴震等学者的治学方法，他说——

　　清儒之治学，纯用归纳法，纯用科学精神。此法此精
神，果用何种程序始能表现耶？第一步，必先留心观察事
物，觑出某点某点有应特别注意之价值；第二步，既注意于
一事项，则凡与此事项同类者或相关者，皆罗列比较以研究
之；第三步，比较研究的结果，立出自己一种意见；第四
步，根据此意见，更从正面侧面反面博求证据，证据备则沘
为定说，遇有力之反证则弃之。[2]

梁氏确认的"四步骤"可以称作是清儒创立的新的"为学之序"。虽然朱熹也强调"博学""审问""慎思""明辩"与"笃行",但如何落实之?方法上欠具体。而清儒这里,为学的核心就是使"明辩"这一要求而有基本的操作方式,即"证伪"。而"证伪",恰恰就是我们倡导质疑精神的行为准则。

(三)《孟子字义疏证》:质疑与批判的理论模型

戴震的思想代表作是《孟子字义疏证》。

这部力作,以疏证《孟子》字义方式,阐述了理、性、天道、仁义礼智等儒学范畴的内涵,目的在于批判程朱理学。例如,专列"理"字分讲十五条,批判程朱"理在事先"等观点,阐发先儒"理"之原意,断定"理"即各种事物的具体规律等,强调"理"在"人伦日用"之中的基本思想。"条分缕析",是作者思考与写作的一大特点。

作者对问题的分析,始终设定在质疑与明辨的思考情景中。就全书而言,始终是问答或讨论,以问题为中心,以对话为形式,构建了作者与读者之间的平等研讨的平台。既没有据理力争,居高临下的思想威压感,也没有泛泛而论,模棱两可的乡愿态。在我看来,这恐怕是戴震创立的更切近于近代学术的思考风格和对话气象。这种情境下的"自由",使得讨论与对话更能够深入而拓展。

对话讨论的"层层剥笋",不断"追问",显示了极为雄健的挖掘与钻探的力量。例如关于"理",在总论之下,就分别提出了14个追问(译其大意):

作者在总体讨论"理"的含义之后,提问:

① 古人关于"天理"的观点是什么?

作者在回答提问之后,提问:

② 情与理在内涵上有什么区别呢?

作者回答区别,归到"日用饮食"之后提问:

③ 孟子说:"心之所同然者,谓理也",理又以心言,这如何理解?

到这里,讨论深入一层。"心"与"理"常常混为一谈。戴说"同然"始谓"理",未达到"同然"则非"理",只是个人之"意见"也。这就划清了"心""理"界限。这个划定是对程朱思想缺漏的指正与校改。继之又问:

④ 宋儒以来都认为"理""得于天而具于心";您又说"理""心"要达到"同然"境地才算一致;孟子又说"圣人先得我心之同然";这样说来,普通人怎么办呢?他们先有家,再有国事、社会生活,进而天下,难道要等到成为圣贤之后才能"行事"吗?

这个质问实质上是对戴之反驳。戴氏也以事实反驳;孔孟之言说"理"字极少,只是今人(宋儒)凡事"莫不辄曰理",这样不过是"任其意见"。古人最常做的是"自求其情",讲求人之常情。如此,再求情理"同然",如此则"不言理而理尽于此"。又提问:

⑤ 说理在"事情",于心"同然",我无疑问了。但是"孟子举以见人性之善",这又从何解释呢?

此问看起来是拓展思想,但纵向上看,讨论是由"理"到"心",再由"心"到"情";现在则是由"情"到"性"。可见这既是步步深入,又是层层拓展。这是一个"深入"与"拓展"相互叠进的模型。由质疑的深化而使这个思考模型不断立体化,便是戴氏思考的一大特征。又提问:

⑥ 孟子专举"理义"以明"性善",如何理解?

这是对上问的补充,是对性善与理义关系的理解。又提问:

⑦ "声色臭味之欲"恐怕也根于"心"吧,难道只根于耳目鼻口吗?"耳悦声,目悦色,鼻悦臭,口悦味,非心悦之乎?"

戴氏辩说"心"能够"使",而不能够"代",故不能相为。这其中的关键作用还是"性"。继之提问:

⑧ 宋儒谓"理得于天而藏于心","殆因问学之得于古贤而藏于心",这之间的类比能说得通吗?

由此而引出对宋儒问学是"记问之学"的批判。宋儒学而"不化",于性于心于理都说不通。又提问:

⑨ 宋儒提出"理欲"之辩,"以为君子小人与此为分";今天我们认为"理"存于"欲",那么"无欲"就不

合于"理"了吗？

此问是"性"的深化，顺此提出了戴氏最为重要的观点："欲不可无，寡之而已。""民之质矣，日用饮食"；"饮食男女，人之大欲存焉"；反复证明了"欲不可无"。这个观点也是戴氏认为"理学杀人"的支点。继之，深入到对程朱的批判，提问：

⑩《乐记》说"灭天理而穷人欲"，这好像与"理欲为邪正"的观点不同，为什么呢？

此问旨在对"欲"的深入分析。又提问：

⑪《中庸》中讲"慎""惧"，后儒因此而讲"存理遏欲"。《中庸》所言恐怕不仅是这个意思吧？

这是回到先贤原义上来讨论。再问：

⑫ 自宋以来，老、庄、释等言论常与孔孟之言混淆，"今何以剖别之，使截然不相淆惑欤？"

⑬ 岂宋以来儒者，其说尽援儒以入释欤？

⑭ 程伯子、朱子起初对释氏都予以肯定，师其人，遵其道，所谓"明心见性"，然而"终能觉其非矣，而又未合于六经孔孟，则其学何学欤？"

至此，百川归海，百问归宗，展开了对程朱理学哲学本质的否定与批判。

限于篇幅，不能全引关于"理"的讨论全文，只能将问题线索简略地勾勒出来，以便窥见其思想"理路"。概而言之，试以下图说明：

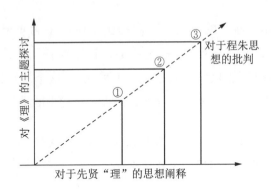

③ 对于程朱思想的批判

首先，戴震关于"理"有自己的思想系统；而这个系统又是在明辨、罗列程朱观点基本错误的基础上得以建立的。戴与程朱的矛盾点能够得以鲜明揭示，又是得益于戴氏对于先儒思想的原义阐释而实现了观照支架的建立。这样，三维互通而俱张，理路交错而凸显，正误明晰而贯通，分析深入而递进，从而构成了一个具有现代思辨特征的学术质疑与讨论的理论模型。这个质疑与批判的思想逻辑，是我们当代人理应汲取的理论智慧与思维营养。

（四）思想圈内的小自由：论学书札

梁启超说，清代学者"交换知识之机会"，不免缺乏。"其赖以补之者，则函札也。""每得一义，辄驰书其共学之友相商榷，答者未尝不尽其词。凡著一书成，必经挚友数辈严勘得失，乃以问世，而其勘也皆以函札。此类函札，皆精心结撰，其实即著述也。此种风气，他时代亦间有之，而清为独盛"。又说，"其为文也朴实说理，言无枝叶，而旨壹归于雅正。语录文体，所不喜也，而亦不以奇古为尚"，"清学皆宗炎武，文亦宗之。其所奉为信条者，一曰不俗，二曰不古，三曰不枝。盖此种文体于学术上之说明，最为宜矣，然因此与当时所谓'古文家'者每不相容。"[3]

鉴于中学语文教材已选姚鼐等古文家作品，我们特地选了以别于桐城派古文的三篇论学书札，以体会清代学术大家质朴文风、逻辑理趣与求真精神，特别是感受一下严密文网下的学术思想小圈子里的小自由。

1. 顾炎武《与友人论门人书》

与友人论门人书

伏承来教，勤勤恳恳，闵其年之衰暮，而悼其学之无传，其为意甚盛。然欲使之效曩者二三先生，招门徒，立名誉，以光显于世，则私心有所不愿也。若乃西汉之传经，弟子常千余人，而位富者至公卿，下者亦为博士，以名其学，可不谓荣欤，而班史乃断之曰："盖禄利之路然也。"故以夫子之门人，且学干禄。子曰："三年学，不至于谷，不易得也。"而况于今日乎？

今之为禄利者，其无藉于经术也审矣。穷年所习不过应试之文，而问以本经，犹茫然不知为何语，盖举唐以来帖括之浅而又废之。其无意于学也，传之非一世矣，矧纳赀之例行，而目不识字者可为郡邑博士！惟贫而不能徙业者，百人之中尚有一二。读书而又皆躁竞之徒，欲速成以名于世，语之以五经则不愿学，语之以白沙、阳明之语录，则欣然矣，以其袭而取之易也。其中小有才华者，颇好为诗，而今日之诗，亦可以不学而作。吾行天下见诗与语录之刻，堆几积案，殆于瓦釜雷鸣，而叩之以二南、雅颂之义，不能说也。于此时而将行吾之道，其谁从之？大匠不为拙工改废绳墨，羿不为拙射变其彀率。若徇众人之好而自贬其学，以来天下之人，而广其名誉，则是枉道以从人，而我亦将有所不暇。惟是斯道之在天下，必有时而兴，而君子之教人有私淑艾者，虽去之百世而犹若同堂也。所著《日知录》三十余卷，平生之志与业皆在其中，惟多写数本以贻之同好，庶不为恶其害己者之所去，而有王者起，得以酌取焉，其亦可以毕区区之愿矣。

夫道之污隆，各以其时，若为己而不求名，则无不可以自勉。鄙哉硜硜所以异于今之先生者如此。高明何以教之！（选自钱伯城主编《古文观止新编》，上海古籍出版社 1988 年 12 月第 1 版）。

朋友来信建议顾炎武年事已高要广招门人，以便学识后传。对于这个建议，顾炎武洞悉时代，论及学风之弊，表达不愿"枉道以从人"之风骨，语言质简，针砭无情，揭露学风之浮夸，入木三分！顾氏所指现象，当今较之尤盛。由学者而 XX，又由大师而 XX，比比皆是，声光化电之震撼宣传，一片鼓噪。集古今中外之最美好词句，摇唇鼓舌，欺世盗名！欺者与被欺者同舞，求名与赐名者共欢。我知道你知道欺骗，你也知道我知道你知道欺骗，彼此默契，心照不宣，唯名利是图耳！

顾氏之风骨，全在一字一句表达中。开篇即言"私心有所不愿"，为何不愿？"盖禄利之路然也"，点明原因；求干禄，自古而然，孔子就批评过，本不足为奇，然而今日尤盛。作者用"而况于今日乎"这一反问，由古而今，牵出今之盛况，连带下文"今之为禄者"，章法上巧妙自然，思想上实寓古今通病之意也！由此可知，作者论此，非个人私事之辩，而是天下学术公器之忧也。继之写"问以本经"，"茫然不知"，不过是点明今之为禄者之不学无术罢了，然而又言"目不识字者可为郡邑博士"之事实，不禁使人震惊。震惊者何？世之风气如此，世人共识如此也！这就揭露了"当今"之世不仅不学无术，而且竟以此不学无术为当今学术的可悲！这个可悲，正是当世思想彻底腐朽衰竭所致。当世之学术"学"什么呢？学语录；为什么要学语录呢？"袭而取之易也"；当今之世，信息社会也，平台广，路径多，计算机操纵，怎一个"易"字可免。"易"之目的何在？名利也。名利本不可怕，可怕在于人之大脑尽失，独立思考尽无，人人皆奴！更可悲者，自以为奴而不自知；更更可悲者，在于自知为奴而以奴者自喜也！顾氏虽未揭开"奴"字之底里，然不愿"枉道从人"之坦言已见机杼。而这，恰恰在文末以"异于今之先生者"中之一"异"字而清晰刻画了一个独立求真的学者形象！

2. 纪昀《与余存吾太史书》

与余存吾太史书

昀再拜启，存吾太史阁下：承示《戴东原事略》，具见表章古学之深心，所举著书大旨，亦具得作者本意。惟中有一条，略须商榷。东原与昀交二十馀年，主昀家前后几十年，凡所撰录，不以昀为肤陋，颇相质证，无不犁然有当于心者。独《声韵考》一编，东原计昀必异论，竟不谋而付刻。刻成昀乃见之，遂为平生之遗憾。

盖东原研究古义，务求精核，于诸家无所偏主。其坚持成见者，则在不使外国之学胜中国，不使后人之学胜古人。故于等韵之学，以孙炎反切为鼻祖，而排斥神珙反纽为元和以后之说。夫神珙为元和中人，固无疑义，然《隋书·经籍志》明载梵书以十四字贯一切音，汉明帝时与佛经同入中国，实在孙炎以前百馀年。且《志》为唐人所撰，远有端绪，非宋以后臆揣者比，安得以等韵之学归诸神珙，反谓为孙炎之末派旁支哉！东原博记群书，此条不应不见；昀尝举此条诘东原，东原亦不应不记。而刻是书时仍讳而不言，务伸己说，遂类西河毛氏之所为，是亦通人之一蔽也。

　　若姑置此书不言，而括其与江慎修论古音者为一条，则东原平生著作遂粹然无瑕，似亦爱人以德之一端。昀于东原交不薄，尝自恨当时不能与力争，失朋友规过之义。故今日特布腹心于左右，祈刊改此条，勿彰其短，以尽平生相与之情。刍荛之言，是否可采，惟高明详裁之。（选自上海辞书出版社《古文鉴赏辞典》，2014 年 7 月版）

　　收信人是翰林院主持修史的史学家余廷灿，写信人是著名学者、文学家纪昀。纪所以写这封信，全在于商榷一件学问之事。行文简拯，问题集中，观点鲜明，语言极为得体。

　　戴认为汉魏时的孙炎为"反切"鼻祖，纪认为《隋书·经籍志》讲得很清楚，比孙炎要早百余年。本来，学术上观点不同是常见事，然纪昀非要小题大做不可，为什么？旨在追求学术求真之原则也。纪昀揭示戴震之蔽正是戴氏最为反对的"己蔽"，即"不使外国之学胜中国，不使后人之学胜古人"。这样一来，这封信的思想意境陡然进入高端：戴氏固然实事求是，然通人亦存"一蔽"；而且，这个"蔽"，戴氏明明知道而不改，可见"成见"之深！后之学者，可不慎哉？这里要强调的是，戴氏纪氏所倡导的学术精神——实事求是——是完全一致的，在这一精神指导下，仍然有"蔽"，尤其可见实事求是是何等的艰难，何等的可贵，何等的重要，而要做到又非质疑批判不可。

3. 戴震《与段若膺书》

与段若膺书

　　仆足疾已逾一载，不能出户，定于秋初乞假南旋，寔不复出也。拟卜居江宁，侯居定当开明，以便音问相通。吾兄尚未得实地，而素性方正，则难与俗谐。然君子断乎主于中者，先求不失己，有急退无急进也。

　　仆生平论述最大者，为《孟子字义疏证》一书，此正人心之要。今人无论正邪，尽以意见误名之曰"理"，而祸斯民，故疏证不得不作。（选自《孟子字义疏证》，中华书局1961 年 12 月版，第 185 页）

第一段写生活，第二段写论述。写生活，揭示生活之"理"，"主于中"，"有急退无急进"，坦诚相见；写论述，旨在"正人心"，为斯民除"祸"，而正确生活也，立意切实。这，正是戴震为人为学的人格特征。信中关键句是"今人无论正邪，尽以意见误名之曰'理'"，"意见"，即一人之感性认识，甚至是臆断之见。以这样的"意见"，而名之曰"理"，正是草率、浮泛、空虚之学风。这样的学风必然祸害人心。尤可敬者，对此而"不得不作"，学术为社会之责任心熠熠可见，铁肩弘毅者形象如在目前。

【注】

（1）（2）（3）梁启超《清代学术概论》，广西师范大学出版社 2010 年 3 月第 1 版。

十八

用"信仰"抗拒绝望（下）

"晚清"，一个让全体中国人都留下心灵创伤的历史时期。葛兆光《中国思想史》说——

> 每一个关心中国命运的人，在那时都似乎被忧郁激愤的心情和耻辱无奈的感觉所笼罩。
>
> ……
>
> 这种深入心脾的忧郁激愤心情和耻辱无奈的感觉，大约是中国人几千年来从来不曾有过的。

葛先生这种语言表达的重复也许能略微舒缓一下内心的痛苦吧。

信念，依然不死。

我们有必要学习龚自珍、严复、梁启超等思想家、文学家的关于中华民族如何自强自立的思考——最根本的，就是"人"的解放与重塑。

"晚清"的现实，反映了中华民族的"积蔽"，而"积蔽"之症结，在于"人"的精神奴化。鲁迅《灯下漫笔》说，中国几千年的历史，"中国人向来没有争到过'人'的价格，至多不过是奴隶"。钱理群指出，"'把人当做人'，还是'使人成为奴隶（无论什么形式与旗号）'，是区分'传统社会（历史，文化）'与'现代社会（历史、文化）'的基本标准与尺度；'自觉为人'，还是'甘当奴隶（无论什么形式与旗帜）'，是区分'传统人（知识分子）'与'现代人（知识分子）'的基本标准。他的几乎是无所不至的社会批判与文化（文明）批判正是以此为价值尺度的"[1]。

鲁迅的"立人"思想，一方面得益于他对西方现代化之路的深刻反思；一方面也说明他对晚清思想家关于"人"的思想做过深刻总结。当我们从鲁迅"立人"思想的高度来学习晚清思想家的"人"的思想的时候，我们才会更加坚定——"人"的解放——这一信念。

（一）伟大的"我"：龚自珍塑造了新的"人格形象"

龚自珍（1792—1841），号定庵，字璱人，浙江仁和（今杭州）人。龚自珍死的前一年，鸦片战争爆发，死后一年，订立不平等条约《南京条约》，再后九年，洪秀全起义。这是一个"中国近代史"真正开场的时代。

1. 龚自珍对于"人"的哲学思考

龚自珍之所以大胆质疑与批判，用侯外庐的话说，"主要原因""就是他所处的那个时代"。这个时代的特征是什么呢？龚自珍揭示了"人"的本性，他说：

> "老成之典型，因阅历而审虑，因审虑而退葸，因退葸而尸玩，仕久而恋其籍，年高而顾其子孙。"（《定庵文拾遗》）

"审""退""恋""顾"，皆私意也；私者，甘愿为奴之根本原因也。正是因为龚自珍洞悉底里，因此其批判总是体现超越性，梁启超评价说，"晚清思想之解放，自珍确与有功焉。光绪间所谓新学家者，大率人人皆经过崇拜龚氏之一时期，初读定庵文集，若受电然"[2]。

龚自珍的"自我"思想精髓是什么呢？用现代哲学语言来说，就是极力主张要发挥人的主观能动性，他塑造了一个伟大的人格形象——

> "众人之宰，非道非极，自名曰我。我光造日月，我力造山川，我变造毛羽肖翘，我理造文字言语，我气造天地，我天地又造人。"（《壬癸之际胎观第一》）

这就是龚自珍所刻画的大"我"。第一，"我"是"自造"的，既"非圣人所造"，也非"天地"所造。我所以能"自造"，就是因为"我"有极大的独立力量。第二，"我"是"主体"；社会层面上，"我"是创造者，文字我所造，生活我所造，文化我所造。"我"与"我"之间，"我"造新"我"。第三，龚自珍的这一"我"与自然，"我"与社会，"我"与自我的哲学观充分地体现了"我"的主人翁意识。这个主人翁形象不仅是独立的，而且是伟大的。

2. 龚自珍对于"人"的文学表达

章培恒、骆玉明指出："天才的龚自珍"，其散文"恰与桐城派形成对立，不仅思想旨趣大异，文章风格也完全不同"，"文无定式，不屑斤斤于结构与辞藻，其风格或切直或诡奇，均是随笔直书，任意驱使语言，显示出大家才有的自信和力量。"[3]

为什么具有这样的"文格"？龚之人格使然也。龚自珍是思想家，对于封建时代的腐朽，敢于表达出极具"人"的真实个性的批判，敢于确立傲岸不拘的具有强烈独立尊严的"自我"形象。所以文学史家认为，龚自珍"是清代第一个站在独立的学者立场上以个人的思考为依据纵横议论时政的人物"(4)。

龚自珍对于"人"的文学表达，其代表作就有中学语文教材入选的《病梅馆记》。所写之"病梅"，便是"病"者一种隐喻，作者犀利之笔锋致力于对"致"其"病"的原因的揭露。其实，对于知识阶层的"病态"，龚自珍在给魏源的信笺中表达得更加直接，彻底地无情地勾勒了晚清时代所谓中国"读书人"的虚伪、丑陋、尖酸的面目。如以下文字：

> 居亭主犷犷嗜利，论事则好为狠刻以取胜，中实无主。野火之发，无司燧者，百里易灭也。某公端端，醉后见疏狂，殆真狂者。某君借疏狂以行其世故，某君效为骏稚以行其老诈。某一席之义前后不相属，能剿说而无线索贯之，虑不寿。朝士方贵，亦作牢骚言，政是酬应我曹耳。善忌人者术最多，品最杂；最工者，乃借风劝忠厚，以济锄而行伐，使受者伤心，而外不得直。（转引自王元化《龚自珍论》，人民文学出版社《人物·书话·纪事》，2006 年 1 月北京第 1 版，第 335 页）

王元化一针见血地指出："龚自珍给我们留下的遗产是他的批判性的寓言，它们一直保存着生命和活力。这些寓言的最大特色就是讽刺。"(5)在专制社会里，讽刺是最不容易做到的，也最不容易产生广泛效果。专制者要无情打击自不待言，更令人痛心而无奈的，是所谓的"人民"而不自醒，也一致地拥戴专制者协力打击讽刺者。正如王元化所言："瘢夷者恶燧镜，伛曲者恶绳绳，暴露真相的讽刺家往往会召来社会的不满。"而这，也恰恰是龚自珍更加注重"人"的文学表达的重要原因之一。

3. 龚自珍关于"人"的表达总是揭示了时代趋势

龚自珍洞察时代之弊，敢于用形象的寓言来揭示社会腐朽的大势，从中隐含着对于未来的盼望。如：

> 主上优闲，海宇平康，……士大夫以暇日养子弟之性情，既养之于家，国人又养之于国，天胎地息，以深以安。……乃缚草为形，实之腐肉，教之拜起，以充满于朝市；风且起，一旦荒忽飞扬，化而为泥沙！子列子有言："君子化猿化鹤，人小化虫化沙，等化乎？"然而猿鹤似贤矣，噫嘻！（《定庵文集补编》卷三"与人笺一"）

"闲""康"，表面样子而已！"人"的精神在哪里？全是草人腐肉而已！在这些愤激之辞之后，妙在以"化"字写哀，也以"化"字写期待。写哀，旨在表达这样的"人"的结局；写期待，旨在呼唤这样的彻底灭亡之后该有怎样的新时代和新人群的诞生。

为了促进这个"化"，龚自珍表达了彻底革命的愿望，他说——

> 今有狗蝇蚂蚁蚤蟹蚊虻，是皆无性，聚散皆适然也，而朋嘬人，使人愤耗。治之如何？法不得殄灭，但用冰一桸，置高屋上，则蝇去；又炼猛火自烧田，则乱草不生，乱草不生则无所依，无所依则一切虫去。（同上"第三"）

这种捕杀的方法，就是"革命"。龚的《杂诗》有言："九州生气恃同雷，万马齐暗究可哀；我劝天公重抖擞，不拘一格降人才。"侯外庐指出"他（龚）是在期待着风雷将起，快降人才而创作新历史。"[6]

（二）梁启超的思想批判与语文创造

梁启超（1873—1929），著名思想家、文学家、革命家，字卓如，号任公，又号饮冰室主人，广东新会人。他是戊戌变法的核心人物，追随康有为，主张君主立宪。但随着时代的变化，思想上不断汲取新理念，政治观与文化观都不断走上更高的境界，视野广阔，学问宏富，笔力健劲，语言洋溢着新时代的新气息。

梁启超的著作很多，其中《清代学术概论》和《中国近三百年学术史》在思想批评上卓有建树，对于我们深入了解明清时期质疑思想与批判精神，从而探寻近代思想变革与批判的思想源流，都有极为重要的指导意义。

关于《清代学术概论》，梁有自序云："此二百余年间可总命为中国之'文艺复兴时代'，……吾于我思想界之前途，抱无穷希望也；""有清学者，以实事求是为学鹄，饶有科学的精神，而更辅以分业的组织"[7]。是否是"文艺复兴时代"，不少思想家有所质疑，我们姑且不论；但是"实事求是"的科学精神则是梁的一个洞见，是值得我们学习和继承的思想瑰宝。实事求是本身的价值就在于质疑与批判，而不断的质疑与批判，又使我们迈上实事求是的新的高峰。

我肤浅地体会到，《清代学术概论》本身就是一部大疑之作。例如，梁写完清代学术思想之后陡然发问："吾子屡言清代研究学术，饶有科学精神，何故自然科学，于此时代并不发达耶？"这是对漫长的中国文明史、文化史、思想史的质疑，这个质疑，乃民族生存与发展之大疑也。又如，在总结清代学术思想时，梁启超极为敏锐地归纳了晚清思想的"思想"："其晚出别派（今文学家）能为大胆的怀疑解放，斯亦创作之先驱也。""大胆"、"怀疑"、"解放"、"创作"、"先驱"，这样的关键词，非常准确而又全面地揭示了"质疑与批判"的基本态度与价值。梁在"结语"中还特别强调了"学者的人格"，这就是"为学问而学问"，"断不以学问供学问以外之手段"。那么，什么才是"为学问而学问"呢？梁的回答："在善疑，在求真，在创获。""疑"字当头，学问才可因势利导，势如破竹。梁启超最后指出：

> 学问非一派可尽。凡属学问，其性质皆为有益无害，万不可求思想统一，如二千年来所谓"表章某某，罢黜某某"者。学问不厌辨难，然一面申自己所学，一面仍尊人所学，庶不至入主出奴，蹈前代学风之弊。[8]

梁提出"主""奴"二字，何等尖锐而深刻，这样的认识后来经陈寅恪先生概而言之为"自由之思想，独立之精神"，更加明确了学者的风骨。

不要认为，这一种知识分子的风骨只在学者中培养，离青少年太高太难，其实，作为精神元素，恰恰要在儿童时期种下良种，夯实基础。尤其是在"人生的第二次诞生"的高中阶段，15—18岁这个学龄时期，正是青春初期的价值观与方法论奠基之时，求真的精神培养万不可忽视。我之所以开设《疑思问国文点读课程》，其原因与理由就在这里。

梁启超所以倡导质疑与批判的学术风骨，是与他的哲学观分不开的。梁的哲学视野十分开阔，既对中国哲学传统深入研究，又对西方哲学，如康德、黑格尔等人的思想，也有广泛的了解。因此，梁启超形成了自己的哲学观，也就是"心物论"。北京大学哲学系《中国哲学史》指出：

> "对当时思想界流行的'唯物'、'唯心'的言论，梁启超不甚赞同，他说：近来学界最时髦的话头是'唯……主义'、'唯……主义'，我以为人生是最复杂、最矛盾的，真理即在复杂矛盾的中间，换句话说，真理是不能用'唯'字表现的。凡讲'唯什么'的都不是真理。又说'唯什么''唯什么'的名目很多，最主要的莫如'唯物论''唯心论'，其实人生之所以复杂矛盾，也不过以心物相互关系为出发点。所以我的'非唯'论，就从这唯物唯心两派'非'起。"⁽⁹⁾

好一个"非"字，充分显示了梁启超的批判勇气。梁的心物论，既强调"物"（环境），更强调"心"（领悟），时有摇摆。正如史论家所言："梁启超态度的摇摆本身向我们表明了问题的复杂。同时，我们也看到梁启超总是力图把各种不同的哲学倾向加以综合。尽管如此，他更多地强调心的作用，其哲学的主要倾向还是唯心论。"⁽¹⁰⁾这样评价是否切当？我们姑且不论，但有一条则可以断言，即梁启超总是从人生的实际而不是从教条的概念来进行思想判断的，这样的"唯实"态度本身就鲜明地表达了求真立场。

相比较梁的哲学观，梁的语文创新实践更值得我们珍视和学习。章培恒、骆玉明《中国文学史》指出——

在戊戌变法前夕和变法过程中，梁启超作为当时最有影响的《时务报》的主笔，发表了大量宣传变法的文章；变法失败后流亡日本期间，他继续在《清议报》和《新民丛报》上撰文，议论政事，宣传西方学术文化。这种文章当时人称为"报章体"或"新文体"，虽还属于文言的范围，却和历来的古文不同，与桐城派古文更相去不可以道理计。其主要特点为：从内容来说，它视野广阔，包容了着眼于世界范围的新事物、新思想，并大量运用新的名词概念；从结构来说，它讲究逻辑的严密清晰，不故作摇曳跌宕之姿；从文字来说，它力求通俗流畅，为说理透彻而不避繁复；从风格来说，它感情发露，具有强大的冲击力。和桐城派古文肃敛雅洁的基本特征相比，正是背道而驰。[11]

梁启超本人对自己的语文创造也有明确的评价——

启超夙不喜桐城派古文，幼年为文，学晚汉魏晋，颇尚矜炼，至是自解放，务为平易畅达，时杂以俚语韵语及外国语法，纵笔所至不检束，学者竞效之，号新文体。老辈则痛恨，诋为野狐。然其文条理明晰，笔锋常带情感，对于读者，别有一种魔力焉。[12]

"别有一种魔力"究竟是怎样的情形？这，可能是我们学习梁启超创造的"新文体"的一个总问题。而"新文体"的价值则可能又要分作两个方面，一是"体"，即体式、语言特点等；二是"新"，不单是"体"新，更重要的是思想所创之"新"。

关于语言与体式，我们可以结合具体例文来欣赏，而其思想所创之"新"，我们或许还要进一步了解其立意之背景。这里不妨以其代表作《少年中国说》的"少年"内涵为突破口作一介绍。

梁启超1900年流亡日本之后，在《清议报》上发表《少年中国说》。这个"少年"，正是梁的国民性改造的思想符号。梁的《军国民篇》说："夫自孩提以至成人之间，此中十年之顷，为体魄与脑筋发达之时代，俗师乡儒，乃授以仁义礼智三纲五常之高义，强以龟行鼋步之礼节，或读以靡靡无谓之词章，不数年，遂使英颖之青年，化为八十老翁。形同槁木，心如死灰，受病最深者，愈为世所推崇。乃复将类我之技，遗毒来者，代代相承，无有已时。呜呼！西人谓中国为老大帝国，夫在中国既无青年之人，乌复有青年之国家哉！欧美诸邦之教育在陶铸青年之才力使之将来足备一军国民之资格；中国之教育，在摧残青年之才力，使之将来足备一奴隶之资格，以腐坏不堪之奴隶，战彼勇悍不羁之国民，乌见其不败耶！乌见其不败耶！"（《新民丛报》第1号，光绪二十八年（1902）一月一日）[13]

通过变革，使中国强盛起来，是晚清以降广大知识分子的热切期望。梁启超洞见国民之弱，精神之衰，心中升起教育的再造之志，发而为文，以"少年"的形象作为新一代国民精神的符号，这不能不说是梁启超追求民族现代性的思想表达。

"少年"所质疑的正是"老大"，"少年"所批判的也是"老大"，这一方面与龚自珍的"新我"思想有着密切的关系，他说"龚自珍氏之集有诗一章，题曰《能令公少年行》，吾尝爱读之，而有味乎其用意之所存"；另一方面也深受世界特别是日本的革新影响和启迪。日本思想家德富苏峰，早在1885年便以《新日本之青年》为题，于大江义塾第二学期开学典礼发表演说，大力强调"新青年""新日本"的思想。1887 年，德富创办《国民之友》，创刊号卷头语即为"旧日本之老人渐去，新日本之少年将来"。台湾大学梅家玲指出："据此，则晚清对'少年'的发现与意义重估，实有鉴于日本之借'少年'以想象'国族'，憧憬'未来'。经由挪移转嫁，'中国'遂同样对'少年'充满了憧憬渴盼。它具体成文于《少年中国说》，也落实于梁当下表示要更名为'少年中国之少年'的许诺之中。自此之后，以'少年'自命，在中国乃成一时风潮"[14]。

（三）新语文：龚自珍的"国家"批判与梁启超的"新民"呼唤

（1）龚自珍《尊隐》（节选）

日之将夕，悲风骤至，人思灯烛，惨惨目光，吸饮暮气，与梦为邻，未即于床，丁此也以有国，而君子适生之；不生王家，不生其元妃、嫔嫱之家，不生所世世蓁之家，从山川来，止于郊。而问之曰：何哉？古先册书，圣智心肝，人功精英，百工魁杰所成，如京师，京师弗受也，非但不受，又裂而磔之。丑类簒殄（簒殄，苟且懒惰的人——引者），诈伪不材，是摹是任，是以为生资，则百宝咸怨，怨则反其野矣。贵人故家蒸尝之宗，不乐守先人之所予重器；不乐守先人之所予重器，则窭人子簒之，则京师之气泄；京师之气泄，则府于野矣。如是则京师贫；京师贫，则四山实矣。古先册书，圣智心肝，不留京师，蒸尝之宗之（子）孙，见闻媠婀，则京师贱；贱，则山中之民，有自公侯者矣。如是则豪杰轻量京师；轻量京师，则山中之势重矣。如是则京师如鼠壤；如鼠壤，则山中之壁垒坚矣。京师之日（苦）短，山中之日长矣。风恶，水泉恶，尘霾恶，山中泊然而和，冽然而清矣。人攘臂失度，啾啾如蝇蛆，则山中戒而相与修娴靡矣。朝士寡助失亲，则山中之民，一啸百吟，一呻百问疾矣。朝士偮焉偷息，简焉偷活，侧焉徨徨商去留，则山中之岁月定矣。多暴侯者，过山中者，生钟虡之思矣。童孙叫呼，过山中者，祝寿奇之毋遽死矣。其祖宗曰：我无余荣焉，我以汝为殿。其山林之神曰：我无余怒焉，我以汝为殿矣。俄焉寂然，灯烛无光，不闻余言，但闻鼾声，夜之漫漫，鹍旦不鸣，则山中之民，有大音声起，天地为之钟鼓，神人为之波涛矣。

这是龚自珍早年作品，也是他认作是"高文"的大作。"高"在哪里呢？一是"高"在立意，揭示了"山中之民"这一新生力量的价值，即除旧布新，摧枯拉朽，创造未来；二是"高"在巧构，作者写了一个梦中恍惚的国家图景，以大写意的笔法，刻画了这样一个国家的衰败特征，点明了要害，即思想之衰，人格之衰，社会之衰。三是"高"在语言，完全由个人独立的思考发而为文，没有一丝一毫的陈词滥调，也没有所谓古文的自作之姿，这样的龚氏"语言"，完全是新语言，完全是奔放着新思想的新表达！

（2）梁启超《少年中国说》（节选）

呜呼！我中国其果老大矣乎？立乎今日以指畴昔，唐虞三代，若何之郅治；秦皇汉武，若何之雄杰，汉唐来之文学，若何之隆盛；康乾间之武功，若何之烜赫。历史家所铺叙，词章家所讴歌，何一非我国民少年时代良辰美景赏心乐事之陈迹哉。而今颓然老矣！昨日割五城，明日割十城，处处雀鼠尽，夜夜鸡犬惊，十八省之土地财产，已为人怀中之肉，西百兆之父兄子弟，已为人注籍之奴，岂所谓"老大嫁作商人妇"者耶？呜呼！凭君莫话当年事，憔悴韶光不忍看，楚囚相对，岌岌顾影，人命危浅，朝不虑夕，国为待死之国，一国之民为待死之民，万事付之奈何，一切凭人作弄，亦何足怪。

任公曰：我中国其果老大矣乎？是今日全地球之一大问题也。如其老大也，则是中国为过去之国，即地球上昔本有此国，而今渐渐灭，他日之命运殆将尽也；如其非老大也，则是中国为未来之国，即地球上昔未现此国，而今渐发达，他日之前程且方长也。欲断今日之中国为老大耶？为少年耶？则不可不先明国字之意义。夫国也者何物也？有土地；有人民；以居于其土地之人民而治其所居之土地之事；自制法律而自守之，有主权，有服从，人人皆主权者，人人皆服从者。夫如是斯谓之完全成立之国。地球上之有完全成立之国也，自百年以来也。完全成立者，壮年之事也；未能完全成立而渐进于完全成立者，少年之事也。故吾得一言以断之曰：欧洲列邦在今日为壮年国，而我中国在今日为少年国。

夫古昔之中国者，虽有国之名，而未成国之形也。或为家族之国，或为酋长之国，或为诸侯封建之国，或为一王专制之国，虽种类不一，要之，其于国家之体质也，有其一部而缺其一部。正如婴儿自胚胎以迄成童，其身体之一二官支，先行长成，此外则全体虽粗具，然未能得其用也。故唐虞以前为胚胎时代，殷周之际为乳哺时代。由孔子而来至于今为童子时代，逐渐发达，而今乃始将人成童以上少年之界焉。其长成所以若是之迟者，则历代之民贼有窒其生机者也。譬犹童年多病，转类老态，或且疑其死期之将至焉，而不知皆由未完全未成立也。非过去之谓，而未来之谓也。

且我中国畴昔，岂尝有国家哉，不过有朝廷耳。我黄帝子孙，聚族而居，立于此地球之上者既数千年，而问其国之为何名、则无有也。夫所谓唐、虞、夏、商、周、秦、汉、魏、晋、宋、齐、梁、陈、隋、唐、宋、元、明、清者，则皆朝名耳。朝也者，一家之私产也；国也者，人民之公产也。朝有朝之老少。国有国之老少，朝与国既异物，则不能以朝之老少而指为国之老少明矣。文、武、成、康，周朝之少年时代也；幽、厉、桓、赧，则其老年时代也。高、文、景、武、汉朝之少年时代也；元、平、桓、灵，则其老年时代也。自余历朝，莫不有之，凡此者，谓为一朝廷之老也则可，谓为一国之老也则不可。一朝廷之老且死，犹一人之老且死也，于吾所谓中国者何与焉。然则，吾中国者，前此尚未出现于世界，而今乃始萌芽云尔。天地大矣，前途辽矣，美哉我少年中国乎！

玛志尼者，意大利三杰之魁也。以国事被罪，逃窜异邦，乃创立一会，名曰少年意大利。举国志士：云涌雾集以应之，卒乃光复旧物，使意大利为欧洲之一雄邦。夫意大利者，欧洲第一之老大国也，自罗马亡后，土地隶于教皇，政权归于奥国，殆所谓老而濒于死者矣，而得一玛志尼，且能举全国而少年之，况我中国之实为少年时代者耶？堂堂四百余州之国土，凛凛四百余兆之国民，岂遂无一玛志尼其人者。

龚自珍氏之集有诗一章，题曰《能令公少年行》，吾尝爱读之，而有味乎其用意之所存。我国民而自谓其国之老大也，斯果老大矣；我国民而自知其国之少年也，斯乃少年矣。西谚有之曰："有三岁之翁，有百岁之童。"然则，国之老少，又无定形，而实随国民之心力以为消长者也。吾见乎玛志尼之能令国少年也，吾又见乎我国之官吏士民能令国老大也，吾为此惧！夫以如此壮丽浓郁翩翩绝世之少年中国，而使欧西、日本人谓我为老大者何也？则以握国权者皆老朽之人也。非哦几十年八股，非写几十年白折，非当几十年差，非挨几十年俸，非递几十年手本，非唱几十年诺，非磕几十年头，非请几十年安，则必不能得一官，进一职。其内任卿贰以上，外任监司以上者，百人之中，其五官不备者，殆九十六七人也，非眼盲则耳聋，非手颤则足跛，否则半身不遂也。彼其一身饮食步履视听言语，尚且不能自了，须三四人在左右扶之捉之，乃能度日，于此而乃欲责之以国事，是何异立无数木偶而使治天下也。且彼辈者，自其少壮之时，既已不知亚细亚欧罗为何处地方，汉祖、唐宗是那朝皇帝；犹嫌其顽钝腐败之未臻其极，又必搓磨之，陶冶之，待其脑髓已涸，血管已塞，气息奄奄，与鬼为邻之时，然后将我二万里山河，四万万人命，一举而畀于其手。呜呼！老大帝国，诚哉其老大也。而彼辈者，积其数十年之八股、白折、当差、捱俸、手本、唱喏、磕头、请安，千辛万苦，千苦万辛，乃始得此红顶花翎之服色，中堂大人之名号，乃出其全副精神，竭其毕生力量，以保持之。如彼乞儿，拾金一锭，虽轰雷盘旋其顶上，而两手犹紧抱其荷包，他事非所顾也，非所知也，非所闻也。于此而告之以亡国也，瓜分也，彼乌从而听之，乌从而信之。即使果亡矣，果分矣，而吾今年七十矣八十矣，但求其一两年内，洋人不来，强盗不起，我已快活过了一世矣。

若不得已，则割三头两省之土地奉申贺敬，以换我几个衙门；卖三几百万之人民作仆为奴，以赎我一条老命，有何不可，有何难办。呜呼！今之所谓老后、老臣、老将、老吏者，其修身、齐家、治国、平天下之手段，皆具于是矣。"西风一夜催人老，凋尽朱颜白尽头。"使走无常当医生，携催命符以祝寿，嗟乎痛哉！以此为国，是安得不老且死。且吾恐其未及岁而殇也。

（选自钱伯城主编《古文观止新编》，上海古籍出版社1988年12月第1版）

全文以疑总领，这个"疑"就是"我中国其果老大矣乎？"作者紧扣"老大"一词而展开，纵横捭阖，古今中外，视野极为开阔，思辨尤其深刻。也正是抓住了这一中华衰败的总特征，所以《少年中国说》的末尾号召格外激荡人心。作者说："造成今日之老大中国者，则中国老朽之冤业也；制出将来之少年中国者，则中国少年之责任也。"批判之深，更显责任之重；明确责任之重，更显对新中国向往之心的急切与渴盼！

在理解全文深刻之思想的同时，还要体味新语言的创新特点。文言与口语，散句与骈偶，汉语与外语，常用词与新语汇，一一交相辉映。这样的新表达自然由新思想而来，而这样的新思

想与新语汇又格外地引人入胜，正如梁启超所言，亡居日本，为
《新民丛报》《新小说》等诸杂志写作，畅其旨义，国人竞喜读不
辍。所喜者何？思想召唤也。文之朝气孕育人心之朝气，正是梁
启超新民向往的价值所在。

【注】

（1）钱理群《拒绝遗忘》，中国大百科全书出版社 2009 年 5 月第 1 版。

（2）（7）（8）（12）梁启超《清代学术概论》，广西师范大学出版社 2010 年
　　3 月第 1 版。

（3）（4）（11）章恒培、骆玉明《中国文学史》，复旦大学出版社。

（5）王元化《人物・书话・纪事》，人民文学出版社 2006 年 1 月版。

（6）侯外庐《中国思想史》，人民出版社 1958 年北京版。

（9）（10）北京大学哲学系《中国哲学史》，商务印书馆 1995 年 7 月第 1 版。

（13）（14）《中国大学学术讲演录》2003 卷 A 辑，广西师范大学出版社
　　2003 年 3 月第 1 版。

附录一：

浅论语文学习视阈下的
中国质疑思想传统

一、质疑思想史略

先秦时代，"疑思问"由孔子提出，在《论语》的语境里，就是"疑惑了，就要想着去问"。显然，这强调的就是一种学习方式与求知欲求，与现代心理学、教育学中倡导的"质疑"很是相近。孟子更是强调"思"的思维性意义，他说"心之官则思，思则得之，不思则不得也"(《孟子·告子上》)，用现代心理学来讲，就是充分应用"心之官"而"积极思维"，从而获得知识。思维的"积极"性有什么标志呢？孟子举了例子来说明，他说"尽信《书》，则不如无《书》"。不照搬，不全信，孟子的这一怀疑精神极为可贵。至于屈原和他的《天问》，质疑涉及宇宙、自然、人事，更加全面而深刻。

两汉时代，司马迁"究天人之际，通古今之变，成一家之言"是其质疑与批判的思想总纲。司马迁创造性地传承了司马谈的文化批判传统（如对"六经"要旨的评断），同时也确立了自己的独立精神。王充作品《订鬼》中的这个"订"字，有千钧之力。订者，校正也，也就是王充用"校""验"的实验方式来质疑。批判前人神学观，用事实验证无鬼论，这在王充所处的时代，需要何等的质疑品质和独立意识！

魏晋时代，是一个充满思想"异彩"（鲁迅）的时代。在心理学思想上，中国人开始系统地分析"人"的性格类型，这就是刘劭的十二类型人格划分。[①]先秦以来的思想家注重阐述人与天，人与社会，人与自我的关系，而刘劭则注重"人"的自我性格分析，这与魏晋南北朝时期的社会意识——"人"的自觉——是一致的；"人"的自觉强化了"人""本"，而这又恰恰是质疑意识生成和批判态度确立的必要的"自我"立场。文学上，陶渊明的《形影神》组诗，表达了陶的自我质问，"形"认为"愿君取吾言，得酒莫苟辞"；"影"认为"立善有遗爱，胡可不自竭？""神"认为"纵浪大化中，不喜亦不惧"。这实际上是《归去来兮辞》心灵自我批判的生动写照，由此也就更能认识"陶渊明是人不是仙"的真人本质。至于嵇康阮籍的质疑批判更是毋庸赘述。

唐代是一个文化开放的时代，儒释道世界观人生观的此消彼长，激化了唐代思想生活的多元化和多样性，体现了豪迈超越的气象。

韩愈的有神论和排佛说遭到柳宗元和刘禹锡的直接质疑；而在柳刘之间，关于人的价值意义又出现分歧和超越，即刘禹锡"天人交相胜"哲学观的卓越建构，弥补和完善了柳宗元的"生人"思想。这些虽然是哲学层面的思想争议，但都直接影响和制约着他们的文章表达。在教育心理学思想上，韩愈的《师说》实质上揭示了质疑的求知价值。《师说》认为，人是由"学"而"知"的；在这个过程中无法避免"惑"（全文说了四个"惑"），

"惑"是疑惑或迷惑，皆不明也，只有"师"的指导才得化解，因此，要"从师而问"，这个"问"就是请教，就是对重要问题的提出。这个"问"与后边"不耻相师"之"相"联系起来，更能见出"问"的开放性与广泛性特征。柳宗元对于政治的批判尤为尖锐，他的《封建论》对于政体的辨析，《捕蛇者说》对于税赋的否定以及《送薛存义序》对于人才管理与任用的质疑，都是锋芒毕现的，至于他个人贬谪人生的自我反省，尤为幽深。

宋人多疑。哲学家张载明确指出"在可疑而不疑者，不曾学"，[②]把"疑"与"学"等同起来，强调"疑"是"学"的主要方式。李如密认为张载倡导的"疑"有三个基本层次，即"在可疑处有疑"——"在不疑处有疑"——"释己之疑"，[③]这实际上也就是质疑三境界："可疑"易见，"不疑处"生出"疑问"较难，反省"疑"己并破之，尤难，更加可贵。政治家王安石是敢于质疑与批判的典型代表，他提出"新故相除"的事物发展规律，强调了新旧与阴阳的交替变化，突出了创新的意义，在此哲学观指导下，用质疑来除旧，用改革来创新自是顺理成章。与中学语文更为贴近的是文学家苏轼在《石钟山记》中所表达的质疑思想，全文构建的"存疑——探疑——释疑——论疑"线索反映了苏轼对于质疑在认识论中作用的深刻"认识"。从教育心理学思想上看，南宋朱熹的"群疑并兴"说可以说是中国质疑思想的又一高潮，他说"学者读书，须是于无味处，专致思焉。至于群疑并兴，寝食俱废，乃能骤进"（《朱子语类》），疑问四起，疑疑共生，正是思想探险进入陌生境地，由熟而生，由旧而新，由是而非，或否定，或否定之否定，正是顿悟超越、脱胎换骨。

明清时代质疑思想更是异彩纷呈。学习的质的飞跃是"悟"，怎样达到"悟"呢？陈献章认为"疑者觉悟之机也"（《白沙子全集》），这个"机"就是"悟"的时机条件；李贽看法更进一层："学者但恨不能疑耳，疑即无有不破者"（《续焚书》），这个"破"就是"悟"的标志，而且还体现了否定特征；黄宗羲则从另一视角揭示了疑的特别意义，他说"彼泛然而轻信之者，非能信也，乃是不能疑也"（《南雷文案》），这里点出了"信"的真伪问题，看起来是"信"，其实是盲从，只有经过自己质疑之后的"信"才是真实的"信"，否则轻而信之，极为可怕！用质疑来破除迷信，这在思想建设与人格培育上是何等的重要。明末清初还有一批思想家如王夫之、方以智等，这里重点提一提清末严复的"质疑说"，第一，严复比较中西异同，说西方高度发达的根本文化特征是学术上"黜伪崇真"和政治上"屈私为公"。这个"黜伪崇真"就是"质疑"的目的论。第二，严复论述中西政治异同，说西方国家"以自由为体，以民主为用"（《原强》），打破等级制度，人人有言论自由。这个"自由"就是"质疑"的环境论。第三，严复从进化论上指出："一个民族的优劣，是由民力、民智、民德三方面的高下为标准的"，④这个"民智"，就是"质疑"的成效论或创造论。总之，严复从文化、自由、创新的高度揭示了"质疑"方式与能力的重要价值。

二、质疑基本要义与时代变革特征

质疑，在现代汉语中，意义是"提出问题"。古汉语中，质，基本义是"以物相赘"（赘，抵押），如春秋"交质子"。汉时，与"问""疑"组合使用较多，如"质问"，"质问大义"（《汉书·刘韵传》）；又如"质疑"，"时时好事者从之质疑问事"（《汉书·陈遵传》）；再如"质让"，"坚寿直前质让，责以大义"（《后汉书·皇甫嵩传》），这个"让"，也就是问的意思。古汉语中的"疑"，惑也，乱也。一是"不相信、疑心"，如"信以传信，疑以传疑"（《榖梁传·桓公五年》）；二是"不分明"，难以确定，即"存疑"，如"章疑别微"（《礼记·坊记》）；另外还有其他意义等。在古汉语的语境中，"疑"与"问""思"是经常并用的，表达与"思"同一类的心理活动，联系最紧密的句子就是孔子所言"疑思问"。

当我们用现代汉语词汇"质疑"来理解古汉语中所表达相近似的思想的时候，既要防止以"今"代"古"，不加区别，又要防止截然割裂，忽略联系。而是要在真实的语境中体味倾向于"疑"的内涵。"疑"的古今意义并没有什么差别，其语境的真实状态就是与"信"相对，也就是"不信"。何以"不信"呢？大致有三个层次：一是没有完全理解，即不明白；二是个人不能接受，虽理解但不赞同，不认可。三是不认可程度达到极限，意识到严重危害性，转而为"辩"，即在分析的基础上全面批判，揭示错误，以示警诫。当然，引进西方哲学思辨语境中的质疑意义来认识，则更能深化我们的思考。也恰恰是因为这一点，所以我们学习古代先贤的质疑思想有着不可代替的现实意义。

古代先贤的质疑思想主要内涵是什么呢？又有着怎样的共性特征呢？

一是注重学习思考中的生疑发问。中华民族是一个倡导学习优良传统的民族，而学习的优良性就表现为"学"与"思"的结合，"知"与"行"的统一；在"学""思""知""行"的全过程中，优良品性就是"问"。"问"又本于"疑"，因此，通常意义上的质疑，就是"提出问题"。无论是孔子提出的"学而不思则罔，思而不学则殆"这一学习原则，还是朱熹强调的"群疑并兴""大疑大进"这一读书要领，都是阐释"学"的核心意义与能力成熟标志。

二是注重政治变迁中的史实批判。中华民族是一个具有忧患性格传统的民族，而忧患的意义就表现为对天、人、古、今的认识与思考。在认识与思考中，中国早期的独立记史行为又是最可宝贵的传统。最为突出的代表就是司马迁的独立著史，《史记》是一部人类大史。形成了"究天人之际，通古今之变，成一家之言"的批判精神与思想境界。

三是注重文化交流中的视野开放。中华民族是一个具有开放融合胸襟的民族，而开放融合的标志就是对外来文化的学习与借鉴，比较与吸收。凡是开放融合的历史时期，思想质疑的空间日益拓展，文化批判的力度更加强劲，所取得的文化成果也格外卓著。如魏晋南北朝政治大分裂时期的南北文化大融合，促进了"人"的个体命运的独立思索；又如唐代佛教文化、儒家文化、道家文化的此消彼长，相互作用，促进了柳宗元、刘禹锡等思想对以韩愈为代表的文化道统的超越；再如明末、清末两个"末期"的西方文化的渗入，打开了新视野，认识上引发"吐故纳新"。

这三方面内容的本质特征就是"忧患"与"创新"。

之所以强调"学"，就在于深刻认识到人的"异于禽兽几希"这个最大局限。人要生存要成长要发展，只有终生学习才有可能。人的"学"，大而言之是一个时代一个社会一个民族的共同之学；对于历史的观察与思考是极为重要的民族反思，同样是民族命运之忧而使然。所谓政治变迁史，理应成为一个民族的进步规划史，如果不能进步，思想家的批判就不可避免；因此说，史实批判是以进步之忧为原则的。民族的"学"，根本之效在于本民族的文化创新，因为只有文化上不断革新，不断创造，民族的进步才有保证。综上所述，我们可以看到，自先秦以来的二千五百多年的中华文化创造，是离不开各个时代在学习、史辩、文化三方面的质疑与批判的。换言之，这三方面的质疑与批判，显示了中华文化传统的生命活力。

当然，二千五百多年的质疑与批判也显示了历史性变革的不同。

一是"三代"以至秦汉时期，主要显示了对于权威的独立态度。孔子对于"六经"的整理，本身就体现了对于文化经典的继承与取舍；孟子"取二三策"，在于适时之"取"，显示了个人的独立判断；王充批判董仲舒"天人感应"观，直接挑战皇权专政；司马迁《史记》以及其他汉赋、古诗对于社会生活的揭露等，都显示了鲜明的对于权威的质疑态度。

二是魏晋——唐宋时期，主要显示了对于个人的本质思考。魏晋除陶渊明这一反省典型外，刘劭的性格分析是中国心理学思想的重大创造，他提出的"物生有形，形有精神"的形神观，是当时"形神论"的近似唯物主义认识的重要思想。他的形神论以性格论为核心，把人的性格分作十二种类型（强毅、柔顺、雄悍、惧慎、凌楷、辩博、宏普、狷介、休动、沉静、朴露、韬谲）是关于人的本质思考的先声。⑤直到历史上文化鼎盛的唐宋时期，仍然显示了像韩愈那样的"不平则鸣"的个性表达，像柳宗元那样的婉转幽深的文学化抗争以及像苏轼那样的综合儒释道思想的艺术抒情。

三是元明——晚清时期，既显示了以元明戏曲为内容标志的个性解放意识，更有李贽、龚自珍等思想家关于个性独立、个人自由的近代觉醒意识的独领高标；至于晚清时期严复引进西方《天演论》思想，倡导思想自由，梁启超提出"少年中国说"呼唤思想变革塑造中华"少年"形象，更是对封建专制主义展开了全面质疑与批判。因此，这个时期的历史性批判特征已经显现了"革命性"和"现代性"这一思想异质。

三、历史局限与新路探索

质疑思想的局限性是一个大题目，我不敢妄言，只能从个人的学习感受上提出一二。

首先，在漫长的封建时代，思想主导一元化导致质疑思想单一。先秦的思想是鲜活多样的，未定于一尊。秦汉起，儒家思想一元化领导成为二千多年社会思想与文化的基本特点。所谓探讨与争鸣在当时无法发挥引导社会思想的作用，基本上处于自弹自唱状态。说是儒家，其实，严格说来也还不是真的儒学一元。近代思想家谭嗣同《仁学》对于中国历史有一个总质疑与总批判："二千年来之政，秦政也，皆大盗也；二千年来之学，荀学也，皆乡愿也；惟大盗利用乡愿，惟乡愿工媚大盗"。梁启超称谭"尤为悍勇"，极为恰当！尽管我们一个时代一个时代爬梳与寻绎，看到了质疑与批判的精神火种和思想光芒，为之惊喜的同时也不得不陷入沉思，一元化根深蒂固，质疑与批判的力量依然微弱。

其次，漫长的思想质疑与批判缺乏历史地概括与总结。就同一个时代而言，质疑思想都散落于各家著述之中，"各家"在同一时代缺少声气相通，因而成就不了一个时代的"交响"；就二千五百多年历史而言，质疑的"中国特色"缺少总结。

另外，在基础教育阶段，接受教育者极少，而且教育的内容、方法以灌输传承为主，极少数教育家的质疑问难未能对社会教育环境产生影响。像孔子的启发式教育，因材施教，有教无类等都无法在各时代全面推行，更谈不上在学习过程中培养学生敢于离经叛道。科举制度以来，尤其是宋明科举以来，思想禁锢日益严酷，思想表达几乎全部是"代圣言立言"。因此，基本上是疯子带着瞎子探路。

只有在当今新时代，培养未来全体公民具有质疑批判能力才有优势和可能。国家颁定的新的课程标准将有利于促进教育内容和学习方式现代化。就语文学科而言，当前要特别注意的问题是要在语文学习的视阈中来认识质疑批判能力，不能教成哲学知识概念课；要在语文表达的情境中来学习质疑批判实践。一方面在日常语文课中，紧扣语言文字的思考，进行质疑点拨；一方面通过校本选修课方式，进行专题学习。近年，我在专题学习方面有所尝试了，但做得很有限，例如，在《疑思问国文点读》课程中关于"先秦"作品的学习，我是这样试教的：

认识上，教先秦作品，不能只教孔孟，而应该教"争鸣"。教"争鸣"不能只讲概念——"百家争鸣"词条，而应该让当代学生走进相应的情境之中，以主人的身份参与。高中统编教材中已有《侍坐章》以及孟子的相关作品等，学生对儒家的社会理想有所了解，同时对孔子及其弟子的志向特点也有所认识。这是知其一。其二是什么呢？是庄子对于儒家思想的质疑和批判。我们不能空洞地让学生止步于此，于是选读了《庄子·外篇》中《马蹄》，其中的一段如下：

> 故纯朴不残，孰为牺尊！白玉不毁，孰为珪璋，道德不废，安取仁义！性情不离，安用礼乐！五色不乱，孰为文采！五声不乱，孰应六律！夫残朴以为器，工匠之罪也；毁道德以为仁义，圣人之过也。

在庄子看来，道德是人自有的东西，如果不丧失，何必要有仁义之教？这也正是老子"无为自化，清静自正"的观点，本篇以马为喻，皆申此旨。当课堂上把庄子观点和孔孟观点联系起来讨论时，真是炸了锅一般，同学们纷纷走上讲台皆自申己旨也。在第二节课上，又提交了孟子《夫子好辩章》，从而又引发新的思考。时间是有限的，讨论也不必任意扩散滋漫，只要建立"孔←→庄←→孟"这样的对辩式思想状态就可以了："哦，原来他们的争论是这样的。"让学生打开文章从而掀起2500年前的"争鸣"帷幕一角，看看"现场"，积累的"认知"或许会发生变化。当然，对"语言"的情境特点我们也同样关注。《庄子》"马蹄"全文，连续设喻，反复质问；《孟子》"好辩章"大量使用长句反问句。这些句子既是论辩情境的产物，又是情境论辩的锋芒，很自然地使我们用到王力的评断："战国以后，汉语的句法进入了一个新的阶段……在于句子结构的严密程度。……更适宜于表达比较严密的思想"。[⑥]所谓《孟》《庄》文气之盛，也就是"盛"在这里。在思想争鸣的情境中认识语言的气势之盛这一语文表达所建立的情境，也许真的能烙下一个时代逻辑的印记。

【注】

① 高觉敷《中国心理学史》，人民教育出版社 1985 年 12 月第 1 版。

②《张载集·经学理窟》中华书局 1978 年 8 月第 1 版。

③ 李如密《儒家教育理论的现代价值》，中华书局 2011 年 3 月版。

④ 北京大学哲学系《中国哲学史》，商务印书馆 1995 年 7 月第 1 版。

⑤ 燕国材《中国心理学史》，浙江教育出版社 1998 年版。

⑥ 王力《汉语史稿》，中华书局 2013 年 8 月第 1 版。

（原载北京《中学语文教学》杂志 2020 年第 7 期）

附录二：

婺源访"疑"散记

访婺源，一连串与语文教学相关的问题从心中浮出，展开。

一

源，水泉之本也，这好像是一个没有问题的词。但一查《说文解字》，就有疑惑了，许慎没有收"源"，只收了"厵"，解说"水泉本也"；又指出"原"，篆文从泉。明代徐铉徐锴对《说文解字》是动手校定过的，加了旁注，指明"源"是别字，并且表示不赞成。后来段玉裁注，"水本也"，用孟子"原泉混混"来解，同时特别指出后人"别制源字为本之厡，积非成是久矣。"段的意见不小，似乎脾气也不小，但也无可奈何。

今年上海酷暑难熬，写作本文之日已40度以上，空调也不舒服，我就读字，读字典，读《辞海》。顺便也向赵志伟师请益，他推荐我读《汉字源流精解字典》（人民教育出版社出版），封面便是大大的源字呢。书中"原"后有金文"厡"和篆文"厡"，解析中说："会意字，从厂（hǎn），从泉（泉），金文表示水从石穴出向下涌流。引了《说文》，又引了《左传》："木水之有本原。"补了一句"这个意义后作'源'。"在"源"的义项及解析中，指出"原、源"为古今字，引《广韵》："源，水原曰源"，又引汉·班固《泗水事碑铭》"源清流洁，本盛末荣"；再引《韩非子·主道》："是以明君守始以知万物之源。"这样一路读来，真个是酷暑日夜而清泉汩汩了。我不是搞文字学的，了解这些大致也可以了。我虽对自己这样说，但段玉裁的话还是横在那里。当前，讲汉字的人很多，有的很大胆，很豪迈。比当年的安子介还大胆豪迈。我隐隐感到：还是小心为妙。

"源"字放下，又来一"疑"即婺源一名。

据詹永达主编 1985 年 8 月编印的《江西省婺源县地名志》（以下简称"地名志"）介绍，相传，商周时属"扬州之域"，春秋属吴、越；战国属楚，秦属鄣郡，汉属丹阳郡歙县地。唐开元二十八年（公元 740 年）正月初八，析休宁之回玉乡和乐平之怀金乡，纵横 200 余里，立婺源县，以地当婺水源头而得名，治设清华，隶于歙州。宋元明清仍属徽州。1934 年划入江西；1947 年回安徽；1949 年复划江西，1950 年改属浮梁，1952 年隶属上饶至今。如此划来划去，也是挺有意思的事，当政者权力大，要你归谁你就归谁。不管怎么划，地处黄山余脉环抱之中的地理事实你总是划不掉的吧。不过，文化倒是受到伤害。宋元明清何以不划来划去？徽文化使然也。现在划是划了，徽文化也划了，划就划罢。近年，安徽枞阳一下子飞越长江，划给了铜陵。我不知道安徽的当政者为什么这样对桐城派没有一点认同感？这个"疑"，不说也罢。

二

称婺源地名因在婺水源头而得名，很清楚了。那婺水又是哪条水呢？这不能不有些疑问了。浙江金华之地，古称婺州，也有婺江的。婺源地域主要河流有段莘水、古坦水、浙源水、武溪水、江湾水、赋春水、横槎水、高砂水、星江河、潋溪、乐安河等，就是没有婺水。再查，明白了。古坦水古称婺水、婺江。那古称又是从何时而称的呢？暂不管他，再继续看这婺水。古坦水，在县境西北部，源出于古坦乡境东北香油尖和鄣公山诸峰。婺源地势从西北向东南倾斜，于是干流依势沿途拥接怀纳诸水，先纳洪源、考源、白石源诸溪之水；继之于鄣公山垦殖场双河村与浙源（古称庐源）水合流，经思口至武口与段莘水汇合为星江河始端。星江河绕县治后再纳潋溪，再接高砂水，最后形成完整的婺水水系。婺水接着向前，先纳横槎水，再至中洲纳赋春水，不断壮大着乐安河（经古乐安乡故名），然后直下饶河，入鄱阳湖。试图示如下：

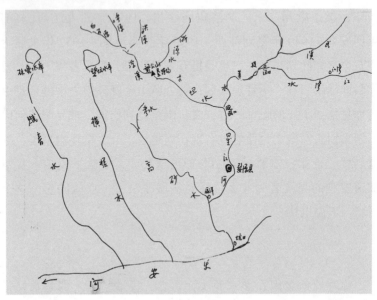

整个水系涉及地名达10个"源"字，如经古坦水一系为白石源、考源、洪源；浙源、西源；段莘水一系有里源、黄源、东源、桃源，江湾水一系有低源等。汩汩山泉，分地而出，率性而奔，就势而拥，远近相呼，上下回应。生命自壮大，斐然而成章，至此，婺源之得名大约也该这样了吧。

三

然而，"地名志"告诉我仍有五种争议：一是出于《东阳记》，认为该地曾属婺州，"水亦流如婺"，故名（参见明《徽州府志》、清《婺源县志》），实际上当时属婺州的是新安县遂安寿昌地，不是新安郡（歙州）的休宁、婺源地。1979年版《辞海》说，东阳郡"辖境相当今浙江省金华江、衢江流域"，"特定指明婺源县"不在此流域。同称新安，一县一州，异也。二是《婺源县志》称："鳙水东至衢州，过兰溪入浙江，婺州水源于此出，故县名婺源。"然中华人民共和国地图证实，浙江水源出安徽省休宁县青芝埭尖。难怪《婺源县志》也存疑并注明："大鳙山界外之水已是衢地，按婺源县名，此一说未必确也。"三是以婺水绕城三面而故名。然考诸历史古籍，婺源设县于唐，唐时县治在清华镇，非婺水绕城之地。所称"绕城三面"是指现治所在地弦高镇。四是"上应婺女之说。"此说见于《徽州府志》："以县本休宁地曾属婺州，取上应婺女（星名）之说，故名。"然而，如前所说，婺源不属婺州，自不成立。五是以地当婺水源头而名，《新安志·婺源沿革》说："婺源望县，治今清化（清华）镇，以县旁婺水为名"。《辞海》也说"婺源县"地近婺水之源，故名。"地名志"的结论云："以'地当婺水源头'之说较为妥当，符合我国古代地名'从山、从水'这个较为普遍的命名规律。"

不过，"上应婺女说"倒是极为有力地吸引着我。我暗生疑问：为什么金华上应婺女而婺源就不可称与婺女星相应呢？

婺女星，女宿也，二十八宿之一，玄武七宿之第三宿，有星四，三属宝瓶座，《礼·月令》："孟夏之月，旦，婺女中。"这是多么广阔浩瀚的想象空间啊！苍茫的浩宇，婺女星闪闪生辉，那银色的光芒亲抚着婺源这片由西北向东南微倾的大地。大地如盘，呈现着晶莹的夜露，轻柔的月下泉源，明暗着的石隙间的浅溪，晨雾缥缈中的托着竹排木筏之梦的星江河水……宇宙之中，天光水影共舞，人与自然交融。婺女星辉映下的泉源啊，依偎鄣公山涌流！鄣公山，一脉向南，挽起县城所依之锦屏山、军营山；一脉北行迤东，过休宁，向祁门，经黟歙，脊起黄山。汪循有诗赞曰："蟠踞徽饶三百里，平分吴楚两源头。"鄣公山巅为擂鼓峰，海拔近 1630 米，雄浑巍峨，"西瞻彭蠡，北眺白岳，东望黄山，南瞰信州。"这鄣公山牵动万道水脉仰接婺女星辉，这不是宇宙的胜景又是什么呢？

识源，先识水；识水必识山，识山又必识势。

婺源，三省相会，山川相缪，天地相应，古今相通。

四

说到古今，必讲人文，必讲朱子。

婺源城中有小巷曰"虹井"，巷名源自井的传说。巷中朱宅有井，朱子出生时，井中水汽袅娜升空，阳光透过，灿若虹霓。从此，便称虹井。这个传说既鲜明又神秘。鲜明者，在于折射着日色的灵气，形象十分美丽；神秘者在于，朱熹在福建出生，此井竟也报告消息。

　　讲到朱熹，疑问生焉。朱熹之父生于婺源，仕于福建，朱熹又生在福建尤溪。因此，朱熹可称是福建人，可称是安徽人，可称是江西人。讲明白这些必费一番口舌，但还好办。更有交锋的，是思想评价。朱熹是怎样的一个人？他的思想贡献究竟有多大？

　　今人说得不如古人好。我最能牢记的是《宋史》的评价："自周以来，任传道之责者，不过数人。而其能使斯道章章较著者，一二人而止耳。由孔子而后，曾子、子思继其微，至孟子而始著。由孟子而后，周程张子继其绝，至熹而始著。"（《宋史》卷四百二十九，同文影殿刊本，页一至二十一。转引自冯友兰《中国哲学史》第十三章"朱子"）。朱子学术，博大精深，为什么"文革"期间，那么多专家批判朱子"存天理，灭人欲"，闭着眼睛说瞎话，竟能够堂而皇之呢？当今之人，一听说朱子要"灭人欲"，便不问原由，更不去自读书自求解，而是听人言而撸袖，怒斥朱子之愚！人欲怎么能灭呢？不吃不喝不拉不交了么？"文革"嘛，也就算了；但不久前，公元2017年6月，在一个评审会上，一专家问另一专家云："您如何看待朱熹的存天理灭人欲的观点"，接问者竟依然沿袭"文革"时期专家对朱子的语言与判断！我本不想掺和，但听到这样沿袭，猛然怒火万丈，反驳近于斥责。其实，只要读一点二程和冯友兰，读一点朱子就不会这么对朱子撒野的。"口目耳鼻四肢之欲，性也"（《二程遗书》），性也者，天理也；而"人欲"则是"切于好利，蔽于自私，求自益以损于人"，用今天的话说就是"自私自利"。克服自私，压制贪欲，难道有什么错吗？人之本能所需，"四肢之欲"不是"人欲"而是"性"，是天理，是应该"存"的呀。冯友兰说得好：

"人欲亦称私欲，就其为因人之为具体的人而起之情之流而至于滥者而言，则谓之人欲；就其为因人之为个体而起之情之流而至于滥者而言，则谓之私欲"，"天理为人欲所蔽，如宝珠在浊水中。""人欲"一旦"横流"，世界将何以堪？有时候，我天真地想：中国人他信力很强，习惯于人云亦云。可又一起，冯友兰不是"人云"么？为什么又不"亦云"了呢？我眼前这位专家为什么沿袭文革却不能沿袭宋史呢？

　　还有一个语文教学界的小现象也说一说。教材中收有写爱情的作品，本是一件极平常的事。但是有心人偏要炒作一番，开个研讨会，一致认为这是一大创造。其实，这是没有什么创造可言的，孔子编定《诗经》首选"关雎"，这才是创造呢。顺着上述朱子"存天理"的意思，了解一下朱子是如何看待《诗经》中的爱情诗作品的，不了解不知道，一了解顿感豁然开朗："凡《诗》之所谓风者，多出于里巷歌谣之作，所谓男女相与咏歌，各言其情者也。"朱熹是看重男女之情这一根本"天理"的，同时，他也认定了"风"的来源及内容。这些，本不是什么高深的学问，不过常识而已，只要读周振甫的《诗经译注》就不至于顺从一些所谓大喊大叫的专家的欺骗。

　　当然，读周振甫，读朱子《诗集传》，也要有当今时代的主见。比如《蒹葭》的"求贤说"，这是一个老掉牙的不合事实也没有美感的说法，我们自可弃之不用。朱熹在这方面就有重大修改，一下子打开了思考空间，认为是"不知其何所指也"。可令人疑惑的是，有教材编者为了突出传统文化，在"课后练习"中又提出"刺襄公"之旧说，让学生"多元"思考。其实，这种"多元"倒是妨碍了审美这个"一元"的，即使从思维训练上讲，也并不符合思维多元的建构逻辑。我心中总是想不明白：为什么一讲传统文化，什么乱七八糟的东西也欣欣然而出呢？

我很敬重复旦版的《中国文学史》，但读到对朱熹的评判，感到也欠公正之依据。朱熹的贡献不在文学而在文论，讲曾巩的质朴胜于苏轼的巧作就给人启迪，但认为："朱熹一生讲学不辍，影响极为广泛，对文学的阻遏实不为小。"这个判断就很武断。依据是什么呢？在于对唐宋古文家的抨击，具体说就是对欧、苏的抨击。其实，纵然如此就能阻遏文学自身发展么？再说"学八家之法"是到了明代中叶才终止的事，李梦阳等排斥唐宋八家，成古文辞派，后有归有光等追慕唐宋派最后桐城派折中之（参见青木正儿《中国文学概论》）。这种说法也许更好吧？

五

"疑思问"，在中国是有一条思想发展史的。自孔子至今，朱熹的立意最高。

为何这样说？这由朱子的格物穷理的认识论而来。格物的目的是对事物的"所以然"和"所当然"的了解。"所以然"主要是指事物的普遍本质和规律；"所当然"主要指社会的伦理原则和规范（陈来《宋明理学》，华师大出版社2004年版）。因此说疑思问的立意，充分体现了朱熹的理性精神（《宋明理学》）。

我们知道，孔子首提"疑思问"（《论语·季氏》），是相对于"道听途说"而言的，指有了"疑"，就要想到用问的办法弄明白。孟子深入一步，把"疑"指向了权威："尽信书，则不如无书"（《孟子·尽心下》）；至汉，王充作《问孔》，说"圣人之言，不能尽解；说道陈义，不能辄形，宜问以发之；不能尽解，宜难以极之"。这是对独尊儒术——当时的社会主流意识的思想批判；魏晋，嵇康特立独行，注重个人思考价值，强调"探赜索隐"，追问不已；唐之韩柳强调解惑与"定其是非"，目的是维护思想"正道"；宋之张载在前人思想上有所突破，明确了"学则须疑"（《经学理窟·学大原下》），着一"须"字，前提也。把"疑"看作是"学"的基本要求。至朱熹，说"学者读书，须是于无昧处，专致思焉。至于群疑并兴，寝食俱废，乃能骤进"（《朱子语类》）；又说"读书始读，未知有疑。其次则渐渐有疑。中则节节是疑。过了这一番后，疑渐渐解，以至融会贯通，却无所疑，方始是学"（《晦翁学案》）。"疑"是贯穿于"学"的，是学的活的灵魂。尤其提到"群疑"乃能"骤进"，更是强调了"疑"构成了思考的多元状态，而这正是骤然跨越的飞跃式进步。明代李贽，大疑者也，发挥了朱子意见，说"学者但恨不能疑者，疑即无有不破者"，这个"破"就是"破旧立新"（参见《续焚书·答僧心如》）。清人王夫之提出"学有所疑便须思之"（《传习录下》），突出"思"是关键；黄宗羲把"疑"与"信"合起来讲："彼泛然而轻信之者，非能信也，乃是不能疑也"（《南雷文案》），真"疑"之目的在于"真信"。综上，可见"疑思问"已经构成一篇思想史，这个"疑"史，孔为开源，朱为高峰。

朱熹，确乎是孔子之后中国又一伟大教育家。且不说他归纳了孔子因材施教思想，创立著名书院，订立学序章程，单是这个为学之"疑"的思想就足以彪炳千秋了！

六

敢问当下教育之疑思问又是怎样的呢？

写到这里，自然想到朱子死前的情景。

那是 1200 年的春天，3 月 5 日，即死前四日，夜讲张横渠《西铭》，说："为学之要，惟在事事审求其是，决云其非，积累日久，心与理一，自然所发皆无私曲。圣人应万事，天地生万物，直而已矣！"

徐复观很看重这个"直"。此处之"直"正与前边所说"私曲"相反。私曲者，自私自利也，邪曲也；直，就是说正理，讲真话。徐复观还发了一通议论，触目惊心！（徐复观《中国知识分子精神》，华师大出版社 2004 年版）

又想到 2500 多年前，大约也是一个春天。孔子极力盛赞了一个形象："直哉史鱼"！如矢啊！如矢啊！像箭一样的直啊！

……

半亩方塘一鉴开，天光云影共徘徊。问渠哪得清如许，谓有源头活水来。朱子说，源头多么重要。其实朱子引而不发，讲"源"也暗含了"疑"。没有疑，源头又在哪里呢？

（感谢婺源县教育局惠赠《江西省婺源县地名志》，原载陈军《我的语文生活》，商务印书馆 2021 年 6 月版。）

附录三：

一个人的变革

——《疑思问国文点读》课程实验简述

一、缘起

2015 年开始酝酿选材，2017 年修订具体方案，2018 年秋季正式从高一年级（9）（10）两个班进行教学，准备的时间不算少，而施教之期不过一年耳，本未到小结的时候。由于是一个人的变革，没有专家团队的指导，很怕固执己见，便很想"简述"出来，以期同行指教，所以就不揣谫陋了。

什么叫"疑思问国文点读"呢？

"疑思问"是孔子提出来的，我在写《论语教育思想今绎》时，在这三个字上很是思索了一番。《论语·季氏十六》："孔子曰：君子有九思，视思明，听思聪，色思温，貌思恭，言思忠，事思敬，疑思问，忿思难，见得思义。"这本是对君子形象的综合要求，"思"，相当于"考虑"（杨伯峻），在这里并没有多少深义。但是，我曾对孔子教育思想中关于"思考"的思想有专门学习，把"疑思问"三字放在"思考"思想的框架中去体会，便引发出更多的教学意义来，这大概是前人所说的一种"发挥"吧。我发挥的是"疑 / 思 / 问"三个词的独立意义及其三者关系。疑，疑惑，质疑，更强调质疑；思，思考，思辨，更突出思辨；问，提问，诘问，更看重诘问。疑、思、问三者各自发挥作用时，又能耦合成复杂互动的螺旋上升的关系，使思考激活，使思维变化，使思想凝成。显然，我赋予了现代教育教学的意义。

"国文"，是一段历史时期建立新课程而提出来的语文课程名称。尽管《辞海》这样的大书收"国色"而不收"国文"，但我从一个语文老师的微小身份出发，还是对中华母语的结晶——文——情有独钟。再加一个"国"字，是感到有"情"还不够，还要有使命感——对生我养我这片土地的责任。我无意于否定现今通用的"语文"，只是想我开的这门课程的内容，用"国文"称之更为恰当。

"点读"，是我生造的词。现在课改时兴创词，我也造一个。点，指点，点拨，点示，点化，一点点。读，阅读范畴里的思考行为，有一般读读，有着意欣赏。同时，也希望能体现我的"点拨法"教学机趣。

用《国文点读》不就得了？为什么还要戴上"疑思问"这顶帽子呢？

一是缩小范围，求其一点；二是显示特色，贯穿一线。国文浩如烟海，我这门课只能取一瓢饮，但又不是饮众人常饮之"饮"，而是想饮最富思想个性之"饮"，"别"饮也。这个"别"，也许就是特色，也就是指我这门课所选读的国文能充分地闪烁着"疑思问"的光辉。篇篇如此，自成一条以质疑和批判为主旨的思想线索。

国家的问题是创新问题，而创新的基础，是青少年疑思问人格与心智的养成与引发。正是从这个立意上考虑，所以中小学各类课程都希望在质疑心智与批判思维上有所突破。我开设《疑思问国文点读》课程，也是从这方面来考虑的。

但是，在突出"质疑"与"批判"上，我要力求体现"文"的个性。数学有数学的质疑与批判，艺术有艺术的质疑与批判，语文也应该有语文的质疑与批判。同时，我要力求体现"国文"的个性。现在讲的语言、思维、文化、审美这四方面，哪一个母语不是这样的呢？这是共性。中国人的母语有什么不同？这也许更有必要加以揭示。我这里读的"疑思问国文"应当体现自身的优势和文化，当然也可讨论它的局限。因此，我差一点在这个课程名下加上一个副题叫"中国式的质疑与批判"。后来想想，这有点自不量力，也过于拘泥，甚至有些作茧自缚，于是就不提这个"副题"了，但这个"副题"所寓含的梦想则深烙于心，成为我的教学主旨了。如果央视问我"你的中国梦是什么？"我的回答就是"这"。这里有两个问题需要思辨：一是国文的传统如何用文化的眼光来审视？我所以注重文史哲融合的办法，是希望读了这些"国文"之后，学生的视野能打开，尽量避免二元对立，非此即彼。培养理性的文化态度十分重要。换言之，开这门课的目标，就是为了培养具有现代文化视野的有中国传统精神的一代新人。二是如何理性处理好"文"和"道"的关系？"文"的特点要突出，即汉语的丰神（包括文字、章法、体式等等）要充分认识；"道"的内涵要多元比较，力避单一、僵化，尽量在学生心中建立起"传统"走向"现代"的消化、转化、升华的桥梁。

最后说说为什么称作"一个人的变革"呢？这与我的教学习性有关。我从事语文教学将近 40 年了。有趣的是，大约相隔10 年左右，我都要蠢蠢欲动，搞一点教学变革。1985—1995 年，我与蔡澄清老师一起研究"点拨法"，在安徽宣城开了《"画眼睛的艺术"——鲁迅作品教学系列》这门语文选修课（其实是通过必修课来教的），有关讲稿后来在《语文报》上以"鲁迅作品技法举隅"栏目连载。1998—2006年，我在上海参加课改，也是一个人在回民中学借班开设《长江诗话》这门研究型课程，后来语文出版社出版的《陈军讲语文》中有些选录。2007年我调回市北中学工作，开设了"文史哲经典例文引读"选修课程，后来编印了一本资料备查。这次我开设"疑思问"课程，带了两个年轻人，终于有了伙伴了。四次实验，从选材到构思，从教学到反思，我都习惯于一个人静悄悄地做，静悄悄地想。我所说的"一个人的变革"，既是我个人的自我进取，也是为了学生这个"人"的成长。

二、内容

我越来越认识到，要培养学生的创新能力，要引发学生质疑与批判，关键是学习的内容。

摆在我面前的最大问题是，在中国古代浩瀚的文学或文章中，体现"疑思问"精神的作品，有吗？

当人们怀疑的时候，总是讲外国的时候，我真的是不甘心的。一个民族，绵延生存了五千年，成因固然有多方面，但就文化特质上而言，一定是内隐着批判性的。关键是我们要去寻找、发掘、揭示。

从2015年开始，我用了整整四年时间，搜寻了不少不大引人注意的选本（放弃了常为人所用的选本思路，比如《古文观止》）来挑选作品；同时，我又细读了中国古代文学史、中国文学批评史以及中国文论选等等（主要是复旦的老版本），寻求思想支持。我本以为这是一件非常困难的事，但事实上，只要用心地追寻，我所期待的"疑思问国文"，便篇篇排队，站在你的眼前！这个时候，我常常是一个人饱含热泪。这些宝藏不是明亮地立在这里吗？我自己怎么无知到如此的地步！

我整理了六大方面的80余篇作品（节选），现举例分述如下：

（一）先秦思想争鸣

以《论语》"疑思问"破题，入选了孟子的《夫子好辩》，由此篇而了解孔孟仁爱思想；又选了庄子的《马蹄》，由此篇而了解孟子批判的对象，同时更认识庄子对孔孟的讥讽与否定。我不是讲"百家争鸣"这个历史概念，而是呈现具体的文章，引导学生在语言的浪涛中，了解"争鸣"原来是这样一种情状。我还选了商鞅的作品，认识中国有一个"商鞅"。先秦之末进入高潮，选读了屈原《天问》片断，一石激起千层浪，在屈原的一百八十多个"疑思问"中，学生心中树立起伟大的敢疑敢问的人格形象。

（二）两汉史实思辨

一般说来，读司马迁《史记》文选和班固《汉书》文选大致可以了，比如中学教材里所选的篇目。但我感到，这不过是《古文观止》或《古文辞类纂》一类的思路，在"识"字上还有更好的力作。比如，司马迁的《秦楚之际月表序》，不过三百余字，但笔势雄劲，有包举天下之概，语语转折，笔笔变换，寓否定在语言吞吐之中。对秦汉转换这段史实的深刻评估，微意存焉！再如，选自《后汉书》中的《刺世疾邪赋》，赵壹的代表作，思想异常大胆，对当时的政治腐败、道德沦丧、奸佞当道、直士幽藏的社会现实予以全面批判，尤其值得注意的是，贾谊的《过秦论》不过是一世之评，而赵壹的这篇短赋，却是对历朝历代通病的总括，从三皇五帝一直到作者所在的当朝，赵壹一言以蔽之："唯利己而自足。"这样的"史识"，司马迁没有说，班固也没有写，而赵壹痛快淋漓以形象语言出之，难怪文论家称之曰"为汉赋中所仅见"。汉赋，多为歌功颂德或自遣性情之作，而此篇独领高标，为什么不让学生赏之析之？我与学生痛快淋漓地讨论了三课时，诸生尽兴矣！

（三）魏晋人格批判

稽康、阮籍是重要的选读对象。他们的作品是在政治分裂导致思想分裂，思想分裂而导致人格分裂的多重"分裂情境"中而作出的卓越人格表达。如稽康的《与山巨源绝交书》，开门见山，直言与山巨源的"不相知"，继之陈述人际相处原则，寓讽刺于不动声色之中，然后表达"逾思长林而志在丰草也"的人生追求。这里要特别注意的是，其思想精华绝非自隐山林而独守的个人情怀，而是决不与恶势力妥协的卓绝坚毅的人格力量。又如向秀《思旧赋》所表达的进退之幽怀，忍隐之孤志，能让青年学子明辨爱憎之艰难，产生情感之共鸣。特别是向秀慑于司马氏权势，一面敬仰稽康之志，一面又不得不赴洛阳应举，含愤慨于哀思，寓自愧于隐忍的幽怀格调，真实坦诚，更让人体察到作品的情真意切，寄意遥深。魏晋的格调，当然是指人格的境界，除了稽、阮等人，陶渊明也自不例外。陶渊明作品见于中学教材多矣，选文时颇费周折。我先选了《自祭文》，感到偏深，后来又选了陶渊明的诗《形、影、神》，由此而认识陶渊明的内心"变革"。实际上，诗是教的重点，文是诗的旁注。为什么要突出这首诗的内容呢？因为不识陶的内心矛盾，就不能识"戴月荷锄归"的"人"的欢乐。陶渊明是"人"不是"仙"，这是从陶的自我批判中才可以读到的。陶渊明的诗，关系着东汉末一个时代的文学主旨，即人生的意义何在？生命怎样获得解脱？在这个问题面前陶渊明"比同时代人都焦灼不安"（骆玉明语）领略"形""影""神"三者相互对话，质疑，辩白，从而得出结论，其乐无穷！

（四）唐宋文化反省

古文运动，唐宋八大家，毫无疑问是中华文化的优秀成果。这些，在中学语文教材中已经体现得非常充分了。在继承这份伟大传统的同时，我们也应清醒地认识到，唐宋古文的"道统"，十分单纯，单一，在多元化方面明显不够。然而，这只是一个总体的判断。如果洞幽烛微，我们同样能够找出其中有异质思想的所在，勾勒唐宋时期"疑思问"的草蛇灰线。比如韩愈，我在选文时也比较注重这样的篇目：《送董邵南游河北序》、《送孟东野序》、《原道》等，但教学上有所突破。送董邵南，机趣在"河北"这个地方.当时，这里是藩镇割据所在，不是"王土"。赞成董邵南去，就等于支持他投靠藩镇，这不符合韩愈"统一"思想，韩的"道统"是最不愿意的；不支持他去，一个人才就毁灭了，这又与韩的惜才尊才思想相悖。本文从董生"不得志"入笔，希望董生"勉乎哉"。字里行间的自我纠结与对现实的批判深藏着一条草蛇灰线，这个文章思想机趣，显然是教学的重点。又如柳宗元，我选了《桐叶封弟辩》。"辩"是一种辨析事理的是非真伪而加以判断的论说文体。柳文认为：对于君主随便说的一句话，臣子就奉为金科玉律，绝对服从，这是非常荒唐的。对统治者的言行要看其客观效果，不能盲从。在封建专制时代，这个"辨"是惊天之论，文章思想闪光点即开篇"吾意不然"四字，开门见山，毫不含糊，特别是"周公乃成其不中之戏，以地以人与小弱者为之主，其得为圣乎?"这一反问，堪称惊世之问。晚唐罗隐也是一个应该关注的作家，他的《英雄之言》承接了古意，如《刺世疾邪赋》的思想，又直接现实，有所开拓。作者批判的是历代君王的虚伪本质，他们借"救民涂炭"的招牌，行的是窃权窃国之实务。罗隐的文集名为《谗书》，意为自谤，实际是"警当世而诫将来也"。"盗"这个关键词是罗隐批判君王丑恶嘴脸的划时代贡献。韩、柳、罗这些作家虽总体上遵从儒道，坚守的是一个知识分子的中正之心，但是在表达思想时有个性之语，有前人所未察之"识"，这些"异质"，是他们的反省结晶，值得珍视。对于宋人的作品，也同样是按照这个思路来选择的。比如，我们选了欧阳修的《相州昼锦堂记》和苏轼的《贾谊论》。欧阳修这篇"记"，看似对挚友韩琦的颂德，实际上是婉而多讽，表达出对当时一种风气的批评，对"衣锦荣归"思想的彻底否定。苏轼论"贾谊"，上承孟子的人材思想，也体现了司马迁一样的同情，但提出了一个"非才之难，所以自用者实难"的新观点，突出的是才能施展出来实在困难的时势特点与个人局限。在儒家人才思想发展史上，苏轼的这个"补充"无疑也是反省所得。

（五）明清理性新构

宋元戏曲文学中自有精华，这里不赘，只讲明清时期的批判"理性"。所以称"理性"，是指已超越一般的"思想"与"洞见"，而是思想判断与推理的思维上的变革，初现现代性端倪。在这一点上，我放弃了归有光与桐城派，重点选了李贽的《童心说》、《赞刘谐》与《题孔子儒于芝佛院》等。《童心说》揭示的是李贽关于"人"的哲学，是李贽文章的基本"理念"，自不必说。单是《赞》《题》两文，也是石破天惊，体现了思想"革命性"。针对千百年来"天不生仲尼，万古如长夜"的观念，作者用诙谐之笔对孔子、对尊孔予以大胆否定，有力指出了"人皆以孔子为大圣"的荒谬可笑。研读这些作品，重点在于显示李贽的思想解放的价值，对于提升当代学生历史思辨的能力大有裨益。同时，我特别重视张溥的《五人墓碑记》。这篇雄文看似写下层人民的抗暴斗争，但"激于义"的"义"，已完全不同于陈胜起义等历史上任何一次农民暴动的"义"及其思想动机了。陈胜起义，"义"在自救，是逼上梁山；而"五人者"，并不是受害者，而是站出来为受害者说话的人，这个"义"，乃公义也。霍松林先生指出这是一篇记录明末市民阶层斗争的珍贵文献，一语中的。"五人"为首的市民抗暴，带有"市民"这一明末江南新时代阶层特征，所揭示的"匹夫有重于社稷"的"匹夫有责"思想已呈现出"人民"的内涵，与黄宗羲、王夫之思想相通连。黄宗羲的作品选了《原君》。这篇宏文，批判了封建君主的自私残忍，驳斥了腐儒们的盲目忠君，赞颂了人民力量的意义与价值，焕发出"现代性"的民主主义思想光辉。文章托古论今，正反对比，褒贬分明，语势沉雄，思辨周密，值得反复教读。另外，还选了顾炎武《与友人论门人书》和王夫之《论梁元帝读书》等等，这些都是思想解放，批判严厉，发人深省之作，所选篇目虽然不多，但有充分的"朴学"理性，远超归有光、桐城派的思想格局。

　　除上述五方面内容外，还有"现代主义大潮"这部分，作家作品很多，毋庸赘述了。总之，紧扣"疑思问"这条主线，我基本构建了一个中国式批判话语系统，为学生在中华文化极富生命力的思想漩流中三千里击水，创造了一些条件。

三、教学

　　这门课是安排在高一《语文》必修课框架内的。高一（9）（10）班语文课每周共 10 节，我每班各占一节，每学期每班 20节左右。两个班的语文老师很年轻，很肯干，我们亦师亦友，相互协作。他们每节课旁听，课后指导学习。我们打算一直开到高三毕业。

　　我的教学是怎样进行的呢？简而言之，就是"点拨"。限于篇幅，以下举三个例子说明。

例一，观点比较式点拨

　　我先教孟子《夫子好辩》，提出公都子问"外人皆称夫子好辩，敢问何也？"又提出孟子的反问："予岂好辩哉？"让学生思考：问的起因各自是什么？原来"外人"不认同孟子恰恰是孟子"好辩"的必要性所在。继之疏通词句，了解"一治一乱"的原因是什么？孟子为什么如此激辩？由此来认识孟子的思想："正人心""承三圣"，同时了解孟子说理的逻辑力量。孟子的目的是"息邪说"。那么，"邪说"指的是什么呢？第二节课，进行庄子《马蹄》的研读，引导学生与孟子观点进行比较讨论。《马蹄》一文批判儒家是"毁道德以为仁义"，反对孔孟的"仁义""礼乐"之说。学习中，我点拨学生思考一个问题：庄子认定的"圣人之过"是怎样的？你同意这个看法吗？这个问题让学生炸开了锅，学生纷纷走上讲台发表看法，有一个男生叫陈家元，自读过老庄，侃侃而谈，支持了庄子；这就更加激发了认同孟子思想的同学一辩究竟。最后形成各自的学说图示。所谓图示就是让学生站在孟子或庄子的立场上，用图示解说法把思想观点的逻辑关系勾画出来。为了促进学生比较思考的深化，我又补充了孟子的《性善》，点拨思考的问题是：《性善》立论的前提是什么？学生答：人皆有不忍人之心，即性善。又问：认识性善的前提又是什么？师生答：人本身的高贵价值。这样一来，又促进学生认识到了孟子与庄子在思想上的共同点。总之，通过"挑拨"之策，形成"争鸣"之势，引导学生进入春秋战国时期的"百家争鸣"情境中。

例二，问题研究式点拨

课程重在"疑思问"，包括了对作者善于质疑善于发问的价值研究，也就是不失时机地学习典范的质疑智慧及其意义。例如研读屈原的《天问》，我重点选取了"问洪水"这一节：

> 不任汩鸿师何以尚之？佥曰何忧何不课而行之？鸱龟曳衔鲧何听焉？顺欲成功帝何刑焉？永遏在羽山夫何三年不施？伯禹愎鲧夫何以变化？纂就前绪遂成考功，何续初继业而厥谋不同？……

根据林庚等著名学者的研究，问洪水，实质上是"鲧禹之辨"。通常，人们的认识定见是大禹治水有功，而鲧则治水有过。我把各家解读呈现给学生，引导学生一句一句细读，把思考焦点定在"何续初继业而厥谋不同"这一问上。在屈原看来，鲧治水，向自然学习，向前人请教，也是值得肯定的，只不过是方法不当失败了；禹则是汲取了鲧的教训与经验，完成了父亲未竟之功。可是，后人只称禹有大功而否定鲧的意义，这是多么的不公平啊！通过讨论，一女生说她十分赞赏屈原的"无疑之问"。她说，肯定禹，否定鲧，这本来是一个定论，所有的人都知道了这个评价，有统一的认识，本没有疑问（即"无疑"）了，然而，屈原却从这"无疑"处生出"疑问"来，这一"无疑之问"是极有价值的，告诫我们对所谓的定论不可盲从，……学生的发言引得满堂掌声。

例三，语言揣摩式点拨

教课中，我十分注重引导学生揣摩语言的思想价值和艺术魅力。有些例文的语言独特性很鲜明，更要作为突破口而紧抓不放。例如《刺世疾邪赋》写道：

> 伊五帝之不同礼，三王亦又不同乐，数极自然变化，非是故相反驳。德政不能救世涸乱，赏罚岂足惩时清浊？春秋时祸败之始，战国愈复增其荼毒。秦汉无以相逾越，乃更加其怨酷。宁计生民之命，唯利己而自足。

我问了一个不是问题的问题：反复诵读后，你们有什么认识吗？学生说了不少。其中有个学生说：从三皇五帝一直到所在东汉末期，社会问题越来越坏，造成这个结果的原因就是君王"唯利己而自足"。这是非常精彩的判断，来自原文所写，点出了这篇赋思想内容的特点。《刺世疾邪赋》思想异常大胆，揭示了中国古代历朝历代统治的丑恶本源。特别是"唯"这个词，用词深重！

　　我又追问了一句：历朝历代都是一样的吗？这时有个同学举手起立，说：作者写出了区别，从词句上可以看出。如，五帝"不同礼"，三王"不同乐"，写不稳定，有变化；德政是有的，如周公治国，但"不能救世"；春秋开始，恶政祸败一发不可收；战国时，"更加"一词写得分明。这些词句，勾勒了一个总趋势，就是越来越坏。无疑，学生的讨论，使整堂课的学习进入高潮。

　　总之，我上课基本上是把讲台让给学生，由学生来主讲。或图示，或驳难，或申述，或说明，或朗读，或书写，不亦乐乎。观点未必求统一，认识也不一定求深化。开放些，再开放些。我告诫自己的是：教师不要自以为是，不要以自己的局限来束缚学生，如此，才有一个生动活泼的课堂。

（原载上海《语文学习》2019 年第 12 期）

后记

儿童发展心理学表明，高中生正处于"人生的第二次诞生"这一关键时期。

"第二次诞生"生什么？依我的近四十年教育观察，主要的，是他们渴望自由地思考，独立地质疑，勇敢地批判。"青春期"的高中生们所具有的这些极其宝贵的生命的元素，呼之欲出，不能不出，夺门而出，这，就是极为严肃的诞生！

这种以"质疑"和"批判"为标志的思考能力和精神，要靠环境滋养，也要靠课程教育，更要靠范例指引。

语文课程是学习各类课程的基础。在培养"质疑"和"批判"能力与精神方面，既具有奠基之责，也具有得天独厚的条件。为此，我在市北中学创立《疑思问国文点读课程》，力求有所探索。

本书内容分两方面，一是"思想史实和脉络"，这只是我的思想依靠，一般不直接在课程中讨论；一是"质疑与批判的作品"，这才是我和学生的学习内容。我们的课堂，充分讨论的就是文体、文旨、文趣，通过"文"来认识"质疑"与"批判"的思想价值。

　　我要感谢我的学生们，他们认可了我的教学，催化了我的思考，增强了我的信念。

　　我要感谢复旦大学骆玉明教授，不仅赐序，而且多次指导我的写作；感谢《语文报》社总编辑任彦钧先生，不仅赐序，而且对我的教学探索大力支持；感谢《语文教学通讯》（高中刊）王建锋主编从 2020 年到 2021 年一直连载本书的全稿，予以推介；感谢青年作家、上海三联书店职烨老师，为本书的出版费神费力。

　　当然，我还要感谢市北中学，为我提供了教学实践的沃土；我同样要感谢我的家人，为我提供了能够独立思考的情境。

　　2020 年是全球抗击新冠病毒的一年。这一年，我完成了这本书稿，也算是我生命的一次抒情吧。

陈　军

2021 年 2 月于市北中学

图书在版编目(CIP)数据

质疑思想与语文表达:中国批判精神侧记/陈军著
.—上海:上海三联书店,2021.8
ISBN 978 - 7 - 5426 - 7476 - 0

Ⅰ.①质… Ⅱ.①陈… Ⅲ.①中学语文课-教学研究
Ⅳ.①G633.302

中国版本图书馆 CIP 数据核字(2021)第 128805 号

质疑思想与语文表达
——中国批判精神侧记

著　　者 / 陈　军

责任编辑 / 职　烨
装帧设计 / 一本好书
监　　制 / 姚　军
责任校对 / 王凌霄

出版发行 / 上海三联书店
　　　　　(200030)中国上海市漕溪北路 331 号 A 座 6 楼
邮购电话 / 021 - 22895540
印　　刷 / 上海展强印刷有限公司

版　　次 / 2021 年 8 月第 1 版
印　　次 / 2021 年 8 月第 1 次印刷
开　　本 / 890×1240　1/32
字　　数 / 230 千字
印　　张 / 10.125
书　　号 / ISBN 978 - 7 - 5426 - 7476 - 0/G・1605
定　　价 / 66.00 元

敬启读者,如发现本书有印装质量问题,请与印刷厂联系 021 - 66366565